中華文化思想叢書

儒家生態意識與
中國古代環境保護研究
中冊

陳業新　著

目次

第四章
《周易》「三驅」
——兼論「三驅」禮儀的生態保護意義

一　問題的提出

　　古代天子有蒐狩之禮，其禮包括蒐、狩兩部分。前者為檢閱軍隊或軍事訓練即講武儀禮，人稱「閱兵之制」；後者為狩獵禮，即《通志禮略第三》所謂的「田獵之儀」。前人基本以為「三驅」禮即狩獵禮[1]。所謂「三驅」，就是《周易比》九五爻所載：「九五：顯比，王用三驅，失前禽，邑人不誡，吉。象曰：……舍逆取順，失前禽也。」[2]然而，「三驅之禮，經傳無明文，……先儒之解，紛紛不

1　具體參見〔宋〕史徵：《周易口訣義》，卷1；〔宋〕胡瑗：《周易口義》，卷2；〔元〕胡一桂：《周易啟蒙翼傳》，下篇，〈象類說〉；〔清〕陳克緒：《讀易錄》，卷5。

2　據《隋書・經籍志一》，傳世本《周易》為魏王弼注本。東漢石經《周易》與此記載一致，後來考古發現的簡帛書記載，個別字與之略有異。如上海博物館戰國楚竹書《周易》作「王（整理者釋為『晶』，申紅義釋作『三』）驅，（逸）寽（前）（禽）」，無「用」字，並有異文；「誡」，長沙馬王堆帛書《繆和》、《昭力》作「戒」；「驅」，陸德明「音義」引北魏經學家徐遵明語云鄭玄注作「毆」、徐堅《初學記》作「駈」，帛書《繆和》、《昭力》作「毆」。另外，從照片和摹本的字形看，安徽阜陽漢簡《周易・比》之「驅」亦當作「毆」，然釋者均將之寫作「驅」。以上參見屈萬里《漢石經周易殘字集證》（臺北市：中央研究院歷史語言所，1999年影印本），頁3；馬承源：《上海博物館藏戰國楚竹書》（三）（上海市：上海古籍出版社，2003年），頁22、150；申紅義：《出土楚簡與傳世典籍異文研究》（成都市：四川大學歷史文化學院博士學位論文，2006年），頁42、207、230-231、250；〔魏〕王弼等注，〔唐〕孔穎達等正義：《周易正義》，卷3，〈比〉；馬王堆漢墓帛書整理小組：〈馬王堆帛書六十四卦釋文〉，《文物》1984年第3期（1984年）；黃壽祺等：《周

同」。清人查慎行《周易玩辭集解》曾對其前諸多學者關於「三驅」
的認識進行了爬理,將有關結論概括為三,即「三度驅禽而射之」、
「三面著人驅禽」、「圍合三面,前開一路,使之可去」。此一概說,
尚不全面。就筆者所見,迄今為止,學界對「三驅」的解釋主要有四
種,也就是「三用」、三面圍驅禽獸以射之、三度驅禽和「歲三田」。

第一,「三用」說。此說主要就獵物的三個用途而言的。狩獵之
「三用」,源於《禮記》和《穀梁傳》,而較早援此釋「三驅」者,為
東漢經學家馬融。據陸德明《經典釋文周易音義》引馬融語:「三驅
者,一曰干豆,二曰賓客,三曰君庖。」馬說或本於《禮記》,或源
自《穀梁傳》桓公四年(前708年)。《禮記王制》:「天子諸侯無事,
則歲三田,一為干豆,二為賓客,三為充君之庖。無事而不田曰不
敬,田不以禮曰暴天物。天子不合圍,諸侯不掩群。」鄭玄注:「干
豆,謂臘之以為祭祀豆實也。庖,今之廚也」。可知「三田」分別用
來祭祀、招待賓客和日常食用。馬融之說對後人尤其唐代學者影響較
大。如顏師古注《漢書》,就一概以「三用」注「三驅」[3];高宗章懷

易研究論文集》(北京市:北京師範大學出版社,1987年版),第1輯,頁632;張立
文:《帛書周易注釋》(鄭州市:中州古籍出版社1992年),頁182;鄧球柏:《帛書
周易校釋(增訂本)》(長沙市:湖南出版社,1996年),頁157、524、543;〔宋〕
徐堅:《初學記》,卷22,〈武部‧獵〉;廖名春〈馬王堆帛書周易經傳釋文〉,收入
楊世文等:《易學集成》(三)(成都市:四川大學出版社,1998年),頁第3017、
3052、3055;中國文物研究所古文獻研究室等〈阜陽漢簡《周易》釋文〉,收入陳
鼓應:《道家文化研究》第18輯(出土文獻專號)(香港:三聯書店,2000年),頁
33;韓自強:《阜陽漢簡〈周易〉研究》(上海市:上海古籍出版社,2004年),頁
4、50。

3 如注〈五行志上〉「田狩有三驅之制」曰:「謂田獵三驅也。三驅之禮,一為干豆,
二為賓客,三為充君之庖也。」注〈揚雄傳上〉「非堯舜成湯文王三驅之意也」
曰:「三驅,古射獵之等也。一為籩豆,二為賓客,三為充君之庖也。」在注〈揚
雄傳下〉之〈長楊賦〉「干豆之事」時,顏氏再次指出:「干豆,三驅之一也。干豆
者,言為脯羞以充實豆,薦宗廟。」

太子李賢注《後漢書班固傳下》之班固〈兩都賦〉「然後舉烽伐鼓，以命三驅」，援引《穀梁傳》桓公四年正月傳文，將該傳原文「四時之田用三焉」徑書為「三驅之禮」，並云「三驅之禮，一為干豆，二為賓客，三為充君之庖。」此後，以三驅為「三用」者不乏其人。如元代黃公紹《古今韻會舉要》、清初《御定佩文韻府》等均秉是說。

　　第二，「三面著人驅禽」。此解為南齊儒者褚澄提出。孔疏《周易比》曰：「褚氏諸儒皆以為三面著人驅禽，必知三面者，禽唯有背己、向己、趣己，故左右及於後皆有驅之」。此後，三面驅逐說廣為盛行。如唐李善注班固〈東都賦〉「然後舉烽伐鼓，申令三驅」：「三驅，驅，逐也。三驅之法，背己及左右馳者，皆逐之；向己，舍之。故曰三驅」（蕭統：《六臣注文選賦甲》，李善注）。這一說法在宋儒中也十分普遍[4]，清儒和今人奉此說者也在在可見[5]。

　　圍驅說中，又有以車、以人驅之，或籠統雲圍而不合、不言具體以何驅之等眾說[6]。然清人陳夢雷斷然否定此說，以之為非：「若以三

4　如朱震：「王者之於田也，三面驅之，闕其一面」；林栗：「『用三驅』，即《禮》所謂『天子不合圍』是也。三面而驅，闕其一面」；馮椅：「田獵三驅之禮，蓋三面驅之，闕其一面」（朱震：《漢上易傳》，卷1；林栗：《周易經傳集解》，卷4；馮椅：《厚齋易學》，卷1）。

5　如邊廷英《周易通義·比》：「三驅，即『天子不合圍』之事。三面驅之，開其一面，亦如湯之解網之意也。……田獵之事，只用三驅，開其一面」。

6　認為以車驅之者，有如明代何楷（「驅罔謂驅逆之車，驅出禽獸，使就田也。」見何楷：《周易訂詁》，卷2）與來知德（「三驅者，設三面之網，即天子不合圍也。……馬駕坤車，驅之象也。綜師用兵，驅逐禽獸之象也。前後坤土兩開，開一面之象也。」見《易經集注》，卷3）、清代王夫之（「『三驅』，天子之田不合圍，三面設驅逆之車，缺其一面，……『三驅』之法，缺其前」。見王夫之：《周易內傳》，卷1下）和強汝諤（「三驅者，天子之田不合圍，三面設驅逆之車，缺其一面」。見強汝諤：《周易集義》，卷1），以及今人聞一多等（朱自清：《聞一多全集（二）·乙集·古典新義》（北京市：開明書店，1948年），頁17）。以人驅之說者，如今人李鏡池：「王和侍衛隊一同去打獵，侍衛隊從左右後三面把野獸趕到中央讓

驅為三面驅禽以待射，則非矣」（《周易淺述》卷2）。

第三，「三度驅禽而射之」。此說可能出現頗早，或為其時主流說法。然明確將之作為一說者，首見於唐代孔穎達疏《周易比》：「『王用三驅，失前禽』者，此假田獵之道，以喻顯比之事。……夫三驅之

王獵射，留下前面一路給野獸逃跑。」（李鏡池撰，曹礎基整理：《周易通義》（北京市：中華書局，1981年），頁21）周振甫：「王出外打獵，用人從左右後三面趕禽獸，供王射獵，放開前面，讓禽獸逃脫，所以往前面逃的禽獸逃跑了。」（周振甫：《周易譯注》（北京市：中華書局，1991年），頁39）。不具體說者如宋代宋祁注《漢書·揚雄傳上》「非堯、舜、成湯、文王三驅之意也」云：「一說三驅者，三面驅之，闕其一面，使有可去之道，而不忍盡物。蓋先王之仁心也，《禮》所謂『天子不合圍』者也」；程頤釋「王用三驅」曰：「先王以四時之畋不可廢也，故推其仁心為三驅之禮，乃《禮》所謂『天子不合圍』也，成湯祝網是其義也。天子之畋，圍合其三面，前開一路，使之可去，不忍盡物，好生之仁也」（《伊川易傳·比》）；朱熹：「天子不合圍，開一面之網，來者不拒，去者不追，故為『用三驅，失前禽』」（《周易本義》，卷1）。元代陳應潤：「『用三驅，失前禽』者，……圍合其三面，前開一路，使之可去，不忍盡物好生之仁也」（陳應潤：《周易爻變易縕》，卷2）；胡炳文：「天子不合圍，開一面之網，來者不拒，去者不追，故為『用三驅，失前禽』，……『三驅，失前禽』，此成湯祝網、孔子弋不射宿之意也」（胡炳文：《周易本義通釋》，卷1）。明代胡廣等引進齋徐氏曰：「王者田獵，合三面之網，而開其一面以驅逐禽獸，至再，至三，使之可去。其順而來者則取之，……其逆而去者則舍之」（胡廣等：《周易傳義大全》，卷4）。清代《御選古文淵鑒》編者注魏徵〈諫太宗十思疏〉「樂盤遊，則思三驅以為度」（《舊唐書·魏徵傳》）：「三驅者，圍合其三面，前開一路，使之可去，不忍盡物好生之德也。」（徐幹學等：《御選古文淵鑒》，卷30，〈唐〉）孫希旦注《禮記·王制》「天子不合圍」云：「不合圍，謂圍其三面而不合，《易》所謂『王用三驅，失前禽』是也。」今人宋祚胤根據孔穎達「正義」，將「王用三驅」譯為「把左、右、後三個方面的野獸都驅趕到中央來」（宋祚胤：《周易譯注與考辨》（長沙市：湖南人民出版社，1981年），頁50-51）。又：今人的解釋雖多採用三面圍之而網開一面之說，但彼此對之的理解與比附差異甚大。如張雲飛認為「三驅」是一個「類似於『里革斷罟』的典故」（張雲飛：《天人合一——儒學與生態環境》（成都市：四川人民出版社，1995年），頁79-80），而楊文衡則將之與《史記·殷本紀》中的商湯「網開三面」相等同（楊文衡：《易學與生態環境》（長沙市：中國書店，2003年），頁43）。儘管里革、商湯之舉在目的和本質上具有一致性，而在具體內容與方式上，差異性則是不言而喻的。

禮者，先儒皆云『三度驅禽而射之』也。三度則已，今亦從之。」表明此說當為其前儒家的主流觀點，孔氏亦基本「從之」。嗣後，依此詮釋「三驅」者屢見不鮮[7]。

第四，「歲三田」，即一年畋獵三次。其說源於《禮記王制》：「天子諸侯無事，則歲三田」。鄭玄注：「三田者，夏不田，蓋夏時也。《周禮》春曰蒐，夏曰苗，秋曰獮，冬曰狩。」按照《周禮》，一年四季均行獵，其名稱因季節的不同而有異。但鄭玄為何說「夏不田」？孔穎達的解釋是：「『夏不田，蓋夏時也』者，以夏是生養之時，夏禹以仁讓得天下，又觸其夏名，故夏不田。」由於夏天不能行獵，只有其它三季可以畋獵，故謂「三田」。這是後世學者釋「三驅」為「歲三田」的依據。

另外，尚有學者釋「三驅」為「三去」，即「三次除去」。《左傳》僖公十五年（前645年）「千乘三去，三去之餘，獲其雄狐」。宋林堯叟注云：「千乘，諸侯也。言千乘三度敗去，晉師三敗之後，獲其狐之雄者。」[8]明代邵寶具體闡述曰：「千乘，侯國之車數也。去，猶算法所謂除也。一除則三百三十三，二除則六百六十六，三除則九百九十九。三除之餘，所剩惟一，非君而何？」（顧炎武：《左傳

---

7 宋王應麟《周易鄭康成注·比》：「『九五，王用三驅，失前禽』，王因天下顯，習兵於蒐狩焉。驅禽而射之，三則已，發（法）軍禮也」；陳夢雷《周易淺述》卷二：「三驅宜從舊解，三度逐禽而射之也」；清宋書升：「鄭康成云，王者習兵於夏狩，驅禽以射之，三則已，去，軍、禮也」（〔清〕宋書升：《周易要義》（濟南市：齊魯書社，1988年），頁23）；近人高亨：「有某王行獵，三度驅車逐在前之禽，而終失之」（高亨：《周易大傳今注》（濟南市：齊魯書社，1979年），頁129）。張立文《帛書周易注釋》注「三驅」，曾援引陸德明《經典釋文》、顏注《漢書·五行志》「三用」說，但在解釋「前禽」時，則又云：「打獵須三次驅趕禽獸」（張立文：《帛書周易注釋》（鄭州市市：中州古籍出版社，1992年），頁182-183）。

8 〔明〕王道焜等：《左傳杜林合注》，卷10。明人馮時可等也持此說（參見馮時可：《左氏釋》，卷上，〈晉侯秦伯戰於韓〉）

杜解補正》，卷上）康熙《日講春秋解義》卷十七也注「三去」「猶
《易》所謂『三驅』」。

　　對於上述諸說，當代學者莫衷一是，且他說迭見[9]，然不見專門
系統考辨者，可能與古代典章制度的考察難度較大有關[10]。「國之大
事，在祀與戎」（《左傳》成公十三年）。狩獵是中國古代政治、經濟
和文化生活中的一項重大活動，祀、戎都與狩獵活動關係至密；並
且，以傳統認識為基礎，當代不少學者將「三驅」與生態資源的保護
與利用相聯繫。因此，認真釐清所謂狩獵禮「三驅」，不僅是解決
「三驅」釋說紛紜問題的需要，而且對評價「三驅」的生態保護價
值，以及進一步認識和把握傳統文化及其歷史地位等，都有不言而喻
的意義。

二　「三驅」考釋

（一）「三驅教人戰」──「三驅」的古軍禮性質和「三
　　驅」禮的形成

　　「三驅教人戰」，為唐太宗李世民《校獵義成喜遇大雪率題九韻
以示群臣》詩中的一句（《御選唐詩五言古》），道出了「三驅」禮的
軍事訓練性質；清初毛奇齡《仲氏易》卷六則直云「三驅」乃「古軍

9　如有學者認為三驅即「三宥」，為「三次赦免」，大意為「把疑難案件上報國王，國
　　王三次赦免，釋放罪犯」（張國華等：《中國法律思想通史（一）》（太原市：山西人
　　民出版社，2001年），頁162-163）。

10　趙光賢曾云：「古代的典章制度最難考察，一因記載缺略，可據的材料太少；一因
　　後人的記載或說法多不可信；一因年代久遠，真相難明，非有豐富的歷史知識及有
　　關各種科學的知識，難得正確的解釋。」（趙光賢：《古史考辨》（北京市：北京師
　　範大學出版社，1987年），頁43。）

禮」，進一步說明「三驅」是一與軍事關係密切的古代禮儀。然而，有關文獻記載又表明，古代軍事與狩獵關係密切。因此，考察「三驅」性質，必須要對上古狩獵活動性質予以勾陳。另外，由從事的主體看，古代狩獵活動主要為兩種：一般百姓分散的和小規模的狩獵、國君與貴族等集中的和大規模的田獵。前者是一種經濟行為，稱「狩獵經濟」或「漁獵經濟」。如《詩經伐檀》「不狩不獵，胡瞻爾庭有縣狟兮」，即把狩獵看作一種必要的社會生產活動，其狩獵具有很強的實用性，捕獵手段多樣化，射殺、圍捕、獵犬的使用等等，無所不為[11]。這類經濟目的的狩獵活動，不是此處探討的對象；此處所探究的是後者，即國家層面田獵的性質。

1 殷商時期的狩獵性質

較早記載國君、貴族狩獵活動的，是殷商時期的甲骨文。田獵是殷商大事，羅振玉關於卜辭的分類裏，四種有關生產的卜辭中占第一位的便是卜田（卜田獵）[12]。殷商國君、貴族的狩獵活動，十分普遍[13]。

---

11 漢代畫像石對此有不少的描繪，可參見。如王儒林等：《南陽漢畫像石》（鄭州市：河南美術出版社，1989年，頁24-49）、朱錫祿：《嘉祥漢畫像石》（濟南市：山東美術出版社1992年，頁3-4）、楊愛國：《山東漢畫像石》（濟南市：山東文藝出版社，2004年），頁52-53等等。

12 藍永蔚：《春秋時期的步兵》（北京市：中華書局，1979年），頁15。羅振玉所輯卜辭共一六九條，分作祭祀、卜告、卜享、出入、漁獵、征伐、卜年、風雨、雜卜等九項。其中關於祭祀的有五三八條，所佔數量最大，而在漁、獵、卜年、風雨四項生產卜辭中，田獵卜辭共有一八六條占第一位。參見羅振玉：《增訂殷墟書契考釋》（東方學會，1927年），頁28、49、50；郭沫若：《中國古代社會研究》（北京市：人民出版社，1964年），頁174-179。另外，此一方面內容可進一步參見陳夢家：《殷虛卜辭綜述》（北京市：中華書局，1988年），頁523-559。

13 陳煒湛：《甲骨文田獵刻辭研究》（南寧市：廣西教育出版社，1995年），頁3。

關於殷商國君、貴族狩獵的性質，學界頗有爭議。一種觀點以為是遊逸、盤樂的性質，代表者如郭沫若、陳夢家等[14]。如郭沫若通過對甲骨第四七五一七五一片所收征伐與畋遊例子的統計與研究，指出：殷商「征伐與畋遊之事每多不可分，多於行師之次從事畋獵或盤遊」；甲骨卜辭表明，至少從帝乙開始，「殷王好田獵，屢有連日從事田遊之事。……殷時之田獵已失去其生產價值，而純為享樂之事矣。」認為《周書無逸》所言祖甲以後「立王生則逸，生則逸不知稼穡之艱難，惟耽樂之從」、「文王不敢盤於游田」、「繼自今，嗣王則其無淫於觀於逸，於游於田（『繼自今』乃古人恒語——原文注，引者注）」等，「均針對殷王而言也」。不過，商王在軍事征伐途中也兼行田獵，並以獵獲物祭祀先祖[15]。

另一種觀點認為係軍事的性質。如李學勤認為，商王狩獵，有的和周代田蒐相同，帶有軍事演習的性質[16]。另有學者從卜辭中殷商狩獵的參與人員、組織形式、方法、技術、工具等方面，同其間戰爭加以比較，得出殷商田獵具有明顯軍事性質的結論[17]。正因為殷商「田狩與戰事有相通之處」，「帶有練兵習武的性質」，有學者在研究先秦禮制時，就將其軍禮和田狩禮同置一處，進行整體探討[18]。而殷商田獵的軍事性質又分兩個主要方面：一為軍事討伐征程中的田獵活動，

---

14 姚孝遂：〈甲骨刻辭狩獵考〉，《古文字研究》第6輯（北京市：中華書局，1981年）。

15 郭沫若撰：《郭沫若全集‧考古編》（北京市：科學出版社，1983年），卷2，〈卜辭通纂考釋〉，頁467、539-540。

16 參見陳恩林：《先秦軍事制度研究》（長春市：吉林文史出版社，1991年），頁177。

17 寒峰：〈甲骨文所見商代軍制數則〉，收入軍事科學院計劃指導部圖書資料處：《殷商軍事資料》（上編）（1983年）。另參見寒峰：〈古代巡守制度的史蹟及其圖案化〉，《中國史研究》1990年第3期（1990年）。

18 參見陳戍國：《先秦禮制研究》（長沙市：湖南教育出版社，1991年），頁172、165-172。

如前引郭沫若即有此論[19]；二是田獵的軍事訓練性質。董作賓曾說：
「殷代士兵的教練，主要的方法就是打獵，以野獸為假想敵人，使弓
矢戈矛，車馬將士，一齊發揮出最大的威力，因而也能對於野獸，多
所擒獲」[20]。郭寶鈞也指出，殷商「田獵須駕車馬、合徒眾、執兵
戈、進與禽獸搏鬥，故田獵……有治兵的重要意義隱於其間」[21]。另
外如孟世凱、楊升南、王慎行、陳煒湛等亦基本認為田獵是軍事訓
練、演習的理想且具有實效的方式，商王田獵活動一定程度上是籍田
獵進行軍事演習、訓練軍隊，田獵具有「因田習兵」的性質，而且商
代田獵往往也是戰爭的導火線[22]。

　　第三種觀點認為是復合、多重的性質。如黃然偉認為，殷王田獵
有娛樂和祭祀祖先的雙重目的和性質[23]；楊升南則以為田獵在商代雖
然是一種遊樂活動，但更重要的是其軍事演習、訓練軍隊的目的與性
質；孟世凱認為，從商代武丁時期的情況看，《白虎通》所謂的「為
田除害」、「簡集士眾」基本上合於商代田獵的實際情況。但「大量的
田獵卜辭說明商代田獵不是一種遊逸活動，而是一種社會生產和軍事
行動，具有為農田除獸害和軍事演習之性質。」[24]更多研究者傾向於

---

19 另外，孟世凱對此也有論述。參見孟世凱：〈殷商時代田獵活動的性質與作用〉，
　《歷史研究》1990年第4期（1990年）。

20 董作賓：《平廬文存》，卷3，〈武丁狩卜辭淺說〉。轉引自陳煒湛：《甲骨文田獵刻辭
　研究》（南寧市：廣西教育出版社，1995年），頁24、146。

21 郭寶鈞：《中國青銅器時代》（香港：三聯書店，1963年），頁161。

22 孟世凱：〈商代田獵性質初探〉，楊升南：〈卜辭中所見諸侯對商王室的臣屬關來〉，
　胡厚宣：《甲骨文與殷商史》（上海市：上海古籍出版社，1983年）；陳煒湛：《甲骨
　文田獵刻辭研究》（南寧市：廣西教育出版社，1995年），頁24；王慎行：《古文字
　與殷周文明》（西安市：陝西人民教育出版社，1992年），頁123。

23 黃然偉：〈殷王田獵考（中）〉，《中國文字》第14冊（臺北市：臺灣大學文學院中國
　文學系，1964年）。

24 楊升南：〈卜辭中所見諸侯對商王室的臣屬關來〉，孟世凱：〈商代田獵性質初探〉，
　胡厚宣：《甲骨文與殷商史》（上海市：上海古籍出版社，1983年）。

殷商狩獵具有多重的性質。如姚孝遂在駁正郭沫若、陳夢家等殷商田獵「純粹屬於盤樂的性質」時指出，殷商狩獵與軍事、畜牧業生產和日常生活等不無密切的關係[25]，具有多重、復合的目的和性質；寒峰則以為，狩獵對於商代，軍事訓練性質以外，不排除其貴族遊樂與取得美食手段的性質[26]。

　　綜上而知，學界對於殷商田獵的性質分歧不少。但筆者以為，以其中之一的性質否定其它目的和性質的做法，有失於妥。因為越來越多的證據和研究表明，殷商狩獵的目的和動機是多重的，其性質也絕非單一。如孟世凱等據有關甲骨文資料統計，商代田獵明確有時間記載者共九十五條，其中一月八條、二月八條、三月五條、四月三條、五月七條、六月九條、七月一條、八月九條、九月十二條、十月十五條、十一月七條、十二月十一條[27]，一年十二個月都有田獵活動，孔穎達疏《禮記王制》「天子諸侯無事，則歲三田」引鄭玄語亦云：「四時皆田，夏殷之禮」。這種殷商時期一年四季皆狩獵的記載說明，狩獵仍是那時的主要活動之一。而頻繁的活動動力，筆者以為無疑出於生產、生活的經濟需要，其狩獵因此具有顯著的經濟目的和性質，企圖以其它的目的與性質否定狩獵的這一性質，不僅是不當的，恐怕也不符合當時的實際情況。當然，在殷商狩獵的多重性質中，軍事性質無疑乃其中重要者之一。

　　狩獵的軍事性質，還可從「狩」字的演變及其含義等方面得到說明與印證。「狩」，甲骨文作「獸（獸）」。《說文犬部》：「獸，守備者」；楊樹達《積微居小學述林釋獸》：「獸蓋狩之初文也」，「從犬

25 姚孝遂：〈甲骨刻辭狩獵考〉，《古文字研究》第6輯（北京市：中華書局，1981年）。
26 寒峰：〈古代巡守制度的史蹟及其圖案化〉，《中國史研究》1990年第3期（1990年）。
27 孟世凱：〈殷商時代田獵活動的性質與作用〉，《歷史研究》1990年第4期（1990年）；陳煒湛：《甲骨文田獵刻辭研究》（南寧市：廣西教育出版社，1995年），頁34。

者，獵必以犬，此狩獵之所用」[28]。可知，甲骨文中的「獸」即田
獵。商王武丁時期，最為常見的辭例是稱「獸」[29]。後來，「獸」作
「狩」。《說文犬部》：「狩，犬田也。」徐灝注箋：「獸之言狩也，田
獵所獲，故其字從犬，謂獵犬也。」朱芳圃《殷周文字釋叢》：「獸即
狩之初文，從單從犬，會意」[30]。「狩」、「獸」相通，其義不變，均為
「狩獵」意義。由於「獸」、「狩」長期通用，田獵為獸，後來就把獵
取之物也稱作「獸」[31]。儘管後世對「狩」的釋義紛紜[32]，然對其
「田獵」的基本意思認識則無甚分歧。楊向奎在解釋《詩經公劉》中
「其軍三單，度其隰原」時認為，「單為旗幟」；《公劉》「三單」，等
於「三旗」。他又進一步指出：「古今軍旅莫不有旗，……古代齊國三
鼓，軍旅有旗有鼓，故兩軍對峙曰，『旗鼓相當』。金文中的『戰』字
從『單』，戰爭軍事也，原與旗幟有關」。而如「獸」字等也如此。
「『獸』字在甲骨文中像犬在單下，乃同於狩字。」[33]另外，羅振玉在
其《增訂殷虛書契考釋》一書中也強調：「卜辭中獸字從此（指從
『單』字——引者注）。獸即狩之本字。征戰之戰從單，蓋與獸同
意。」[34]由此可見，無論楊向奎釋「單」為旗，表示狩獵活動的

---

28 楊樹達：《積微居小學述林》（北京市：中國科學院，1954年），頁66。

29 陳煒湛：《甲骨文田獵刻辭研究》（南寧市：廣西教育出版社，1995年），頁6。

30 朱芳圃：《殷周文字釋叢》（北京市：中華書局，1962年），頁3。

31 寒峰：〈古代巡守制度的史蹟及其圖案化〉，《中國史研究》1990年第3期（1990年）。

32 如《爾雅·釋天》：「冬獵為狩」、「火田為狩」；何休注《公羊傳》桓公四年（前708
　年）「狩者何？田狩也」：「取獸於田，故曰狩」；韋昭注《國語·齊語》「出狩畢
　弋」：「狩，圍守而取禽也」；杜預注《左傳》隱公五年（前718年）春臧僖伯「春
　蒐，夏苗，秋獮，冬狩」語：「狩，圍守也。冬物畢成，獲則取之，無所擇也」。今
　人吳浩坤等則認為：「在任何地方打獵叫狩，劃定區域打獵叫畋」（吳浩坤等：《中
　國甲骨學史》（上海市：上海人民出版社，1985年），頁281）。

33 楊向奎：《宗周社會與禮樂文明》（北京市：人民出版社，1997年），頁96。

34 羅振玉：《羅雪堂先生全集》三編（臺北市：大通書局有限公司，1989年），第2冊，
　頁583。

「獸」乃犬在旗下，還是羅振玉認為「獸」與「征戰之戰」一樣從
「單」，都說明和印證了殷商時期的狩獵具有軍事性質，其狩獵活動
與軍事行為有關。

狩獵的某些方式如「逐」等，也與軍事行動相仿。有學者曾對商
王武丁的辭例進行統計，發現狩獵方式除「獸」（狩）外，「逐」字也
較常見[35]。雖然《說文》「追」、「逐」轉注，但在卜辭中，二者的區別
十分嚴格[36]：「追」用於人，「逐」用於獸。甲骨文「逐」字，「象豕在
前而後有逐之者。亦別有從犬從兔與從鹿者，……逐字本專用於狩
獵，見逐者乃禽獸而非人」[37]。商代有關狩獵卜辭中，所「逐」者多
為兒、鹿、麋、豕等動物，也印證了上述研究結論[38]。

從狩獵工具方面而言，「逐」除了「用獵犬追逐」意外，有時也
為獵者以田車逐獸[39]，「（逐）象獸走壙而人追之」[40]，「逐」是車獵，
是乘車驅馬之逐[41]。商代不少卜辭記載了使用兵車田獵的情形[42]，殷
商所謂的「獸（狩）」，也主要是驅車而獵[43]。另有學者進一步指出，
車本身就是首先用於狩獵的，之後才逐漸用於戰爭。「大規模的狩獵
應當是它的（指戰車——引者注）主要生產事業，這是車戰產生的基

---

35 陳煒湛：《甲骨文田獵刻辭研究》（南寧市：廣西教育出版社，1995年），頁6。

36 姚孝遂：〈甲骨刻辭狩獵考〉，《古文字研究》第6輯（北京市：中華書局，1981年）。

37 楊樹達：《積微居甲文說》（上海市：上海古籍出版社，1986年），卷上，頁28。

38 姚孝遂：〈甲骨刻辭狩獵考〉，《古文字研究》第6輯（北京市：中華書局，1981
  年）；陳夢家：《殷虛卜辭綜述》（北京市：中華書局，1988年），頁554；陳煒湛：
  《甲骨文田獵刻辭研究》（南寧市：廣西教育出版社，1995年），頁7。

39 陳夢家：《殷虛卜辭綜述》（北京市：中華書局，1988年），頁554。

40 黃然偉：〈殷王田獵考（中）〉，《中國文字》第14冊（臺北市：臺灣大學文學院中國
  文學系，1964年）。

41 陳煒湛：《甲骨文田獵刻辭研究》（南寧市：廣西教育出版社，1995年），頁23。

42 孟世凱：〈商代田獵性質初探〉，胡厚宣：《甲骨文與殷商史》（上海市：上海古籍出
  版社，1983年），頁219-220。

43 陳煒湛：《甲骨文田獵刻辭研究》（南寧市：廣西教育出版社，1995年），頁23。

礎」[44]。另一方面,「逐」又是圍獵的一種具體形式和手段。圍獵一般是三面包圍,將野獸從其隱藏的森林中逐出,然後加以捕獲[45]。「逐」的規模和範圍一般較大,參加人數較多,所獲獵物的數量也多一些。常見的「逐鹿(麇)」一事,有時一次可獲十頭以上[46]。由於這種狩獵活動與軍事行動極其類似,因此,古代也以此作為軍事訓練的一種手段[47]。總之,從狩獵的具體形式之一種——「逐」——的工具性質和圍獵方式兩方面看,殷商君王與貴族的狩獵,都與軍事有著密切的聯繫。

2 西周狩獵性質及「三驅」禮的形成

《論語為政》:「殷因於夏禮,所損益,可知也;周因於殷禮,所損益,可知也」。表明殷商與西周在制度、文化傳承等方面,具有一定的繼承、發展關係。狩獵性質方面也大概如此。

首先是「因」的方面。西周時期,狩獵在社會政治經濟生活中具有重要的地位,《禮記王制》就記載了天子狩獵「一為干豆,二為賓客,三為充君之庖」的「三用」目的。西周狩獵和殷商時代的狩獵具有明顯的繼承關係。如《周禮大司馬》的四時田獵記載,就與殷商狩獵具有一定的繼承性[48]。在這種繼承關係中,殷商狩獵的軍事性質等也因此為西周所踵承。如具有軍事檢閱、演習和部署性質的西周「大

---

44 藍永蔚:《春秋時期的步兵》(北京市:中華書局,1979年),頁16。

45 姚孝遂:〈甲骨刻辭狩獵考〉,《古文字研究》第6輯(北京市:中華書局,1981年)。

46 陳煒湛:《甲骨文田獵刻辭研究》(南寧市:廣西教育出版社,1995年),頁18。

47 姚孝遂:〈甲骨刻辭狩獵考〉,《古文字研究》第6輯(北京市:中華書局,1981年)。

48 孟世凱:〈殷商時代田獵活動的性質與作用〉,《歷史研究》1990年第4期(1990年)。

蒐禮」[49]，就是由商王征伐過程中的田獵活動繼承而來[50]。就像學界常因「漢承秦制」而把秦漢聯繫在一起進行研究一樣，學界將商、周作為一個整體來研究，也從另一側面說明了二者在社會經濟、文化方面具有淵源的關係。楊向奎認為，《易》為宗周之禮，但其來源甚古，「殷商已見端倪」；從戰車配備、軍隊組織等情況看，儘管周代戰車較為進步，而總的說來，「殷周相差無幾」[51]。就狩獵的軍事訓練性質而論，若說學界關於殷商狩獵的軍事訓練性質尚無明確、足夠的文獻支撐，或為學界推測之論，那麼，西周狩獵的這一性質則有充分的文字記載，是毋庸置疑的。由《周禮大司馬》中春「教振旅」、「蒐田」，中夏「教茇舍」、「苗田」，中秋「教治兵」、「獮田」，中冬「教大閱」、「狩田」的記載看，西周四季狩獵，都是服從於教民習戰陣、修戰法的軍事訓練目的，而且田獵活動都是在軍事訓練之後進行，目的就是為檢查軍事訓練的效果如何。因此，西周狩獵的軍事訓練目的性很強。我們既可認為它是繼承殷商狩獵的結果，同時也是對殷商狩獵的發展即「損益」的產物。

其次是「損益」的方面。西周時期，是中國歷史上的重大變革階段。王國維在《殷周制度論》中曾說：「中國政治與文化之變革，莫劇於殷周之際。」西周在變革過去、開啟未來的作用方面，成就顯著。分封、宗法、禮樂制度等影響中國歷史文化或中國傳統社會的典型特徵之因素，無不濫觴於西周。對此，王國維特別指出：「周人制度之大異於商者，一曰立子立嫡之制，……二曰廟數之制，三曰同姓

---

49 李亞農：〈大蒐解〉，《學術月刊》1957年第1期（1957年）；楊寬：〈「大蒐禮」新探〉，《學術月刊》1963年第3期（1963年）。

50 孟世凱：〈殷商時代田獵活動的性質與作用〉，《歷史研究》1990年第4期（1990年）。

51 楊向奎：《宗周社會與禮樂文明》（北京市：人民出版社，1997年），頁109、119、289。

不婚之制」;「由是制度,乃生典禮,則經禮三百曲禮三千是也。……
是天子、諸侯、大夫、士各奉其制度、典禮,以親親、尊尊、賢賢,
明男女之別於上,而民風化於下,此之謂治。……制度典禮者,道德
之器也。周人為政之精髓,實存於此。」[52]可見,西周對傳統歷史、
社會的變革、開啟之功,主要是通過禮樂等制度建設來實現的。西周
是禮樂社會,禮樂制度中的一部分內容,就是把此前尤其是殷商的一
些習慣做法以禮樂制度的形式固定下來,使之制度化、禮樂化。後世
稱作《周易》之《易》雖來源甚古,殷商已見端倪,但其發展卻在宗
周,並在西周成為「廣義的禮」,「屬周禮」,後世因此稱之為《周
易》。楊向奎認為,以《易》和《春秋》為代表的周禮「具體的典
制、禮儀規範、干戚樂舞等則見於《三禮》中,即《周禮》、《儀禮》
和《禮記》中」;「就《周禮》所載的典章制度言,不可能偽造,沒人
能夠憑空撰出合乎社會發展規律的政治經濟社會各方面的著作。」[53]
因此,《周禮》所載內容,可作為研究西周歷史的文獻依據。

　　作為禮樂社會的西周,其社會生活不少活動或內容被禮樂化,並
上陞到制度層面,同時又留有宗法制的烙印。那麼,殷商以來在政
治、經濟和社會生活中佔有重要地位的狩獵活動,無疑也會被禮樂
化,成為禮樂制度的一部分,因此西周狩獵肯定有所謂的狩獵禮。而
在狩獵的禮樂化和衍變過程中,由於軍事征伐的需要、西周農業社會
的特徵和兵農合一的形勢,殷商狩獵與軍事的性質被傳沿下來,而且
高度統一,狩獵的軍事性質更加突出。另一方面,西周的狩獵禮,又
較多地吸收了軍事禮儀。《周禮士師》:

---

52 王國維:《觀堂集林》(北京市:中華書局,1959年),卷10,〈史林二〉,頁451、
　453-454、476。

53 楊向奎:《宗周社會與禮樂文明》(北京市:人民出版社,1997年),頁285、289、
　291。

士師之職，掌國之五禁之法，以左右刑罰。一曰宮禁，二曰官禁，三曰國禁，四曰野禁，五曰軍禁，皆以木鐸徇之於朝，書而縣於門閭。以五戒先後刑罰，毋使罪麗於民。一曰誓，用之於軍旅。……三曰禁，用諸田役。

鄭玄注曰：「禁則軍禮，曰無干車，無自後射，比其類也。」賈公彥疏云：

云「禁則軍禮，曰無干車，無自後射，比其類也」者，《易比》之九五曰「王用三驅，失前禽」。注云「王因天下顯習兵於蒐狩焉，驅禽而射之，三發則已。發軍禮失前禽者，謂禽在前來者不逆而射，旁去又不射，惟其走者順而射之，不中亦已。」是皆所失。用兵之法亦如之。降者不殺，奔者不禁，背敵不殺，以仁恩養威之道。若然，此不自後射，亦謂不中之後不重射。前敵不破，則有追法。

由上述記載和注疏不難看出，西周用諸「田役」的狩獵禮儀，就是借鑒「軍禮」的產物。關於西周狩獵的軍事目的和性質，文獻有較多的記載。《周禮大宗伯》載大宗伯之職云：「大田之禮，簡眾也。」鄭玄注：「古者，因田習兵，閱其車徒之數。」賈公彥疏云：

天子諸侯親自四時田獵。簡，閱也，謂閱其車徒之數也。云「古者，因田習兵」者，案《書》傳云「戰者，男子之事，因蒐狩以閱之。閱之者，串之。」《大司馬田法》引《論語》「（以）不教民戰，是謂棄之」以證。因田獵為習兵之事，雲閱其車徒者，田獵之時，有車徒旗鼓甲兵之事，故云「閱其車徒」也。

又，鄭玄注《周禮大司馬》「中春，教振旅」之職復曰：兵者，守國之備。孔子曰（《論語子路》載──引者注）「以不教民戰，是謂棄之。」

> 兵者，凶事，不可空設，因蒐狩而習之。凡師出曰治兵，入曰振旅，皆習戰也。四時各教民以其一焉，春習振旅，兵入收眾，專於農。

由此二者可知，西周時期，寄「習兵」於「田獵」，「田獵」、「習兵」合一，稱「蒐狩」禮；蒐狩禮之講武、田獵合一的情況，從《周禮》大司馬集軍事、狩獵二任於一身的職事分工中，也得到一定反映。由於兵農合一，一年四季農閒時節，都要舉行蒐狩禮，進行相應的軍事訓練，教民習戰陣、修戰法，然後通過狩獵，檢驗軍訓效果[54]。在西周禮樂制度下，不同時節的蒐狩禮，其軍事訓練目的、內容和狩獵的名稱也有所不同。如《周禮大司馬》中春「教振旅」：「辨鼓鐸鐲鐃之用，……以教坐作進退疾徐疏數之節」，狩獵稱「蒐田」；中夏「教茇舍」：「讀書契，辨號名之用，……以辨軍之夜事」，狩獵謂「苗田，如蒐之法」；中秋「教治兵」：「辨旗物之用」，狩獵作「獮田，如蒐田之法」；中冬「教大閱」，狩獵號「狩田」。田事完畢，「兵入收眾，專於農」。

　　總之，西周時期，殷商時代的狩獵性質被繼承下來，且隨著西周禮樂制度的形成與發展，許多經濟、政治、軍事上的重要措施和制

---

54 楊寬認為，軍事訓練和演習之所以借用狩獵來舉行，在於產生於原始社會後期的戰爭，所用武器、戰爭方式、組織等，與其前狩獵活動之工具、方式（集體圍獵）及組織等基本相同，「因此很自然的，會借用田獵來作為進行軍事訓練和演習的手段」（〈「大蒐禮」新探〉，《學術月刊》1963年第3期（1963年））。

度，往往貫串在各種「禮」的舉行中[55]，而其狩獵的教民習戰陣、修
戰法性質，也被禮樂化，從而形成專門的蒐狩禮。在蒐狩禮形成的過
程中，「教人戰」的「三驅」於是應運而生。

3 春秋時期對蒐狩禮的繼承與變化

西周末年，利用狩獵而教民習戰的情況依舊存在，蒐狩禮得以繼
承。如卿士樊仲山父勸諫周宣王曰：「王治農於籍，蒐於農隙」（《國
語周語上》）。在仲山父等看來，利用農閒時節，借助狩獵進行軍事訓
練，是國家「習民數者」的重要一環。春秋時期，仍然以田獵的形式
進行軍事演習[56]：

《左傳》：隱公五年（前718年）「春，公將如棠觀魚者。臧僖伯
諫曰：……故春蒐、夏苗、秋獮、冬狩，皆於農隙以講事也。……公
曰：吾將略地焉。」

《公羊傳》：桓公六年（前706年）八月，「大閱。大閱者何？簡
車徒也。」何休注：「大簡閱兵車，使可任用而習之。」

《左傳》：僖公二十七年（前633年），晉國、楚國交戰前，晉國
「蒐於被廬」。

《左傳》：文公十七年（前610年），「晉侯蒐於黃父，遂復合諸侯
於扈，平宋也。」

《左傳》：襄公三十一年（前542年），子產曰：「譬如田獵，射御
貫，則能獲禽」。貫者，習也。鄭玄注《儀禮鄉射禮》「《禮》，射不主
皮」：「《尚書傳》曰：戰鬥不可不習，故於蒐狩以閒之也。閒之者，
貫之也；貫之者，習之也」；韋昭注《國語魯語下》「士朝而受業，晝

---

55 楊寬：〈「大蒐禮」新探〉，《學術月刊》1963年第3期（1963年）。
56 楊寬：〈「大蒐禮」新探〉，《學術月刊》1963年第3期（1963年）。

而講貫，夕而習復，受事於朝」：「貫，習也」。所以杜預注《左傳》
「射御貫，則能獲禽」亦云：「貫，習也。」

《穀梁傳》：昭公八年（前534年）「秋，蒐於紅，正也。因蒐狩
以慣用武事，禮之大者也。」

以上《春秋》三傳及其注疏所載六條材料，前後歷時近二個世
紀，各有二則材料分別涉及春秋早、中、晚不同階段。對《左傳》隱
公五年文，楊寬以為所謂「講事」，「講」的就是軍事[57]，但係軍事訓
練還是戰爭，並未明確；而之前李亞農則認為，「經略土地也可以叫
做蒐」，將「蒐」解釋為以武力威脅或經略土地。筆者以為，李說與
本義相去不近。因為從「吾將略地」之語看，其中「蒐」等，都是利
用農閒進行軍事訓練，說明「略地」是「講事」目的，「略地」即戰
爭乃未來之事，「講事」是達到目的的手段，而非目的本身。所以，
隱公五年狩獵，仍為軍事訓練，而非武力威脅或經略土地。另外，李
氏在談到僖公二十七年晉國「蒐於被廬」時，又認為「蒐」是臨戰前
的軍事準備[58]；而昭公八年「蒐於紅」，則是一次「重大」、「嚴肅的軍
事演習」[59]。因此，春秋蒐狩，具有集講武、狩獵於一體的顯著特
徵。這一特性，也可從其它文獻的記載中得到印證。如《禮記仲尼燕
居》載孔子曰：「以之田獵有禮，故戎事閑（嫻，嫻熟──引者注）
也。以之軍旅有禮，故武功成也」；《太平御覽資產部十一》引《韓詩
內傳》：「春曰畋，夏曰蒐，秋曰獮，冬曰狩。……夫田獵，因以講
道，習武簡兵也」；《禮記月令》：季秋之月，「天子乃教於田獵，以習

---

57 楊寬：〈「大蒐禮」新探〉，《學術月刊》1963年第3期（1963年）。

58 把狩獵作為臨戰前的軍事演習手段，早在殷商既存在。孟世凱指出：「歷代商王在
征伐過程中，尤其是行程較遠的征戰中，都要沿途進行田獵，這可以說是臨戰前的
演習活動」（孟世凱：〈殷商時代田獵活動的性質與作用〉，《歷史研究》1990年第4期
（1990年））。

59 李亞農：〈大蒐解〉，《學術月刊》1957年第1期（1957年）。

五戎，班馬政」。鄭玄注：「教於田獵，因田獵之禮，教民以戰法
也」。

蒐狩禮在春秋時期能夠存行，離不開其時「兵農合一」制的基礎
和前提。據載，管仲齊國改革，「作內政而寄軍令」，實行「兵農合
一」。他在對全國居民按照軌、裏、連、鄉進行編制後，就曾通過
「春以蒐振旅，秋以獮治兵」的手段，達到「卒伍整於裏，軍旅整於
郊，……戰則同強，……莫之能禦」（《國語齊語》）的目的。另外，
從《穀梁傳》昭公八年（前534年）「因蒐狩以慣用武事，禮之大者」
等記載看，西周時如「諸侯發，然後大夫、士發」等有關狩獵禮儀，
也被春秋時期繼承下來，並在一般狩獵中實行[60]。但是：

第一，據《春秋》三傳和《國語齊語》「春以蒐振旅，秋以獮治
兵」，春秋時與講武緊密相連的狩獵，時間上主要集中在春、秋二
季，遠較西周時一年四季為少，且多為臨時的性質[61]。這是春秋蒐狩
與西周蒐狩禮舉行相差最明顯處。對此，班固《漢書刑法志》以魯哀
公為例云：「哀公用田賦，蒐狩治兵大閱之事皆失其正。《春秋》書而
譏之，以存王道。於是師旅亟動，百姓罷敝，無伏節死難之誼。孔子
傷焉，曰：『以不教民戰，是謂棄之。』」

第二，春秋時期是一個「禮壞樂崩」的動亂時代，「禮樂征伐」
由西周的「自天子出」而易變為「自諸侯出」。各國為加強自身軍事
力量，蒐狩活動屢被藉而講武。因此，西周時的蒐狩禮雖在春秋時期
有所實行，但其軍事功能和性質日漸突出。

第三，單就蒐狩之講武而言，春秋時期，兵種發生了重大變化，
車戰在春秋經歷了瞬息的繁榮、鼎盛之後，出現了即刻的衰亡，嶄新

---

60 楊寬：〈「大蒐禮」新探〉，《學術月刊》1963年第3期（1963年）。
61 楊寬：〈「大蒐禮」新探〉，《學術月刊》1963年第3期（1963年）。

的兵種——步兵——開始出現，諸侯作戰形式因此有較大的改變[62]，軍事訓練無疑也隨之產生變異，並開始呈現專門化。這樣，至少在春秋末開始的一種經常性的制度化新式軍事訓練，已不再與田獵相結合，很少借助於狩獵的方式來進行，田獵的軍事訓練性質因此而衰退[63]。只是由於諸侯紛爭不斷，春秋時期的狩獵，有時被諸侯用作軍事行動、進攻的幌子，對外發動軍事進攻[64]。如《左傳》文公十七年（前610年）晉侯蒐於黃父並糾集諸侯而平宋事件，就是典型的一例。這種把狩獵活動和直接軍事行動相結合、將狩獵作為發動戰爭幌子的方式，雖然也是由狩獵的軍事性質演繹而來，但它與以前把狩獵作為軍事訓練的手段大有不同。

第四，伴隨狩獵軍事意義的淡化，至少從春秋中後期起，君王、諸侯狩獵活動娛樂性傾向日趨顯著。王公貴族一味追求一己之樂，將西周蒐狩禮拋卻腦後。如楚莊王（前613—前591年在位）「好獵」，以之為樂，無事於軍國大事；齊景公（前547—前490年在位）喜獵，無所不至，「上山見虎，下澤見蛇」（《晏子春秋內篇》）。其時齊國大夫、後為景公左相的慶封，更是「嗜酒好獵」（《史記齊太公世家》）。春秋後期，這種娛樂性狩獵愈益普遍。如《孟子滕文公下》載：

> 昔者趙簡子使王良與嬖奚乘，終日而不獲一禽。嬖奚反命曰：「天下之賤工也。」或以告王良。良曰：「請復之。」強而後可，一朝而獲十禽。嬖奚反命曰：「天下之良工也。」簡子曰：「我使掌與女乘。」謂王良。良不可，曰：「吾為之範我馳

---

62 具體參見藍永蔚：《春秋時期的步兵》（北京市：中華書局，1979年），頁23-36。

63 楊寬：〈「大蒐禮」新探〉，《學術月刊》1963年第3期（1963年）；陳恩林：《先秦軍事制度研究》（長春市：吉林文史出版社，1991年），頁179。

64 李亞農：〈大蒐解〉，《學術月刊》1957年第1期（1957年）。

> 驅，終日不獲一；為之詭遇，一朝而獲十。《詩》云「不失其
> 馳，舍矢如破」。我不貫與小人乘，請辭。」

趙簡子，即春秋末晉國卿士趙鞅；嬖奚，趙簡子幸臣；王良，善御者
也。對於這一記載，東漢趙岐注云：

> 範，法也。王良曰我為之法度之御，應禮之射，正殺之禽不能
> 得一。橫而射之曰「詭遇」，非禮之射則能獲十。言嬖奚小人
> 也，不習於禮也。

對王良所引《詩經》(〈車攻〉)之語，趙岐又云：

> 御者不失其馳驅之法，則射者必中之。順毛而入，順毛而出，
> 一發貫臧，應矢而死者，如破矣。此君子之射也。

周代蒐狩禮對田獵之儀有嚴格的要求和規定。根據《孟子》和趙
岐注，善御者王良第一次因「為之法度之御」，嬖奚按要求「應禮之
射」，結果終日無所獲，反而說王良是「天下鄙賤之工師」；第二次王
良則逆「法度之御」而行之，嬖奚以「非禮之射」而「橫而射之」，
結果所獲甚豐。由於嬖奚不習於狩獵之禮，而被王良視為「小人」。
嬖奚狩獵，完全出於遊逸，且不按禮法行事；而在政治上有所作為的
趙鞅，雖然我們不能推知他是否熟知西周以來的蒐狩之禮，但他對幸
臣、「小人」嬖奚狩獵的態度，以及對善「法度之御」者王良的無理
要求等，都從另一個側面說明了春秋末期貴族田獵，已經由西周的儀
禮行為而基本淪為遊逸活動。

（二）《周禮》中冬蒐禮的具體展開及「三驅」禮指謂的
考察

　　《周易》所載「三驅」禮，當屬於周代蒐狩禮。周代蒐禮分講武和狩獵兩部分，即後世所謂的「閱兵之制」和「田獵之儀」。「三驅」究竟為何，《周易》並未具載；而作為具體體現《周易》所載禮典的《周禮》，對西周蒐禮有較為完整的記錄。因此，通過《周禮》之蒐禮，我們可大體推知《周易》「三驅」禮之指謂[65]。

　　本章開篇所列學術史上關於「三驅」禮的幾種闡說，基本上都是從狩獵方面而言的。所以，我們考察「三驅」指謂，首先也從狩獵活動入手。

　　據《周禮大司馬》，西周田獵禮一年舉行四次（中春、中夏、中秋、中冬）。西周田獵禮，與閱兵禮統一於蒐狩禮之中，田禮是在四季講武以後進行。因四季蒐狩禮目的不同，故《周禮》四季田禮各有其名[66]，所用工具、方法、祭祀對象等也有較大的差別。如工具方

---

[65] 楊向奎曾指出，《易》為宗周之禮，故被稱作《周易》。以《周易》、《春秋》為代表的周禮之具體典制、禮儀規範等，則見諸《周禮》等「三禮」之中，《周禮》所載，基本屬實（楊向奎：《宗周社會與禮樂文明》（北京市：人民出版社，1997年），頁285、289、291），故可作為研究《周易》即西周時期儀禮、典制等歷史問題的文獻依據。

[66] 一年四季的田獵禮，各文獻的稱叫也不同。如《左傳》隱公五年（前718年）「春蒐、夏苗、秋獮、冬狩」，同《周禮》；《韓詩內傳》：「春曰畋，夏曰蒐，秋曰獮，冬曰狩」（《太平御覽》卷831《資產部十一·獵上》引）；《穀梁傳》桓公四年（前708年）：「春曰田，夏曰苗，秋曰蒐，冬曰狩」。范甯對四名由來的解釋分別是：「取獸於田」、「為苗除害」、「蒐擇之，舍小取大」、「狩，圍狩也。冬物畢成，獲則取之，無所擇」；《爾雅·釋天》：「春獵為蒐，夏獵為苗，秋獵為獮，冬獵為狩」。郭璞注分別曰：「搜索取不任者」、「為苗稼除害」、「順殺氣也」、「得獸取之，無所擇」。另有主三時說者，如《公羊傳》桓公四年（前708年）、《禮記·王制》、《說苑·修文》及《春秋運斗樞》（《禮記·王制》孔穎達疏引），皆言夏不田。對於四時田獵名謂之不同，陳槃以為其「義各有取」，如或因事而發，斷章取義，其言從

面，春蒐用火、夏苗用車、秋獮以羅、冬狩以車徒（見表4-1）。然在具體過程和展開方面，四者區別不大[67]，而以中冬狩田規模最大[68]、狩獵方式比較完備[69]；同時，中冬狩田又是「田禮」中最為完備的[70]，《周易》所云「三驅」之禮，所指當為中冬「狩田」所持之禮[71]。但同時，西周蒐狩禮集講武、狩獵於一體，所以，考察中冬狩田之禮，還必須兼顧其講武即「講大閱」。另外，《詩經車攻》毛傳、《穀梁傳》昭公八年（前534年）等文獻，也對西周蒐狩禮有程度不同的記載。本文將上述文獻記載和《周禮》及其注疏相結合，試圖通過對中冬蒐狩禮開展過程的具體描述[72]，揭示「三驅」究竟何謂。

略；或因對象不一，有的只對諸侯而發，有的則適於天子諸侯等（陳槃：〈古社會田狩與祭祀之關係〉，《中央研究院歷史語言研究所集刊》第21本第1分（1949年））。

67 如賈公彥疏中春「蒐田」云其中冬「狩田」「以旌為左右和之門」以下至「有司表貉於陳前」過程，春季蒐田同樣具備。只因「春非大備，故亦略言也」。

68 《國語・周語上》：「王事惟農是務，無有求利於其官，以幹農功。三時務農，而一時講武，故徵則有威，守則有財。」韋昭注：「三時，春、夏、秋。一時，冬也。講，習也。」冬季農閒時節，國家都要組織大規模的軍事訓練和狩田，其餘三季此類活動遠比仲冬田獵規模要小。

69 楊寬：〈「大蒐禮」新探〉，《學術月刊》1963年第3期（1963年）。

70 《禮記・月令》：孟冬，「天子乃命將帥講武，習射御角力。」鄭注：「為仲冬將大閱簡習之，……凡田之禮，唯狩最備。〈夏小正〉十一月，王狩」；孔穎達疏：「仲冬教大閱，禮儀備」。

71 杜預注《左傳》桓公四年（前708年）正月「公狩於郎」曰：「冬獵曰狩，行三驅之禮，得田狩之時」；孔穎達疏：「狩獵之禮，唯有三驅，故知行三驅之正禮，得田獵之常時」。另外，在中春、中夏、中秋之講武中，也不見任何與「三」有關的記載，中冬則不然。如虞人「為三表」、「鼓人皆三鼓」、「戒三闋，車三發，徒三刺」等等。

72 楊寬曾據《周禮》、《穀梁傳》和毛傳，對「大蒐禮」之狩田過程進行了考察（楊：〈「大蒐禮」新探〉，《學術月刊》1963年第3期（1963年））。

表4-1 《周禮大司馬》四季蒐狩禮

時間	四季講武目的、田獵名稱及具體展開	
中春	教振旅①	辨鼓鐸鐲鐃之用；以教坐作進退疾徐疏數之節。
	蒐田	有司表貉、誓民。鼓，遂圍禁。火弊，獻禽以祭社②。
中夏	教茇舍③	辨號名之用；辨軍之夜事，其它皆如振旅。
	苗田	如蒐之法。車弊，獻禽以享礿④。
中秋	教治兵	辨旗物之用；其它皆如振旅。
	獮田	如蒐田之法。羅弊，致禽以祀祊⑤。
中冬	教大閱⑥	虞人萊所田之野為表，百步則一，為三表。又五十步為一表。田之日，司馬建旗於後表之中，群吏以旗物鼓鐸鐲鐃，各帥其民而致。質明，乃陳車徒，如戰之陳，皆坐。群吏聽誓於陳前，⋯⋯中軍以鼙令鼓，鼓人皆三鼓，司馬振鐸，群吏作旗，車徒皆作。鼓行，鳴鐲，車徒皆行，及表乃止（一驅，由1表即後表至2表）；三鼓摝鐸，群吏弊旗，車徒皆坐。又三鼓，振鐸作旗，車徒皆作鼓進，鳴鐲，車驟徒趨，及表乃止（二驅，由2表至3表），坐作如初。乃鼓，車馳徒走，及表乃止（三驅，由3表至前表）。鼓戒三闋，車三發，徒三刺。乃鼓退，鳴鐃且卻，及表乃止，坐作如初。
	狩田	以旌為左右和之門，群吏各帥其車徒，以敘和出，左右陳車徒，有司平之。旗居卒間，以分地前後，有屯百步，有司巡其前後。險野人為主，易野車為主。既陳，乃設驅逆之車。有司表貉於陳前。中軍以鼙令鼓，鼓人皆三鼓，群司馬振鐸，車徒皆作。遂鼓行，徒銜枚而進。大獸公之，小禽私之，獲者取左耳。及所弊，鼓皆駴，車徒皆譟。徒乃弊，致禽饁獸於郊，入獻禽以享烝⑦。

注：①鄭注：凡師出曰治兵，入曰振旅，皆習戰也。②鄭注：「春田主用火，因焚萊除陳草，皆殺而火止」；「春田主祭社者，土方施生也」。賈疏：「春田為蒐者，蒐，搜也，春時鳥獸字乳，搜擇取不孕任者。故以蒐為名」；「『獻禽以祭社』者，此因田

獵而祭，非〈月令〉仲春祭社也」。③鄭注：茇讀如萊沛之沛，茇舍，草止之也。軍有草止之法。④鄭注：「夏田為苗，擇取不孕任者，若治苗去不秀實者」；「礿，宗廟之夏祭也。冬、夏田主於祭宗廟者，陰陽始起，象神之在內」。賈疏：「以其春夏為陽，主其生長，故春田為蒐，搜取不孕任者。夏田為苗，若治苗去不秀實者，其義但春時主孚乳，故以不孕任解之也」；「云『礿，宗廟之夏祭也』者，〈大宗伯〉文云：冬夏田主於祭宗廟，陰陽始報，象神之在內者。仲冬一陽生，仲夏一陰生，是陰陽在內，故神象之而行祭也。此祭因田獵獻禽為祭」。⑤鄭注：「秋田為獮。獮，殺也。羅弊，網止也。秋田主用網，中殺者多也，皆殺而網止」；「秋田主祭四方，報成萬物」。賈疏：「秋田主用羅，羅止田畢。田畢，入國，過郊之神位，乃致禽以祀四方之神。……今既因秋田而祭，當是祭四方之神。……以秋物成，四方神之功，故報祭之」。⑥鄭注：冬大閱，簡軍實。大閱，備軍禮。賈疏：以冬時農隙，故大簡閱軍實之凡要也。冬大閱之，時總教之，故雲至冬大閱軍。⑦鄭注：「冬田為狩，言守取之無所擇也」；「『致禽饁獸於郊』，聚所獲禽，因以祭四方神於郊」。賈疏：「冬田為狩，言守取之無所擇者，對春夏言蒐言苗，有所擇，又秋名獮，中殺者多，對此圍守之，此又多於獮，故得守名也」；「『致禽饁獸於郊』者，亦謂因田過郊之神位而饋之」。

1 設防，即建築屏障形成圍場

《周禮》沒有明確講到設置圍場。但據「虞人萊所田之野為表」、「以旌為左右和之門，群吏各帥其車徒，以敘和出」與鄭眾注「虞人萊所田之野，茇除其草萊，令車得驅馳」、鄭玄注「軍門曰和，今謂之壘門，立兩旌以為之」、賈疏「虞人者，若田在澤，澤虞；若田在山，山虞。謂使其地之民於可陳之處，茇除草萊」，以及「『今謂之壘門』者，漢時軍壘為門，名曰壘門，與古和門同」等文字記載推斷，蒐狩應有圍場。其它文獻有關記載也可說明這一點。如《禮記王制》「天子不合圍」；《穀梁傳》昭公八年（前534年）秋蒐「茇蘭以為防」；毛傳《詩經車攻》「東有甫草」云「甫，大也。田者大茇草以為防，……古者……田不出防」；南朝宋文帝元嘉二十五年（448年）大蒐，「先獵一日，遣屯布圍」（《宋書禮志一》）；梁、陳大蒐也是「先獵一日，遣馬騎布圍」；後齊春蒐，亦命「有司規大防」；

煬帝大業三年（607年）行狩禮也有「布圍」行為（《隋書禮儀志三》）；唐仲冬「皇帝狩田」禮則明確規定冬狩「前期十日，……虞部量地廣狹，表所田之野。……前一日……質明，……遂圍田。……及夜，布圍訖」（《大唐開元禮軍禮》）。《漢書揚雄傳下》所載揚雄〈長楊賦〉之文「今年獵長楊，先命右扶風，左太華而右褒斜，椓巀嶭而為弋，紆南山以為罝，羅千乘於林莽，列萬騎於山隅」，描寫的就是整個狩獵前的布圍情形。可見，古代君王舉行冬蒐禮，均要建築獵場。因此，後世學者總結云：「田獵之禮，……刈草以為長圍」（《朱子語類易六》）；「田獵者，必大芟殺草以為防限，作田獵之場，擬殺圍之處」（《詩經車攻》孔穎達疏）。圍場的設置，當由主管山川湖澤動植物資源的職官──虞人──負責，《周禮山虞》：「若大田獵，（山虞）則萊山田之野」。《開元禮》也有「虞部量地廣狹，表所田之野」的記載。清代學者因此指出：「古者……諸侯田獵之禮，必使虞人驅禽而至入於防中，然後射之」（陳啟源：《毛詩稽古編南有嘉魚之什下》）。

所設圍場的屏障稱作「防」。據《說文》，「防」的本義是「堤」；段注《說文》：凡「備禦」之物均作「防」。所以，「防」就是在獵場周圍建設的圍牆。《穀梁傳》昭公八年（前534年）「艾蘭以為防」，說的就是這種情況。故范甯注《穀梁傳》：「防，為田之大限」。說明「防」之所至，就是冬蒐的場所範圍。「防」乃「艾」蘭或草而成。「艾」，陸德明「音義」：「艾，魚廢反」，音「刈」（梁益：《詩傳旁通小雅》）。顏注《漢書郊祀志上》「武帝初即位，尤敬鬼神之祀。漢興已六十餘歲矣，天下艾安」曰：「艾讀曰乂。乂，治也。《漢書》皆以艾為乂，其義類此也。」段注《說文》引《詩經臣工》「奄觀銍艾」亦云：「艾者，乂之假借字。銍者，所以艾也。」《說文丿部》：「乂，芟艸也」。所以，所謂的「艾」，就是「芟」的意思。毛傳《詩經載

芟》「載芟載柞」曰「除草曰芟」。可知「防」乃割草堆成的圍堤，
「防」間即為蒐狩場。蒐狩場之寬廣，不得詳知；獵場的構築，《周
禮》中由虞人率部而為，後世則有軍方負責（如北宋之禁軍[73]）。

「防」的建築，與古代軍事活動有關。據研究，先秦部隊行軍，
宿營地四周要構築防禦土牆即「壘」[74]。《尉繚子戰威》有「軍壘成而
後舍」。秦漢以降至隋唐時期，部隊行軍作戰，仍舊常在宿營地周圍
構築環形防禦工事，形成以塹壕、圍牆為主體工程的營壘；而在山地
和不易取土的地區，則築木柵為營壘[75]。西周蒐狩禮承襲於具有軍事
活動性質的殷商狩獵，設防建場因此必不可少。

2 教大閱，即講武

教大閱的前提和首要步驟就是在「防」內布置武場：「虞人萊所
田之野為表，百步則一，為三表。又五十步為一表。」[76]四表位於武
場中央，為表的目的，就是「識正行列」。

四表具體如何設置，《周禮》未明言，傳世今本鄭玄注也沒有提
及。但唐代孔穎達疏《詩經車攻》引《周禮》「中冬，教大閱」時
說：「鄭（玄）以最南一表以北百步為二表，又北百步為三表，又北
五十步為四表，謂之後表」；宋代陳祥道《禮書田獵》之「田獵圖」，
也是如此繪製的。而鄭玄在注《周禮》「車徒皆行，及表乃止」、「車
驟徒趨，及表乃止」和「車馳徒走，及表乃止」時，卻分別云：「自
後表前至第二表」、「自第二前至第三」、「自第三前至前表」。由此可

---

73 《宋史・軍禮志》：「太祖建隆二年（961年），始校獵於近郊。先出禁軍為圍場」。

74 藍永蔚：《春秋時期的步兵》（北京市：中華書局，1979年），頁62-63。

75 《中國軍事史》編寫組：《中國軍事史》（北京市：解放軍出版社，1991年），卷6，
〈兵壘〉，頁171。

76 王昭禹《周禮詳解・夏官司馬》：「除草謂之萊。……山澤之虞除去所田之野草而為
表焉。」

知：「後表」即一表，一～四表順序相接，前表位於三表後。同時，鄭玄也並未說一表位於最南、四表為後表。而且，鄭玄注「群吏聽誓於陳前」又云：「群吏，諸軍帥也。陳前，南面鄉（向）表也」；唐代略晚於孔穎達的經學家賈公彥疏《周禮》時，也沒有採納孔說，而是傚仿鄭注《周禮》引《禮記月令》天子「教於田獵，以習五戎，……司徒搢撲，北面誓之」，並結合「教大閱」之「司馬建旗於後表之中」，得出「從南頭立表，以北頭為後表也」的結論。他在注「中軍以鼙令鼓」時又云：「此經總說聽誓既已，將欲向南。第二表象戰陳初發面敵」。根據鄭注、賈疏，不難看出孔穎達、陳祥道之說均有誤。講武場的實際佈局應該是：一表即後表位於場北，後表北為司馬所建軍旗；二、三表依次位於一表南，彼此相距百步；三表南五十步為前表（見圖4-1）。講武場前後四表為二百五十步，四表居場中央，三軍各列後表之左右[77]。

---

[77] 《周禮・夏官司馬》：「凡制軍，萬有二千五百人為軍。王六軍」。賈疏《周禮・大司馬》曰：「此鄭據天子六軍整數而言。其實兼羨卒之等。故《小司徒》職云『凡起徒役，無過家一人。惟田與追胥竭作。』鄭雲國人盡行是，非止六鄉之民、六軍而已。」

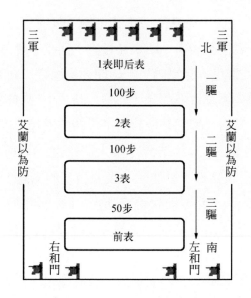

圖4-1《周禮》中冬「教大閱」「三驅」示意圖

　　虞人萊野建表後，田獵之日，司馬建熊虎六斿（旒）（易祓：《周官總義大司馬》）之旗於虞人所設後表之中，諸軍帥用旗物鼓鐸鐲鐃，各率其屬民到達講武地點[78]，陳車、徒[79]。如戰陣。陣勢排列完畢，車、徒皆停止，司徒陣前誓師[80]，嚴明紀律。諸軍帥聽誓結束後，返其所率部中，教戰隨即開始。中軍之將命擊鼓，振作士眾之氣；師帥、旅帥三次擊鼓，兩司馬搖鐸，以示部眾起立[81]；諸軍帥舉

78　《周禮・夏官司馬》：「二千有五百人為師，師帥皆中大夫。五百人為旅，旅帥皆下大夫。百人為卒，卒長皆上士。二十五人為兩，兩司馬皆中士。五人為伍，伍皆有長」。鄭玄注：「將、帥、長、司馬者，其師吏也」。周時兵農合一，農閒練兵講武、田獵。田事完畢後，「兵入收眾，專於農」。

79　周代盛行車戰。「車」即戰車，車上的兵稱「甲士」，車後跟著步行的兵士叫「徒」

80　《周禮・大司徒》：「大軍旅、大田役，以旗致萬民，而治其徒庶之政令」。

81　《周禮・大司馬》：「王執路鼓，諸侯執賁鼓，軍將執晉鼓，師帥執提，旅帥執鼙，卒長執鐃，兩司馬執鐸，公司馬執鐲」。

旗，車、徒皆起；師帥、旅帥擊鼓行進，伍長擊打鐲鈴以節制速度，車、徒隨之而向前驅進，由後表即一表行至二表，停止；師帥、旅帥再次三鼓，兩司馬撥弄鐸鈴，以示停止前進，並不得喧呶；諸軍帥放下旗幟，車、徒就地以坐姿停下[82]。這是中軍之將一令、師旅帥一鼓、兩司馬一鐸、諸軍帥一旗、車徒一驅進。緊步其後的便是其主體之第二、第三次令、鼓、鐸、旗和驅：

> 又三鼓，振鐸作旗，車、徒皆作，鼓進，鳴鐲，車驟徒趨，及表乃止，坐作如初。乃鼓，車馳徒走，及表乃止。鼓戒三闋、車三發、徒三刺。乃鼓退，鳴鐃且卻，及表乃止，坐作如初。

據鄭注、賈疏，第二次「及表乃止」，為車、徒第二次驅進，是從二表向前驅進到三表。與第一次相比，此次車、徒前進的方式是「車驟徒趨」。鄭注：「『趨』者，赴敵尚疾之漸也。《春秋》傳曰『先人有奪人之心』」。「車驟徒趨」是為了先聲奪人，也是鼓舞士氣。「乃鼓，車馳徒走，及表乃止」，為車、徒第三次前驅，是從三表驅至前表。由於為最後一次前驅，本次車、徒分別馳、走而進。《說文門部》：「闋，事已，閉門也」。引申為終了、止息。宋代王昭禹云「鼓戒三闋」之「闋」，為「鼓聲止」（《周禮詳解夏官司馬》）。關於「鼓戒三闋、車三發、徒三刺」，鄭注曰：「鼓戒，戒攻敵。鼓一闋、車一

---

82 藍永蔚研究指出，按照作戰方法分類，陣的基本形態可分立陣和坐陣。戰士取立姿的隊形稱立陣即方陣，立姿是進攻動作，它可以在行進中作戰；取坐姿的隊形則稱為坐陣即圓陣，坐姿為防禦動作，它只宜原地堅守。《尉繚子・兵令上》：「立陳，所以行也；坐陳，所以止也。立、坐之陳，相參進止。」《周禮・大司馬》中軍隊的演習，就是連續不斷地坐、起、前進。這種操演過程，目的在於反覆訓練部隊從立陣變成坐陣，從進攻轉為防禦的作戰能力（參見藍永蔚：《春秋時期的步兵》（北京市：中華書局，1979年），頁165-166）。

轉、徒一刺，三而止，象服敵」[83]；賈疏云：「三闔、三發、三刺，鄭
歷言鼓一闔、車一轉、徒一刺，三而止者。鄭據實而言，非是一時而
三故也」。車、徒一表至二表之一驅、二表至三表之二驅、三表至前
表之三驅，每「及表乃止」，均「鼓一闔、車一轉（發）、徒一刺」。
因此，車、徒及前表後，鼓、車、徒分別已各三闔、三發和三刺，意
味著制服了敵人，所以「三而止」[84]。於是，中軍之將命師帥、旅帥
擊鼓退軍，卒長鳴鐃以和之，軍隊由前表退至後表，就地而息，如講
武初。整個「教大閱」活動至此結束，此後便是狩田活動。

3 狩田，即田獵

《周禮》對中冬狩田過程有具體的記載，楊寬的研究對此也有歸
納[85]。狩田大致包括以下幾個基本方面：

首先，車徒按照順序左、右出軍門，分列前後，形成軍陣。軍門
稱「和門」，位於講武場南端，《周禮》有左、右二和門。孔穎達疏
《詩經車攻》時，說和門之設「當在教戰之前，……其實戰之前，門
已先設也」。據鄭注《周禮》，和門系「立兩旌以為之」。《穀梁傳》昭
公八年（前534年）「蒐於紅」：「因蒐狩以慣用武事，禮之大者也。艾
蘭以為防，置旃以為轅門，以葛覆質以為槷，流旁握，御鑋（絓）者
不得入。」據范甯注《穀梁傳》、孔穎達疏《詩經車攻》等，旃，同
「旜」，旌旗名；葛，毛織品，或作「褐」，粗麻織品；質，槷也，即

---

83 〔清〕乾隆：《欽定周官義疏·夏官司馬》：「案：（鄭玄）注以車『轉』為『發』
（實際是以『發』為『轉』——引者注），恐不然。車既『及表乃止』矣，又三
轉，胡為乎？蓋車上主射者三發矢，以象殺敵耳。」

84 〔宋〕易祓：《周官總義·夏官司馬》：「至此則鼓已三闔，車已三發，徒已三刺，
於此皆戒焉。必三鼓者，至於三則節制之正也。故大閱之教，表為三表，鼓為三
鼓，車以三發，徒以三刺，坐作以三而為之止，皆三之為節制也。」

85 楊寬：〈「大蒐禮」新探〉，《學術月刊》1963年第3期（1963年）。

門中木橜；槷，門中臬。《爾雅釋宮》：「櫙謂之杙，在牆者謂之楎，在地者謂之臬」。郭璞注：「臬，即門橜也」。《說文木部》：橜，一曰門捆也。所以，槷即門檻。楊士勳疏：質者，中門之木橜，謂恐木橜傷馬足，故以葛草覆之以為槷；流旁握，「謂車兩轊頭，各去門邊空握，握四寸也」。轊，或作「𦘕」，《史記田單列傳》有「齊人走，爭塗，以轊折車敗，為燕所虜」。裴駰「集解」引徐廣曰「轊，車軸頭也」。古代車軸貫穿輪轂，伸出轂外的部分即轊。轊上有孔，孔中插有防止車輪外脫的銷釘——轄，若轊折損則輪脫，於是就會「車敗」[86]。而「流旁握」就是戰車兩轊頭各距和門邊四寸；《說文車部》：「轚，車轊相擊也。……《周禮》曰舟輿轚互者」。《玉篇系部》：「絓，止也，有行礙也，懸也，持也」。「御轚（絓）者不得入」，就是戰車經過和門時，如果兩端車軸頭碰擊到門邊即門傍斾杆，那麼，車就不能夠出入防內，「所以罰不工也」。可見，和門是用裹著織毛、褐布的旌旗杆等臨時構建，寬幅僅容戰車經過的軍門。軍事演習結束後，在諸軍帥的帶領下，車、徒依次按序疾出左、右軍門，分別而列，旗軍吏以旗調整所部前後疏密。車、徒全部出門後，在鄉師的指揮下，形成軍陣：車、徒前後分區屯駐，屯間相距百步。屯駐地形勢較為艱險時，以步兵為主，徒前、車後；而形勢平易時，則以車為主，車前、徒後。

　　其次，設驅逆之車，有司表貉於陳前。驅逆之車即佐車。《禮記王制》：「天子諸侯無事，則歲三田：……大夫殺則止佐車。佐車止，則百姓田獵」。鄭玄注：「佐車，驅逆之車」。鄭玄注《禮記少儀》「乘貳車則式，佐車則否」又云：「貳車、佐車，皆副車也。朝祀之副曰貳，戎獵之副曰佐」；孔穎達疏：「田車之副曰佐」。驅逆車專門用於狩田。驅逆車掌之於田僕。《周禮田僕》：「田僕掌馭田路，以田以

86　王作新：〈古車部件名稱疏要〉，《文獻》1995年第3期（1995年）。

鄙。掌佐車之政,設驅逆之車,令獲者植旌,及獻比禽」。驅逆車又
稱使車,馭夫也掌驅逆車,鄭玄注《周禮馭夫》「馭夫,掌馭……使
車」:「使車,驅逆之車」。據此推斷,田僕負責驅逆車之設,馭夫則負
責驅逆車的具體駕馭[87]。驅逆車的作用,鄭注《大司馬》「乃設驅逆之
車」云:「驅,驅出禽獸,使趨田者也。逆,逆要不得令走」;注〈田
僕〉時,鄭又云:「驅,驅禽使前趨獲。逆,衙還之,使不出圍」。
「衙」,《釋名釋樂器》:「衙,止也」。陸德明「音義」:「衙,本又作
御」。清代朱駿聲《說文通訓定聲豫部》:「衙,假借為御」。孫詒讓:
「衙還之使不出圍,謂軼獸將出圍,迎御令還,不得出。」[88]聞一多
根據《周禮田僕》、《詩經吉日》之注疏而認為,從後逐趕禽獸稱驅、
自前曰逆、自左右為翼。「然析言,驅與逆翼異,混言之,三者皆可
曰驅」[89]。因此,設驅逆之車的目的,一是驅逐禽獸使之趨於獵場
(防)[90],二是防止獵物向外逸逃,是為即將開始的狩田有所獲而設。

　　「表貉於陳前」,就是在駐軍陣前立表祭祀。鄭玄注《周禮》中
春「遂以蒐田,有司表貉」:「表貉,立表而貉祭也。……鄭司農雲貉
讀為祃,祃謂師祭也,書亦或為祃。」可知「貉」通「祃」,古代軍
隊在其駐紮處舉行的祭祀。《說文示部》:「祃,師行所止,恐有慢其
神,下而祀之曰祃。《周禮》(誤,實際為《禮記》——引者注)曰:

---

87 狩田的很多工作,均由多個職官一併完成。《周禮・山虞》:「若大田獵,則萊山田
　　之野。及弊田,植虞旗於中,致禽而珥焉」;《田僕》:「田僕掌馭田路,……掌佐車
　　之政,設驅逆之車,令獲者植旌,及獻比禽」。山虞、田僕俱掌植旗之事。賈疏
　　〈田僕〉:「按山虞植旗屬禽,此官又雲植旌比禽者,彼此共其事,故並見之」。

88 〔清〕孫詒讓:《周禮正義》(北京市:中華書局,1987年),卷62,〈田僕〉,頁
　　2600。

89 朱自清:《聞一多全集(二)・乙集・古典新義》(北京市:開明書店,1948年),頁
　　17。

90 孔穎達疏《詩經・車攻》云:「既陳車驅,車卒奔驅禽納之於防」。

祃於所徵之地」。《禮記王制》有「天子將出征，類乎上帝，宜乎社，
造乎禰，祃於所徵之地」文，鄭玄注：「祃，師祭也，為兵禱。其禮
亦亡。」

　　最後為田事，即狩獵。正式射獵前的車徒準備、動員程序，如同
教戰：中軍之將命擊鼓以振士氣，師帥、旅帥三擊鼓，兩司馬搖鐸，
車、徒皆起立；師帥、旅帥擊鼓行進，車、徒隨之而前進。只是戰車
後的兵卒皆「銜枚而進」。《周禮》司寇下屬有「銜枚氏」，「掌司
囂，……軍旅、田役，令銜枚」。據鄭注、賈疏，枚狀如竹筷，兩端
有繩帶，人口橫銜之，繩帶繫於脖後。銜枚的目的，主要在於禁止言
語喧囂；軍旅、狩獵時六軍銜枚，一則防止暴露目標，二則以免「言
語以相誤」或「相疑惑」。從《詩經車攻》「蕭蕭馬鳴，悠悠旆旌。徒
御不驚，大庖不盈」詩文和毛傳「徒，輦也。御，御馬也。不驚，驚
也。不盈，盈也」描繪的「蕭蕭馬鳴」等狩獵場景，以及孔穎達疏
「既陳車驅，車卒奔驅禽納之於防」等記載看，「徒銜枚而進」，應當
是驅獸入防，而不是捕獸。

　　冬狩具體過程，《周禮》未作詳細描述。然據《穀梁傳》昭公八
年、《詩經車攻》、《禮記王制》等上古文獻記載，我們可知其一二之
情：

　　其一，「驅禽之左右，以安待天子」。也就是用驅逆之車，在防內
驅禽以往天子，以便天子射獵。驅禽任務，由虞人、馭夫共同完成。
《詩經吉日》：「悉率左右，以燕天子」[91]。毛傳：「驅禽之左右，以安

91　〈吉日〉：「吉日庚午，既差我馬。……漆沮之從，天子之所。……悉率左右，以燕
　　天子。既張我弓，既挾我矢，發彼小豝，殪此大兕。以御賓客，且以酌醴。」根據
　　毛傳「漆沮之水，麀鹿所生也。從漆沮驅禽而至天子之所」、「驅禽之左右，以安待
　　天子」和鄭箋「悉驅禽順其左右之宜，以安待王之射」文，這首田獵詩包括兩個驅
　　禽的過程，一是將禽獸驅逐至天子射所，也就是《周禮》記載的「防」內；二是射
　　所內驅禽順其左右，以便天子之射。

待天子」；鄭箋：「率，循也。悉驅禽順其左右之宜，以安待王之射也」；孔疏：「驅禽之左右者，此言安待天子，謂已入防中，乃虞人驅之」。並引毛傳《詩經騶虞》「一發五豝」曰「虞人翼五豝，以待公之發」和鄭箋《詩經駟鐵》「奉時辰牡」云「奉是時牡，謂虞人」以證之。在疏〈騶虞〉時，孔氏強調云：「『翼五豝』者，由虞人翼驅五豝以待公之發矢。……翼，驅也，則此翼亦為驅也。知有驅之者，〈吉日〉云『漆沮之從，天子之所』。傳曰『（從漆沮）驅禽而至天子之所』。……故知田獵有使人驅禽之義。知虞人驅之者，以田獵則虞人之事。故（《周禮》）〈山虞〉云『若大田獵，則萊山田之野』；〈澤虞〉云『若大田獵，則萊澤野』。天子田獵，使虞人，則諸侯亦然。故〈駟鐵〉箋云『奉是時牡者，謂虞人』；〈田僕〉云『設驅逆之車』，則僕人設車，虞人乘之，以驅禽也。言驅逆則驅之逆之，皆為驅也。」在疏〈駟鐵〉時，孔氏根據「虞人萊所田之野為表」等復云：「田獵是虞人所掌，必是虞人驅禽，故知『奉是時牡，謂虞人』也。」不過，《周禮馭夫》又載曰：「馭夫，掌馭貳車、從車、使車」。鄭玄：「使車，驅逆之車」。驅逆車具體由馭夫駕馭。《周禮》稱馭夫下職官有中士二十人、下士四十人，〈校人〉篇說每年冬祭馬步神（因為該神「為災害馬者」）時，「講馭夫」（鄭注：「講，猶簡習」）。宋代王與之《周禮訂義校人》：「於是之時則講馭夫，謂講論其知馭車之法、能與不能也。……馭夫則主馭者，將使之馭使車、貳車、佐車之人，五馭必有法，安可不講其藝乎？於冬講之，一年之事也。黃氏曰馭夫員多，於是講習而選之。」綜上而知，防內驅逐禽獸，乃馭夫駕車，虞人乘之以驅禽，為虞人、馭夫共同完成。

由於是驅禽以待天子之射，對馭夫駕車有嚴格的要求，基本有二：一為馭車要符合儀禮規範。因天子之射為「應禮之射」，馭者須「為之法度之御」，契合禮規（如《孟子滕文公下》之善御者王良者

也），為此每年冬時需要對馭夫進行培訓，然後簡選其憂者參加仲冬狩田；二為技術上的具體要求。《周禮保氏》載地官之屬保氏掌「養國子以道，乃教之六藝。一曰五禮，二曰六樂，三曰五射，四曰五馭，五曰六書，六曰九數」。鄭注：「五馭：鳴和鸞，逐水曲，過君（軍）表，舞交衢，逐禽左」[92]。據賈公彥疏，五馭就是馭車的五個基本要求：鳴和鸞[93]，就是「升車則馬動，馬動則鸞鳴，鸞鳴則和應」；逐水曲，就是「御車隨逐水勢之屈曲而不墜水」；過軍表，賈氏「謂若毛傳云『褐纏以為門，裘質以為樴，間容握，驅而入，擊則不得入』。《穀梁》亦云『艾蘭以為防，置旃以為轅門，以葛覆質以為槷，流旁握，御擊者不得入』。是其過君（軍）表即褐纏是也」。方苞亦以「過軍表」就是上引《穀梁傳》文（方苞：《周官集注地官司徒》）。其實，賈、方等謂均不妥。軍表，乃「虞人萊所田之野為表」之四表，「過軍表」當指教戰場內車徒依次從後表到前表的驅進行為；舞交衢，就是「御車在交道，車旋應於舞節」；逐禽左，就是「御驅逆之車，逆驅禽獸，使左當人君以射之，人君自左射」。具體到狩獵，即《穀梁傳》昭公八年（前534年）所謂的「車軌塵，馬候蹄，……御者不失其馳」。據范甯「集解」和李亞農的解釋，就是車與車之間，後車循前車之轍，塵不出轍；而馬匹則四蹄皆發，發足相應，後足躡前足，彼此間疾徐相投；馭者不失馳騁節奏[94]。《詩經車攻》有「四黃既駕，兩驂不猗。不失其馳，舍矢如破」句。毛傳稱此「言御者之良也，習於射御法也」，鄭箋則進一步「云御者之良，得

---

92 又《周禮‧大司徒》：大司徒「以鄉三物教萬民，……三曰六藝：禮樂射御書數」。鄭注：「射，五射之法。御，五御之節。」賈疏：「五御者，先鄭云鳴和鸞、逐水曲、過君（軍）表、舞交衢、逐禽左」。

93 和鸞，皆鈴。和在軾，即位於車廂前用來扶手的橫木上；鸞在衡，即位於車轅頭上的橫木（車前用於駕牲畜的直木或曲木）。

94 李亞農：〈大蒐解〉，《學術月刊》1957年第1期（1957年）。

舒疾之中」。對「御者之良」贊稱的條件，與《穀梁傳》對田獵御車的要求基本一致。

其二，天子自禽獸左後而射之。馭夫、虞人逆驅禽獸，「使左當人君以射之」，和儀禮對人君「自左射」的要求有關。毛傳《詩經車攻》「大庖不盈」：「不盈，盈也。一曰干豆，二曰賓客，三曰充君之庖。故自左膘而射之，達於右腢為上殺，射（鄭玄箋：射，當為達）右耳本次之，射左髀達於右為下殺」。據陸德明「音義」等，膘為小腹兩邊肉，或為腋下肋骨後、大腿前肉；腢，亦作髃，肩頭或肩前肉；本，動物器官的根基部位。耳本即耳根；髀，股部、大腿；（即），為腰部左右虛肉處，或作肋骨。東漢何休也有類似的說法，而與毛氏之說相比，略有不同，且對三殺名謂緣由作了進一步的說明。何休在注《公羊傳》桓公四年「諸侯曷為必田狩。一曰干豆，二曰賓客，三曰充君之庖」時曰：「一者，第一之殺也，自左膘射之，達於右髃，心中死疾，鮮潔，故干而豆之中，薦於宗廟。二者，第二之殺也，自左膘射之，達於右脾，遠心死難，故以為賓客。三者，第三之殺也，自左膘射之，達於右，中腸胃污泡，死遲，故以充君之庖廚」。此後，范甯、楊士勛、孔穎達、賈公彥等注疏《穀梁傳》桓公四年、《詩經車攻》、《周禮保氏》等，均沿用毛、何之說；而且，三殺之法還為唐代皇帝田狩所繼承，被寫進開元年間的皇帝田狩禮中（《大唐開元禮軍禮》）。由於天子狩田「射獸，皆逐後從左廂而射之」（《詩經車攻》孔穎達疏），「逐禽左」因而成為對御者的五個基本要求之一。

其三，與左後正射相關聯，天子不可逆射（正面或正面旁射）獵物，這就是《穀梁傳》昭公八年（前534年）、《詩經車攻》毛傳所講的「面傷不獻」、「踐毛不獻」。孔穎達疏〈車攻〉毛傳曰：「面傷不獻者，謂當面射之；翦毛不獻，謂在傍而逆射之。二者皆為逆射」。另

外，儒家十分強調對幼小動物的保護[95]，天子狩田禮也要求射獵者不能射殺幼小的禽獸，《穀梁傳》昭公八年、《詩經車攻》毛傳等因此有「不成禽不獻」的規定。個中之因，晉代范甯、唐代孔穎達都謂惡其虐害「幼少」。

其四，射獵順序要求。《禮記王制》：「天子、諸侯無事，則歲三田：……天子殺則下大綏，諸侯殺則下小綏，大夫殺則止佐車。佐車止，則百姓田獵」；《詩經車攻》毛傳：「田者，……天子發，然後諸侯發；諸侯發，然後大夫、士發。天子發，抗大綏；諸侯發，抗小綏。獻禽於其下」。據鄭玄注〈王制〉，以及〈車攻〉陸德明「音義」、孔穎達疏：綏通緌。緌，虞人之旌旗名；下，弊之，即僕、倒下；抗，舉也。〈王制〉、〈車攻〉毛傳所記有下、抗綏之不同。對此，孔穎達說：「抗綏，謂既射舉之，因置虞旗於其中，受而致禽焉。受禽獵止，則弊之。故〈王制〉曰『天子殺則下大綏，諸侯殺則下小綏』。注云『下謂弊之』，是殺禽已訖，田止而弊綏也。各舉終始之一，故與此不同也。此等似有成文，未知其事」。所以，宋代陳祥道云：「《詩》傳言天子、諸侯發則抗大綏、小綏，殺之時也；〈王制〉言下大綏、小綏，既殺之時也」[96]。綜上而言，〈王制〉、〈車攻〉毛傳記載的天子、諸侯、大夫、士射獵順序是一致的，說明狩田射獵以等級為次序，否則無禮。

其五，「田不出防」，即狩田在防內展開。毛傳《車攻》：「田不出防，不逐奔走，古之道也」。孔疏：「既陳車驅，車卒奔驅禽納之於

---

95 如鄭玄注《禮記·王制》「不麛，不卵，不殺胎，不殀夭」云均「重傷未成物」；〈王制〉還有「禽獸魚鱉不中殺，不粥於市」。所謂「不中殺」，就是說禽獸魚鱉太小，也就是《孟子》所說的「魚不滿尺不得食」等。

96 《禮書·田獵》。又清初《欽定禮記義疏·王制》曰：「蓋綏當殺時，抗之則殺，竟自當下之也」。

防，……故戰不出所期之頃，田不出所芟之防。不逐奔走，謂出於頃
防者不逐之，古之道也」；《穀梁傳》昭公八年（前534年）：「過防弗
逐，不從奔之道也」。范甯注：「戰不逐奔之義」；劉向《說苑修文》：
「冬狩……百姓皆出，不失其馳，不抵禽，不詭遇，逐不出防，此
苗、獮、蒐、狩之義也」；三國魏鄭小同就毛傳《車攻》「田不出防」
答張逸云：「戰有頃數，不能盡其多少，猶今戰場者不出其頃，界田
者不出其防也」（鄭小同：《鄭志》卷上）。先秦「田不出防」的規定
被後世所踵承，如根據《開元禮》之「皇帝田狩」禮要求，唐代皇帝
中冬狩田就是在類似「防」的圍內舉行，逐殺野獸不能超出規定的
範圍。

　　由前賢的解釋看，上古「田不出防」、「過防弗逐」的規定，與
「戰不逐奔之義」關聯密切。春秋及其以前，軍事上的追擊和退卻縱
深度較小。《司馬法仁本》：「春蒐秋獮，諸侯春振旅、秋治兵，所以
不忘戰也。古者逐奔不過百步，縱綏不過三舍，是以明其禮也」；其
《天子之義》又曰：「古者逐奔不遠，縱綏不及，……不遠則難誘，
不及則難陷」、「逐奔不逾列，是以不亂」。《穀梁傳》隱公五年（前
718年）也有「戰不逐奔」文。可知上古用兵之法，對戰敗潰逃的敵
人，戰場內追擊不超過一〇〇步；對主動撤退的敵人，戰場外追擊也
不越過九十里。之所以如此，一方面和當時的戰爭目的簡單、雙方軍
隊機動性不大、後勤支持能力弱等有關[97]；另一方面，又和進攻戰術
水準有關。在方陣戰術的早期，軍隊戰鬥陣形呆笨，前進速度遲緩，
決定了軍隊即使是乘勝追擊，也是「逐奔不遠」，遑論實施更有效的
長距離追擊[98]。中冬狩田，既與練兵講武是一體，又直接服務於練兵

97 《中國軍事史》編寫組：《中國軍事史》（北京市：解放軍出版社，1988年），卷4，
　　〈兵法〉，頁29。

98 藍永蔚：《春秋時期的步兵》（北京市：中華書局，1979年），頁138。

講武，軍事上的要求對之無疑同樣適用，中冬狩田因此有「田不出防」、「過防弗逐」的規定。

田狩所獲，大的禽獸歸之於公，送到虞人所在之處，狩獵者以其所得禽獸左耳數量多寡而計功；小的禽獸則歸狩獵者個人所有。車徒到達目的地後，鼓聲大作，眾將士喜喧不已（鄭玄注：「象攻敵克勝而喜也」），以其所獲禽獸，分別祭祀四方之神與宗廟。整個中冬狩田活動至此全部結束。

4 「三驅」為車徒三次前驅及表

那麼，究竟什麼是「三驅」呢？為回答這個問題，我們有必要弄明白「三」、「驅」的具體含義。

首先，關於「三」。研究者認為，「三」為《周易》最喜歡、極常用的數位，是《周易》「運數比類」思維方法的具體表現之一[99]。殆因如此，《周禮》中冬教戰與田獵也「以三為節」：「萬國……因田獵以修武備。王者之田，馳驅進退，以三為節。《周禮大司馬》仲冬『大閱，立三表』，蓋其義也。」（黃宗炎：《周易象辭》，卷4）具體到「三驅」，除三度、三次、三面等說法外，上引黃宗炎認為是「王仁好生，無禽荒貪獲之意，禽之左右去者不殺，向我來歸者不殺，惟背而往者則取之，蓋去其三而取其一」，「三驅」因而是「去三」；而另有學者以為「三」是與戰時軍隊編制相同的田獵人員編制，即右、中、左三軍，為師田的戰陣行列。以前的三度、三面、多次等說均不確[100]。對於黃氏之說，我們後面將有辨析；而後者釋「三」，顯然不

---

99 顧頡剛：〈《周易》卦爻辭中的故事〉，《古史辨》第3冊（上海市：上海古籍出版社，1982年），頁11；劉大鈞：〈《周易》九、六解〉，《東嶽論叢》1980年第3期（1980年）；唐明邦：〈象數思維管窺〉，《周易研究》1998年第4期（1998年）。

100 張文：〈《易經‧比九五》爻辭瑣議〉，《河北師範大學學報》1985年第1期。（1985年）

確。因為《周禮夏官司馬》：「凡制軍，萬有二千五百人為軍。王六軍，大國三軍，次國二軍，小國一軍」。周王所制，為六軍，而非三軍；只有諸侯國大者，才擁三軍。其文中列稱春秋多有「三軍」之文。其實，春秋時期，禮壞樂崩，一些不應建「三軍」的諸侯國，常逾制肆為，被《春秋》作者載之史冊以譏刺。如《春秋》襄公十一年（前562年）「春王正月，作三軍」。《穀梁傳》：「古者天子六師，諸侯一軍。作三軍，非正也」；晉范甯注：「諸侯制踰天子，非義也」。此其一。其二，賈疏《周禮大司馬》中冬「教大閱」時援引鄭玄語云，參加講武者「非止六鄉之民、六軍而已」。

其次，關於「驅」。驅，或作敺。《說文馬部》「敺，古文驅」。《康熙字典馬部》：「敺，《玉篇》古文驅字」。顏師古注《漢書晁錯傳》「敺略畜產」：「敺與驅同」；或作駈。《康熙字典馬部》：「《玉篇》同驅」、「驅，……俗作駈」；又作毆。宋代張有《復古編上聲》：「毆，……別作敺，從支，古文驅字」。東漢張衡《東京賦》有「成禮三敺」。李善注引薛綜曰：「敺與驅同」。可見，敺、駈、毆均同於驅。

對於「驅」的含義，《說文馬部》：「驅，馬馳也」、「馳，大驅也」。《尚書胤征》：「瞽奏鼓，嗇夫馳，庶人走」。陸德明「音義」：「馳，車馬曰馳，走步曰走」。孔穎達疏《詩經山有樞》「子有車馬，弗馳弗驅」曰：「走馬謂之馳，策馬謂之驅，驅、馳俱是乘車之事」。可見，上古「驅」字，乃為車馬前行而進的意思。鄭玄注《儀禮士昏禮》「婦乘以幾，姆加景，乃驅」云「驅，行也」亦可證之。在「向前行進」的意義上，「驅」又和「趨」具有相通性，但車馬前行為「驅」，《禮記曲禮》有「車驅而驟（驟）」文；人之前進為「趨」。《集韻遇韻》：「趨，行之速也」。毛傳《詩經猗嗟》「巧趨蹌兮」云「蹌，巧趨貌」，孔穎達疏曰：「《曲禮》云『士蹌』。蹌，今與趨連文，故知蹌『巧趨貌』。〈曲禮〉（『帷薄之外，不趨』）注又云『行而

張足曰趨」。趨，今之捷步則趨，疾行也。禮有徐趨、疾趨，為之有巧有拙，故美其巧趨蹌兮」。所以，人之疾行稱「趨驟」，車馬疾馳稱「驅驟」[101]。《周禮》中冬「教大閱」之「車驟（驅）徒趨」[102]，表現了講武場車徒急驅而前的場景。

　　至於「三驅」之「驅」，惠士奇云：「『驅』之言阹也，所以遮禽獸。驅通作阹，省作去，田獵有驅逆之車，故《春秋左氏傳》曰『千乘三去，三去之餘，獲其雄狐。』三去猶三驅也。」並分別引司馬相如〈上林賦〉「江河為阹」及其注、揚雄〈長楊賦〉「以網為周阹」及其注為證（惠士奇：《易說》，卷1）。然而，《左傳》之「三去」，為「三次敗去」之義（王道焜等：《左傳杜林合注》卷10，僖公十五年）；阹，《說文阜部》曰「依山谷為牛馬圈也」。對於司馬氏「江河為阹」，《史記司馬相如列傳》裴駰「集解」引郭璞語云：「因山谷遮禽獸為阹」；顏師古注《漢書司馬相如傳》分別引蘇林、郭璞文「阹，獵者圍陳遮禽獸也」、「因山谷遮禽獸為阹」，並以郭說為是，認為「因江河以遮禽，……言田獵之廣遠耳。」關於揚雄賦「以網為周阹」，顏注《漢書揚雄傳下》引李奇文曰：「阹，遮禽獸圍陳也。」唐張銑注《文選京都下》錄左思〈吳都賦〉「阹以九疑」：「阹，闌也。因山谷以遮獸也。……九疑，山名」。可知，「阹」相當於講武、狩獵之「防」，即利用山河等天然地形而成的禽獸圍圈，或為借自然地形對禽獸的圍獵。但無論是何意，均與《左傳》「三去」含義相去殊遠。當代學者或將「驅」作「區」解，為隱、匿之義[103]；並以《小屯南地甲骨》「丁丑貞，其區，擒？──弜（弗）區，擒」等文為

101　清人吳玉搢《別雅》卷四：「趨聚，趨驟也。驅騶，驅驟也。……《禮記‧曲禮》『車驅而騶』。騶……與驟同。」

102　《玉篇‧馬部》：「驅，……驟也，奔馳也」。

103　吳澤：《吳平心史論集》（北京市：人民出版社，1983年），頁240。

證，言「區」法田獵與獲獸的方位有關，「區」為田獵或戰術中的設伏之法，「三區」就是設網而開其一面[104]。很顯然，此說很難成立。因為「驅」有「敺」等多種寫法，前人有關解釋，無不釋之為車馬前馳，從未有將「驅」寫作「區」和作「隱匿」意解者。同時，引者認為「三驅」之「驅」為甲骨「區」，為狩獵設網法。而筆者以為，引文甲骨「區」當為「驅」，因為商代無「驅」字，以「區」假借「驅」，十分普遍。而且，在有關周王狩獵的記載中，我們看不到隱匿設圍的例子，而大量的是逐禽獸以便王左射的事例。

那麼，「三驅」究竟何謂呢？按照前人所說，「三驅」指「狩田」禮。《周禮大司馬》中冬「狩田」活動中，與「三」相關者，乃三「殺」和天子、大夫、諸侯三「射」，前者是因射殺禽獸部位不同而說的，後者則就狩獵主體順序而論的，雖然射、殺行為與「驅」有關，但射、殺主體和「驅」的主體不具有同一性，射、殺者為天子等，「驅」乃虞人等。而「驅」者行為是以驅逆之車驅趕禽獸，以便天子等射殺，與所謂「三驅」彰顯人君「仁德」大義相異；並且射獵主體除天子、大夫、諸侯外，《禮記王制》還有「佐車止，則百姓田獵」、《詩經車攻》毛傳有「天子發，然後諸侯發；……然後大夫、士發」，亦即射者有四，遠非「三」之定額。總之，就整個狩田過程來看，我們看不到「三」、「驅」間在程序或先後順序等方面有何直接關係。也就是說，「三驅」所指，可能並非發生在狩田過程中，我們不妨試從與狩田緊密相聯的「教大閱」行為過程來考察。

「教大閱」活動中，與「三」相關者有車徒三次行進及表、鼓三闋、車三發、徒三刺等；而和「驅」相關者，則為車徒從一表即後表

---

104 詹鄞鑫：〈上古資源保護思想初探〉，《傳統文化與現代化》1995年第6期（1995年）。

驅（趨）進至前表。因此，我們認為，所謂「三驅」，乃指「教大閱」活動中的車徒三次向前驅進（見圖4-1）：一驅為參加教戰的車徒由一表驅至二表，二驅是車徒從二表驅至三表，三驅繫車徒從三表驅至前表。車徒三次向前驅進等動作完成後，整個教戰即告結束。這一認識也和早期三驅「教人戰」的古軍禮性質相吻合。而《周易比》九五爻中的「失前禽」，才是發生在狩田中的事情，指的是田獵遵守「田不出防，不逐奔走」古「道」的結果。所以，《周易》「王用三驅，失前禽」，實際上包括《周禮大司馬》中冬「教大閱」、「狩田」兩件事。「三驅」為「教大閱」活動中的車徒三次前驅及表行為，後者則是「狩田」活動「田不出防」、「過防弗逐」之事。「教大閱」中車徒三次前驅，及至前表，鼓、車、徒已分別三闋、三發和三刺，意味著制服了敵人，「三而止」，彰顯王者「以仁恩養威之道」[105]；而「田不出防」、「過防弗逐」本源於軍事上的「戰不逐奔之義」，由於逐不出防，那些從防內逸逃而出的禽獸，不再是射獵的對象，故有「失前禽」之說。「失前禽」也因此顯現了王者之心「不忍盡物，好生之仁」（《伊川易傳比》）。「王用三驅」和「失前禽」因此具有異曲同工之妙，即彼此從不同側面表現了君王的「仁德」之心。

　　其實，早在宋代，就有儒者認為「三驅」為車徒三次前驅及表：「用三驅者，虞人萊田，百步而為一表，凡為三表，每驅至表而止，驅之至三，獵事乃畢」（趙以夫：《易通》，卷1）。趙氏「三驅」之論，大體正確，但其「驅之至三，獵事乃畢」之說，又將《周禮》講武、狩獵兩個不同性質的活動混為一談，車徒三驅至表後，只標誌「教大閱」即講武活動的結束，獵事隨後進行，而非「獵事乃畢」。

---

[105] 《周禮·士師》，賈疏引鄭玄語：「用兵之法亦如之。降者不殺，奔者不禁，背敵不殺，以仁恩養威之道」。

這種將講武、狩獵活動混而論之的做法，在清儒陳夢雷《周易淺述》
卷二中也同樣存在：

> 三驅宜從舊解，三度逐禽而射之也。失前禽者，古田獵之
> 禮，……天子自（和）門驅而入，車三發，徒三刺，謂之「三
> 驅」。

陳氏之說，正確者有二：一為「失前禽者，古田獵之禮」，二是「車
三發，徒三刺，謂之『三驅』」。但其乖誤處也較明顯，即把講武之
「車三發，徒三刺」與王者狩獵混談。《周禮》中，二者截然分開，
「車三發，徒三刺」為車徒三驅講武的行為，「天子自門驅而入」是
射獵即狩田，二者並非一回事。所以，陳氏基於此的三驅乃「三度逐
禽而射之」的認識，也是不成立的。後世之所以出現如趙以夫、陳夢
雷等將《周禮》講武、狩獵活動混為一談的情況，主要可能與西周以
降的蒐狩禮迭變有關。

三　「成禮三驅」：戰國至漢唐時期蒐狩禮與「三驅」 禮的性質變化

　　由上而知，周代蒐狩禮，是由殷商田獵發展而來的。殷商田獵，
具有顯著的軍事、經濟和娛樂性質。周代在繼承殷商狩獵傳統的基礎
上，在其禮樂制度建設過程中，將田獵活動禮制化，是為《周禮大司
馬》所載的蒐狩禮。西周蒐狩禮具有集「閱兵之制」、「田獵之儀」於
一體的特徵。然而，戰國以後，由於作戰步兵、騎兵的出現，戰爭形
式發生變化，作為講武的蒐狩禮「閱兵之制」的規定和程序，已不適
用於新的作戰形勢，於是，傳統的「閱兵之制」不再為統治者所看

重。所謂的蒐狩禮僅存「田獵之儀」，新的講武禮儀獨立於蒐狩禮之
外；另一方面，在「王者功成作樂，治定制禮」（《禮記樂記》）思想
的指導下，各王朝在政權穩定後，無不重視蒐狩禮的建設。但是，後
世所謂的蒐狩禮，因時代和歷史條件的變化，已與《周禮》之蒐狩有
較大的不同。對此，南朝劉宋大明年間太常丞庾蔚之議曰：「蒐狩不
失其時，此禮久廢。……蒐狩之禮，四時異議，禮有損益，時代不
同」（《宋書禮志四》）。庾氏「此禮久廢」、「禮有損益，時代不同」等
關於蒐狩禮的評述，是對戰國至漢唐時期蒐狩禮建設、發展狀況的最
好概括。

（一）戰國兩漢時期的蒐狩禮

　　戰國時期，隨著作戰步兵的出現，西周時期針對車戰而舉行的軍
事訓練已不能達到有效訓練步兵的目的，亦即步兵訓練勿需藉諸蒐狩
而展開。於是，在蒐狩禮外，出現了專門的步兵訓練方法和儀式[106]。
蒐狩禮因其軍事作用的日益下降而逐漸被諸侯所忽略[107]。諸侯國　在
禮壞樂崩、「惟武是尚」的社會背景下，既不會遵守西周蒐狩禮而
「惟禮是從」，更不會積極地從事相應的禮制建設。因此，在有關戰
國時期的主要文獻中，我們很難找到有關「蒐狩」、「三驅」之禮的
記載。

---

[106] 陳戍國在其著作中指出：「戰國之有軍禮，似乎用不著懷疑」，並對之有所闡述。
　　　具體參見氏著：《先秦禮制研究》（長沙市：湖南教育出版社，1991年），頁378-
　　　382。可能正因為戰國時狩獵與軍事活動的密切聯繫式微，陳戍國在研究戰國時期
　　　禮制時，而非如其前研究殷商、西周與春秋時期禮制，將軍禮與田狩禮相併研
　　　究，而僅研究戰國時期的軍禮。

[107] 楊寬：〈「大蒐禮」新探〉，《學術月刊》1963年第3期（1963年）。陳恩林則指出，
　　　春秋末開始的新式軍事訓練已不與田獵相結合，而是一種經常性的制度化訓練。
　　　陳恩林：《先秦軍事制度研究》（長春市：吉林文史出版社，1991年），頁179。

　　但是，到了兩漢時期，「三驅」在兩漢文獻尤其漢賦中開始頻繁出現。如：

　　《漢書五行志上》：「田狩有三驅之制」。

　　《漢書揚雄傳上》：成帝羽獵，揚雄從。揚雄因〈校獵賦〉（或作〈羽獵賦〉）相諷勸，賦中稱漢武帝時之「羽獵田車戎馬器械儲偫禁禦所營，尚泰奢麗誇詡，非堯、舜、成湯、文王三驅之意也。」[108]《後漢書班固傳下》載班固〈兩都賦〉：「然後舉烽伐鼓，以命三驅，輕車霆發，……弦不失禽，轡不詭遇，飛者未及翔，走者未及去。」

　　蕭統《文選京都中》錄張衡〈東京賦〉：「三農之際，曜威中原。歲惟仲冬，大閱西園。……成禮三驅」。

　　《後漢書楊賜傳》：「昔先王造囿，裁足以修三驅之禮，薪萊蒭牧，皆悉往焉」。

　　兩漢「三驅」一詞的頻繁出現，與社會呼籲禮制的建設有關；而呼籲的動因，恐怕是統治者校獵之為所欲為、「尚泰奢麗誇詡，非堯、舜、成湯、文王三驅之意」所致。這種破壞禮制的行為，早在戰國時就已出現，因為其時戰亂而無暇「制禮」。秦漢大一統時代，禮制建設為劉漢王朝重視並被列入日程。有學者以為，兩漢蒐狩禮或許「保存了若干古制」，存有「古制之遺意」[109]。不過，從有關記載看，我們認為：

　　首先，較諸西周蒐狩禮，兩漢蒐禮具有很大的不同。如時間方面，兩漢蒐狩禮不是一年四季舉行，而僅在冬季。《宋書禮志一》記

108　「羽獵」，服虔曰：「士負羽」；呂向注《文選・揚雄〈羽獵賦序〉》「孝成帝時羽獵，雄從」：「羽，箭也，言使士卒負箭而獵也。」顏師古：「營謂圍守也。三驅，古射獵之等也。一為邊豆，二為賓客，三為充君之庖也。校獵謂圍守禽獸而大獵也。」

109　陳戍國：《中國禮制史・秦漢卷》（長沙市：湖南教育出版社，2002年），頁220、221。

載，東漢獻帝建安二十一年（216年），有司奏：「古四時講武，皆於農隙。漢西京承秦制，三時不講，唯十月都試。」張衡〈東京賦〉也說：「歲惟仲冬，大閱西園。……成禮三驅」。另據《後漢書陳蕃傳》，東漢延熹六年（163年），桓帝駕幸廣城苑校獵。陳蕃疏諫：「臣聞人君有事於苑囿，唯仲秋西郊，順時講武，殺禽助祭，以敦孝敬。如或違此，則為肆縱。……前秋多雨，民始種麥。今失其勸種之時，而令給驅禽除路之役，非賢聖恤民之意也。」按照「順時講武」古制，仲秋應為「獮田」之時。而桓帝於「民始種麥」之際蒐獵，陳蕃認為不是農隙時間，失於先人順時「勸種」之宜，疏諫桓帝停止蒐狩。《禮記月令》：仲秋之月，「乃勸種麥，毋或失時。其有失時，行罪無疑」；《淮南子時則》：仲秋之月「勸種宿麥」；《淮南子主術》：「虛中則種宿麥」。虛，北方玄武之宿，八月即中秋建酉中見於南方。三者關於冬小麥種植時間的記載一致，說明秦漢時期種植冬小麥的時間為仲秋之月。把這一冬小麥種植時間的記載，與陳蕃上書勸止桓帝行獵之事相聯繫，說明：第一，上古蒐獵，也許並非盡為農閒時節；第二，漢代以前，仲秋「獮田」，可以行獵。而桓帝於仲秋種麥出獵，則被陳蕃諫止，稱違古制。其中的原因，就是此前的四季蒐獵，到漢代時則僅為冬令之時。可能正因為如此，《通典禮三十六》「天子諸侯四時田獵」條所列，就沒有兩漢相關四時田獵文獻，所舉例子，由西周而直指南朝劉宋。

其次，與傳統蒐狩禮相對應，漢代有專門的軍事訓練禮儀。如前所云，西周時期，蒐狩具有軍事訓練的性質和功能，狩獵、練兵合二為一。據《後漢書禮儀志中》，漢代出現了專門的練兵禮──「貙劉」[110]：

---

110 《宋書·禮志一》：「兵者，守國之備。……凶事，不可空設，因蒐狩而習之。而

立秋之日，（自）〔白〕郊禮畢，始揚威武，斬牲於郊東門，以薦陵廟。其儀：乘輿禦戎路，白馬朱鬣，躬執弩射牲。牲以鹿麛。太宰令、謁者各一人，載〔以〕獲車，馳（駟）送陵廟。〔於是乘輿〕還宮，遣使者齎束帛以賜武官。武官肄兵，習戰陣之儀、斬牲之禮，名曰貙劉。兵、官皆肄孫、吳兵法六十四陣，名曰乘之。……貙劉之禮：祠先虞，執事告先虞已，烹鮮時，有司〔告〕，乃逡巡射牲。獲車畢，有司告事畢。

對於這段記載，劉昭有比較明白的補注。劉注「乘輿……牲以鹿麛」句：

〈月令〉曰：「天子乃屬勑（飾），執弓挾矢以獵。」《月令章句》曰：「親執弓以射禽，所以教兆民（載）戰事也。四時開習，以救無辜，以伐有罪，所以強兵保民，安不忘危也。」

劉注「乘之」時則云：

〈月令〉，孟冬天子講武，習射御，角力。盧植注曰：「角力，如漢家乘之，引（闞）（關）躏踘之屬也。」今〈月令〉，季秋天子乃教田獵，以習五戎。《月令章句》曰：「寄戎事之教於田獵。武事不可空設，必有以誡，故寄教於田獵，開肄五兵。天子、諸侯無事而不田為不敬，田不以禮為暴天物。」

凡師出曰治兵，入曰振旅，皆戰陳之事。……漢儀，立秋日，郊禮畢，始揚威武，斬牲於郊，以薦陵廟，名曰貙劉。」把「貙劉」作為練兵的禮儀。

同時，劉注還引《周禮大司馬》「司馬以旗致民，平列陳，如戰之陳」等文以比之。劉昭注引〈月令〉、《周禮》等文獻，試圖用傳統蒐狩禮因「武事不可空設」而「寄戎事之教於田獵」的性質和目的，來說明漢代「貙劉」具有與之相同的性質和目的。但是，我們不論從其「揚威武」還是從「兵、官皆肄孫、吳兵法六十四陣」等表面現象和實際演練的內容來看，兩漢的「貙劉」，都根本不同於西周的蒐狩禮，而是純粹的軍事訓練禮儀。鄭樵《通志禮略第三》因此而指出：「周制：天子、諸侯，無事則歲行蒐、苗、獮、狩之禮。漢晉以來，有閱兵之制，而史闕田獵之儀。」由於蒐狩禮在漢代已成歷史陳跡，現實生活中難以尋見，以致連儒者劉向也不知蒐的真義[111]。

最後，兩漢蒐狩禮之所以有別於《周禮》所載儀禮，主要在於漢代「三禮」中，《儀禮》地位最高，其禮制建設以《儀禮》為宗[112]。這就是清代經學家皮錫瑞所說的「漢所謂禮，即今十七篇之《儀禮》」[113]；並且「多無定制」。如東漢末蔡邕著《獨斷》即「於禮制多信《禮記》，不從《周官》」[114]。東漢馬融、鄭玄等古文經學家出於提高《周禮》地位的目的，對《周禮》予以了理想化的描述，但在實際中並未將《周禮》禮儀付諸實施[115]。新莽時期，王莽企圖以《周禮》施政，而最終以失敗謝幕，說明《周禮》的實施尚不具備必要的社會

---

111 李亞農：〈大蒐解〉，《學術月刊》1957年第1期（1957年）；楊寬：〈「大蒐禮」新探〉，《學術月刊》1963年第3期（1963年）。

112 梁滿倉：《魏晉南北朝五禮制度考論》（上海市：社會科學文獻出版社，2009年），頁67。

113 〔清〕皮錫瑞：《經學通論‧三‧三禮》（北京市：中華書局，1954年）。

114 四庫全書研究所：《欽定四庫全書總目（整理本）》（北京市：中華書局，1997年），卷118，〈子部二十八‧雜家類二‧獨斷〉，四庫館臣語。

115 梁滿倉：《魏晉南北朝五禮制度考論》（上海市：社會科學文獻出版社，2009年），頁128。

條件。《宋書禮志一》對此總結說：「師古而不適用，王莽所以身滅。」

蕭統《文選京都中》所載張衡〈東京賦〉，對蒐狩禮的具體狀況有一定描述。透過〈東京賦〉所述蒐狩禮，我們發現它和後來唐朝《開元禮》的「皇帝田狩禮」基本一致；而《開元禮》除田狩禮外，另有「皇帝講武禮」（《大唐開元禮軍禮》）。這種情況，又從另一個側面說明，西周時期的蒐狩禮，至少在兩漢時期就分裂成「田獵禮」和「講武禮」兩部分，但「三驅」為「田獵禮」而非「講武禮」之一部分。

（二）魏晉南北朝時期的蒐狩禮

魏晉南北朝時期，是中國歷史上兵燹連年、政權頻更的動盪不安時代，蒐狩禮在此一階段，也經歷了傳承、發展等興廢、替變的過程。記載魏晉南北朝蒐狩禮有關內容的，主要為《宋書》、《晉書》、《隋書》之禮志（制）部分。其中《宋書》較早注意到蒐狩禮，並對《周禮》之蒐狩禮、漢「貙劉」禮、魏晉南北朝蒐禮等作了較好的系統整理。該書於南朝齊永明五年（487年）開始撰寫，全書約成於齊末梁初，是有關魏晉南北朝蒐狩禮記載最早的一部史書。同時，該書撰者沈約生活於南朝宋、齊、梁三朝，其中宋三十八年，曾官至尚書度支郎，對宋之蒐狩禮儀應十分熟稔。所以，沈氏關於宋蒐狩禮的記載，當是比較真實和可信的；《晉書》所記時代雖早於《宋書》所載時期，但其修者為唐代房玄齡等，而且房氏關於晉代蒐狩禮的內容，也基本援襲《宋書》，故其價值遠低於《宋書》；而關於魏晉南北朝蒐狩禮記述最為系統的，則為《隋書禮儀志》。總之，以上三書對魏晉南北朝時期蒐狩禮的記載，基本上反映了此間該禮的建設、興廢和沿革情況。

1 魏晉時期的蒐狩禮

《宋書禮志一》、《晉書禮制下》載：東漢獻帝延康元年（220年），「魏文帝為魏王，是年六月立秋，治兵於東郊，公卿相儀。王御華蓋，親令金鼓之節。（魏）明帝太和元年（227年）十月，治兵於東郊。（西）晉武帝（司馬炎）太（泰）始四年（268年）、九年、咸寧元年（275年）、太康四年（283年）、六年冬，皆自臨宣武觀，大習眾軍。然不自令進退也。自惠帝以後，其禮遂廢。（東晉）元帝（司馬睿）太興四年（321年），詔左右衛及諸營教習，依大習儀作雁羽仗。成帝（司馬衍）咸和（326-335年）中，詔內外諸軍戲兵於南郊之場，故其地因名鬥場。自後蕃鎮桓、庾諸方伯，往往閱習，然朝廷無事焉。太祖在位，依故事肄習眾軍，兼用漢、魏之禮。其後以時講武於宣武堂。」這段文字告訴我們：

第一，三國魏曹丕時開始，繼承了漢代專門的練兵禮——立秋之日的「貙劉」禮。《晉書禮制下》：「兵者凶事，故因蒐狩而習之。」魏文帝曹丕喜好狩獵，《三國志》之〈辛毗傳〉、〈蘇則傳〉、〈王朗傳〉對之都有記載和反映。如《三國志鮑勛傳》載勛「每陳『今之所急，唯在軍農，寬惠百姓。臺榭苑囿，宜以為後。』」文帝將出遊獵，鮑勛停車上疏。帝手毀其表而竟行獵；又〈王朗傳〉：「時帝頗出遊獵，或昏夜還宮。朗上疏曰：『……近日車駕出臨捕虎，日昃而行，及昏而反，違警蹕之常法，非萬乘之至慎也。』帝報曰：『覽表，雖魏絳稱虞箴以諷晉悼，相如陳猛獸以戒漢武，未足以喻。方今二寇未殄，將帥遠征，故時入原野以習戎備。至於夜還之戒，已詔有司施行。』」文帝報稱「時入原野以習戎備」，所指乃西周蒐狩禮軍事訓練的性質和目的。然而，到了三國時期，隨著歷史的發展，蒐狩禮集講武與田獵於一體的性質早為陳跡，而曹丕仍以此為藉口，只是為

了粉飾其田獵遊逸的劣跡。而且，其「日昃而行，及昏而反」的做
法，也大悖於古之蒐狩禮。嗜好狩獵的曹丕還作有〈校獵賦〉：「高宗
徵於鬼方兮，黃帝有事於阪泉。慍賊備之作戾兮，忿吳夷之不藩。將
訓兵於講武兮，因大蒐乎田隙。」[116]辭賦雖也反映了其喜好游畋的品
性，但「將訓兵於講武兮，因大蒐乎田隙」，可能是其心跡的真實祖
露。因為時局的動亂和諸國的紛爭，客觀上迫使統治者必須高度重視
訓兵講武，只是未必像西周那樣，將狩獵與軍事訓練相結合。而把
〈校獵賦〉所云「大蒐乎田隙」的目的與《宋書》載魏帝「治兵於東
郊」、「王御華蓋，親令金鼓之節」的行為相聯繫，可以清晰地看出：
三國魏之所謂的「大蒐」，僅僅為練兵、閱兵禮。此後的兩晉，承漢
魏之衣缽，所謂的「蒐禮」，也多僅為練兵、閱兵禮，而且，其間斷
續無常。

第二，魏晉練兵場所，開始不固定，如三國魏就「治兵於東
郊」；而西晉諸帝的講練兵，皆在宣武觀進行；但到東晉時，又改在
南郊開展。直到後來，「以時講武於宣武堂」；而降至宋文帝元嘉時，
「置宣武場，校獵講武」（陳傅良：《歷代兵制南朝》）。無論是在京郊
舉行，還是在專門的宣武觀或宣武堂開展，均與狩獵無關，屬純粹的
練兵或閱兵性質。如《晉書王戎傳》載雲，王戎「年六七歲，於宣武
場觀戲，猛獸在檻中虓吼震地，眾皆奔走，戎獨立不動，神色自若。
魏明帝於閣上見而奇之。」表明魏晉治兵之所——宣武場——內雖置
有猛獸，但非用於狩獵，而供以觀瞻。因此之故，南朝劉宋御史中丞
何承天說漢魏以來的練兵「徒逞耳目之欲」（《宋書何承天傳》）。

總的看來，魏晉時期，大體繼承了漢代立秋閱兵的做法[117]，我們

---

116 〔宋〕徐堅：《初學記》，卷22，〈武部・獵第十〉引。另見〔唐〕歐陽詢：《藝文
　　類聚》，卷66，〈產業部下・田獵〉。

117 後來有些內容不受此限制。如時間方面，上引魏明帝太和元年（227年）、晉武帝太

看不出該階段在蒐狩禮建設方面有何大的作為。整個階段而言，一方面，統治者出於穩固政權的需要，積極加強武備，講武練兵因而受到重視；另一方面，卻出於奢侈生活需要，屢屢從事不符合禮儀的射獵。面對臣子的勸諫、指責，雖然文帝等藉口農隙大蒐而訓兵講武以敷衍之，事實上，此間所謂的「蒐狩」，較西周時期蒐狩禮發生了根本的變化；並且，其訓兵講武也與狩獵基本無涉。另外，即使是閱兵禮，在西晉惠帝以後也被廢置，東晉曾一度試圖恢復軍禮，但從東晉成帝咸和（326-335年）中「詔內外諸軍戲兵於南郊之場」的記載看，與傳統軍禮相比較，其所謂的軍禮也只能被算作一場「戲」而已。

2 南北朝時期的蒐狩禮

《宋書禮志一》有一段關於南朝宋蒐禮的詳細記載：

> （南朝宋文帝劉義隆）元嘉二十五年（448年）閏二月，大蒐
> 於宣武場，主司奉詔列奏申攝，剋日校獵，百官備辦。設行宮
> 殿便坐武帳於幕府山南岡。設王公百官便坐幔省如常儀，設南
> 北左右四行旌門。建獲旗以表獲車。殿中郎一人典獲車。主者
> 二人收禽。吏二十四人配獲車。備獲車十二兩。校獵之官著袴
> 褶。有帶武冠者。脫冠者上纓。二品以上擁刀，備槊、麾幡，
> 三品以下帶刀。皆騎乘。將領部曲先獵一日，遣屯布圍。領軍
> 將軍一人督右甄[118]；護軍一人督左甄；大司馬一人居中，董正
> 諸軍，悉受節度。……校獵日平旦，正直侍中奏嚴。……上水

康六年（285年）的閱兵講武活動，就不受立秋的時間限定，而在十月、冬季舉行。

118 甄，軍隊的左右兩翼。《晉書·周訪傳》：「使將軍李恒督左甄，許朝督右甄。」亦指兵陣名。《梁書·裴邃傳》：南朝梁武帝普通四年（523年），「魏壽陽守將長孫稚、河間王琛率眾五萬，出城挑戰，邃勒諸將為四甄以待之。」

五刻，皇帝出。著黑介幘單衣，乘輦。……皇帝降輦登御坐，
侍臣升殿。……帝若躬親射禽，變禦戎服，內外從官以及虎賁
悉變服，如校獵儀。鞁戟抽鞘，以備武衛。黃麾內官，從入圍
裏。列置部曲，廣張甄圍，旗鼓相望，銜枚而進。甄周圍會，
督甄令史奔騎號法施令曰：「春禽懷孕，蒐而不射；鳥獸之肉
不登於俎，不射；皮革齒牙骨角毛羽不登於器，不射。」甄
會。大司馬鳴鼓麾圍，眾軍鼓譟警角，至宣武場止。大司馬屯
北旌門；二甄帥屯左右旌門；殿中中郎率獲車部曲入次北旌門
內之右。皇帝從南旌門入射禽。謁者以獲車收載，還陳於獲旗
北。王公以下以次射禽，各送詣獲旗下，付收禽主者。事畢。
大司馬鳴鼓解圍復屯，殿中郎率其屬收禽，以實獲車，充庖廚。

　　之所以不厭其煩地羅引長文，目的是想全面地展現南朝宋有關蒐
狩的程序。稱其為「程序」，主要因為《宋書》記載的這一蒐狩禮，
是宋文帝大蒐於宣武場的具體場景。但另一方面，從「帝若躬親射
禽」的語句看，該文又並非盡為一次大蒐的實情，其中又有禮儀上的
規定與要求，所以，視之為劉宋蒐狩禮應不存在什麼問題。綜觀宋蒐
狩禮，我們不難發現：

　　（1）其蒐狩禮集講武練兵、捕獵為一體，程序先後包括講武、
狩獵兩部分，一改漢以來只有講武、講武與狩獵相別分的局面，與
《周禮》狩獵、軍事合一的模式和先後程序基本一致；而且狩獵前督
甄令史「號法施令」的內容和要求，和《周禮》、《禮記》、《左傳》[119]
等儒家經典一再申明的精神也基本吻合。因此，宋之元嘉蒐禮，存有

---

119 督甄令史號令之三「不射」，即為《左傳》隱公五年（前718年）之遺意：「鳥獸之
　　肉，不登於俎，皮革、齒牙、骨角、毛羽，不登於器，則公不射，古之制也。」

「古制」，是對傳統蒐狩禮的繼承和恢復。個中因緣，和當時對《周禮》的推崇有關。據梁滿倉研究，魏晉南北朝時期，血緣關係和地域因素聯繫密切，五禮制度發育、成熟迅速，禮在國家政治生活中的地位和作用被廣泛關注，禮的理論研究進入高潮。「南北朝儒家，最為後人所推服者，曰勤於三禮之學」[120]。在三禮統一體中，《周禮》的地位最高，被視為禮經，成為其時制定禮儀制度的主要理論根據[121]。《梁書沈峻傳》：「凡聖賢可講之書，必以《周官》立義，則《周官》一書，實為群經源本。」受此環境影響，劉宋蒐禮自然存有《周禮》遺制。

（2）儘管劉宋蒐禮與《周禮》蒐狩之儀相近，有練兵、狩獵之效，但我們必須注意其因時代差異而和《周禮》有別之處：

其一，劉宋的「大蒐於宣武場」，是禮儀性的。其禮儀性質，從皇帝在檢閱軍隊「著黑介幘，單衣」和狩獵時「帝若躬親射禽，變禦戎服，內外從官以及虎賁悉變服」的著裝不同，能夠得到清楚的反映。所謂戎服，即《隋書禮儀志七》中的「武弁之服」：「武弁之服，衣、裳、綬如通天之服。講武、出征，四時蒐狩……皆服之。」「戎服」、「武弁之服」就是軍服。鄭玄注《禮記月令》季秋之月「天子乃厲飾，執弓挾矢以獵」：「厲飾，謂戎服尚威武也。」可見，黑幘、單衣和武弁之服，均為講武出征、四時蒐狩之所著，事實上乃分別泛指，即皇帝講武著黑幘、單衣，而蒐狩則戎服。劉宋皇帝如此著裝，表明其蒐狩行為已盡為表象和禮儀性的。

其二，劉宋蒐禮的時代性，還表現在講武、習射主體的變化上。西周時期，戰爭主要為車戰，講武習兵、狩獵與車輛不相離，主體乃

---

120 呂思勉：《兩晉南北朝史》（上海市：上海古籍出版社，1983年），下冊，頁1374。

121 梁滿倉：《魏晉南北朝五禮制度考論》（上海市：社會科學文獻出版社，2009年），頁14、15、21、23、67、69。

「車徒」,故《周禮》載其講武曰「陳車徒,鼓進鳴鐲,車徒皆行,及表乃止」。然而,戰國趙武靈王「胡服騎射」以後,騎兵在中原王朝戰爭中的地位日漸突出,迄及西漢,車兵漸被淘汰,車輛僅用於輸運糧草和傷病員;下至南北朝時,騎兵成為主要的兵種之一,劉宋時期,廣大範圍的攻守多賴於步、騎兵[122]。因此,劉宋講武、習射的主體「皆騎乘」。不過,地處南國的劉宋朝如此倚重騎兵,其中原因值得進一步研究。

其三,「帝若躬親射禽」一語暗示,劉宋時期的蒐狩,君王未必每次都要射獵,與《周禮》所載大蒐禮之習武、狩獵密不可分顯然不同。

(3)從目的上說,劉宋蒐禮主要服務於練兵。對此,時人周朗曾評價說:「蒐狩之禮,習以鉦鼓之節」(《宋書周朗傳》)。狩獵於其中所佔的比重,遠較西周時下降。

(4)劉宋蒐狩禮興廢不定,具有相當的主觀隨意性。《宋書孝武本紀》載孝武帝劉俊大明七年(463年)正月癸未詔曰:「春蒐之禮,著自周令;講事之語,書於魯史。所以昭宣德度,示民軌則。今歲稔氣榮,中外寧晏。當因農隙,葺是舊章。可剋日於玄武湖大閱水師,並巡江右,講武校獵。」二月,有司就「講武校獵」獲肉薦太廟等事而奏章,太學博士虞龢以《周禮》「振旅春蒐,則以祭社;茇舍夏苗,則以享礿;治兵秋獮,則以祀祊;大閱冬狩,則以享烝」之「四時講武獻牲,各有所施」情事議之。兼太常丞庾蔚以龢言為是,並議云:

---

122 《中國軍事史》編寫組:《中國軍事史》(北京市:解放軍出版社,1987年),卷3,〈兵制〉,頁81、186。

> 蒐狩不失其時，此禮久廢。……今既無復四方之祭，三殺之
> 儀，曠廢來久，禽獲牲物，面傷翦毛，未成禽不獻。太宰令謁
> 者擇上殺奉送，先薦廟社二廟，依舊以太尉行事。（《宋書禮志
> 四》）

庾蔚之議請，得到武帝准允而行之。大蒐之事，文帝元嘉年間後期曾
舉行過，而事隔近二十年後，庾蔚卻在其議疏中反覆提及蒐狩之「禮
久廢」、「三殺之儀，曠廢來久」，並主張蒐狩上殺薦宗廟等。對此，
筆者以為：一則元嘉以後，蒐禮可能很少舉行，否則就不會有武帝正
月下詔「講武校獵」之事；二則庾蔚「蒐狩」所指，乃《周禮》合講
武、狩獵於一的傳統之禮，而劉宋大蒐禮，已較傳統大有不同，從傳
統儀禮的角度來說，蒐狩禮確實是其廢已久。所以，庾蔚議論表明劉
宋蒐禮建設並未臻於制度化，而只限於「行之」層次，即沒有在制度
上作出規定，僅在臨時舉行時強調其禮。而且，作為一項國家禮儀，
嚴肅性是不言而喻的。但朝上議論此事時，庾蔚寥寥數語，武帝竟可
之，也從另一側面說明該禮在劉宋時期未曾制度化，主觀隨意色彩濃
鬱。退一步說，縱然劉宋蒐禮已制度化，但從元嘉至大明年間的情況
看，至少不是始終如一地行之，而是時斷時續。不過，和魏晉時期相
比，劉宋在恢復先秦蒐狩禮方面所作的努力，還是應予以肯定的。其
後的梁、陳時期，皆「依宋元嘉二十五年蒐宣武場」（《隋書禮儀志
三》）。宋代人陳暘曾對梁、陳蒐狩禮予以了積極的肯定，稱其法「亦
追古之制也」（陳暘：《樂書樂圖》）。而梁、陳蒐狩禮之端則溯至劉宋
時期，所以陳氏以梁、陳之制為是，基本上可以看作是對劉宋政權蒐
狩禮建設工作的態度。

　　北朝在蒐狩禮建設方面有所作為者，乃北齊、北周二朝。關於北
齊的情況，《隋書禮儀志三》載：

後齊（即北齊）常以季秋，皇帝講武於都外。有司先萊野為場，為二軍進止之節。又別墠[123]於北場，輿駕停觀。遂命將簡士教眾，為戰陣之法。……將帥先教士目，……教士耳，……教士心，……教士手，……教士足，……前五日，皆請兵嚴於場所，依方色建旗為和門。……二軍迭為客主。先舉為客，後舉為主，從五行相勝法，為陣以應之。後齊春蒐禮，有司規大防，建獲旗，以表獲車。蒐前一日，命布圍。領軍將軍一人，督左甄，護軍將軍一人，督右甄。大司馬一人，居中，節制諸軍。天子……將親禽，服戎服，鈒戟者皆嚴。武衛張甄圍，旗鼓相望，銜枚而進。甄常開一方，以令三驅。圍合，吏奔騎令曰：「鳥獸之肉，不登於俎者不射。皮革齒牙，骨角毛羽，不登於器者不射。」甄合，大司馬鳴鼓促圍，眾軍鼓譟鳴角，至期處而止。大司馬屯北旌門，二甄帥屯左右旌門。天子乘馬，從南旌門入，親射禽。謁者以獲車收禽，載還，陳於獲旗之北。王公已下以次射禽，皆送旗下。事畢，大司馬鳴鼓解圍，復屯。殿中郎中率其屬收禽，以實獲車。天子還行宮。命有司，每禽擇取三十，一曰干豆，二曰賓客，三曰充君之庖。其餘即於圍下量犒將士。禮畢，改服，鈒者韜刀而還。夏苗、秋獮、冬狩禮皆同。

對於《隋書》記載的北齊高氏蒐狩禮，有學者予以了積極的肯定，認為它「竟與傳統華夏族同類禮儀如出一轍」，以為其有關規定與傳統儒家墳典所載相一致。如其「兩『不射』，顯然出自《左傳》

---

123 墠，清理後整潔的地面，通常用於祭祀。鄭玄注《禮記・祭法》「天下有王，分地建國，置都立邑，設廟、祧、壇、墠而祭之」云：「封土為壇，除地曰墠」。

隱公五年；『干豆』、『賓客』云云，自用《春秋公羊傳》、《穀梁傳》桓公四年與《禮記王制》成說無疑」[124]。道出了北齊蒐禮繼承西周傳統蒐狩禮之一端。除此以外，北齊蒐禮還有與先秦蒐狩禮不同之另一端：

首先，也是最明顯的一點，就是北齊蒐禮明確地將西周合習武、射獵於一的蒐狩禮分析為二，即季秋「講武」、一年四季射獵，只有秋季才講武、射獵一併舉行。北齊將蒐狩禮分別為講武、射獵的做法，在某種程度上，是兩漢時期把蒐狩禮分為「田獵禮」和「講武禮」做法的回歸，並對後來唐代二禮之分別產生了很大的影響。

其次，從頻繁性或頻度來看，狩獵四季舉行，並具有不同的名稱，即春蒐、夏苗、秋獮和冬狩，這一名稱和西周蒐狩禮是一致的，雖然在本質內容上有極大的差異；而講武則不然，僅在秋季開展，一年一次。

再次，北齊蒐狩禮首次明確地將《周禮》講武禮之「教人戰」即車徒教戰過程中三次向前驅進的「三驅」，移至田狩禮之中。但其「三驅」究竟為何，具體難以詳知，或為三面驅之，或為三次驅之。

最後，蒐狩的主體，西周為「車徒」，劉宋為「騎乘」，而北齊則為「步軍」；參與射獵的天子或皇帝所乘，西周時為車，劉宋時為輦，北齊時則為馬。南方劉宋講武注重騎兵訓練，而位處北方的高齊卻以步兵為主，究竟是什麼原因所致，尚待探討。

《隋書禮儀志三》又有一段關於北周蒐狩禮的記載：

> 後周（北周）仲春教振旅，大司馬建大麾於萊田之所。鄉稍之
> 官，以旗物鼓鐸鉦鐃，各帥其人而致。誅其後至者。建麾於後

---

124 陳戍國：《魏晉南北朝禮制研究》（長沙市：湖南教育出版社，1995年），頁414。

表之中，以集眾庶。質明，偃麾，誅其不及者。乃陳徒騎，如
戰之陣。大司馬北面誓之。軍中皆聽鼓角，以為進止之節。田
之日，於所萊之北，建旗為和門。諸將帥徒騎序入其門。有司
居門，以平其人。既入而分其地，險野則徒前而騎後，易野則
騎前而徒後。既陣，皆坐，乃設驅逆騎，有司表貉於陣前。以
太牢祭黃帝軒轅氏，於狩地為墠，建二旗，列五兵於坐側，行
三獻禮。遂蒐田致禽以祭社。仲夏教茇舍，如振旅之陣，遂以
苗田如蒐法，致禽以享礿。仲秋教練兵，如振旅之陣，遂以獮
田如蒐法，致禽以祀方。仲冬教大閱，如振旅之陣，遂以狩田
如蒐法，致禽以享烝。

北周蒐狩禮，具有傳統與時代相統一的典型特徵。傳統方面，形
式上完全恢復了西周蒐狩禮講武、狩獵合一的做法，而且一年四季舉
行，講武、田獵名稱與以禽物祭享名目等，均與《周禮》一致：仲春
教振旅、蒐田以祭社，仲夏教茇舍、苗田以享礿，仲秋教練兵、獮田
以祀方，仲冬教大閱、狩田以享烝。時代方面，也就是其不同於《周
禮》之處，犖犖者有三：西周蒐狩禮，和門建於講武場南，北周則
「於所萊之北，建旗為和門」。此其一；其二，參加講武的兵士，除
步兵外，還有騎兵，且驅逆由西周的車輛而易為「驅逆騎」；其三，
在四季講武后、田獵前，還要「以太牢祭黃帝軒轅氏」，這在此前的
蒐狩禮中似不曾見到。

傳統性與時代性相比較，北周蒐狩禮回覆傳統及其原因更值得關
注和探討。根據唐長孺研究，北朝時期的文化主體，是以河北地區為
中心的儒學。其儒學上承漢代經學，重視名物訓詁[125]；另一方面，北

---

125 唐長孺：《魏晉南北朝隋唐史三論》（武漢市：武漢大學出版社，1992年），頁225-
237。

周武帝宇文邕偏好儒學，任用長於《周禮》等儒家經典的儒者輔政[126]。濃郁的儒學之風、統治者對儒學的喜好和儒生的積極有為，一併促使北周蒐狩禮的建設朝著傳統的方向回歸。

　　相對於此前魏晉僅在秋時閱兵、講武，南北朝時期在蒐狩禮方面可謂大有作為：出於應付動盪形勢的需要，政權更迭頻繁的南北各朝，其執政者在掌握政權後，極為重視武備，練兵、講武實行較多，復加統治者的提倡，西周軍備禮由此復興；同時，蒐狩禮在形式上承繼了西周集狩獵、講武於一體的模式，但在具體程序和某些環節方面，較之於《周禮》蒐狩禮，又具有一定的變化。這些變化，一方面具有一定的歷史條件和背景，時代特徵濃鬱（如參加蒐狩禮者，西周時期為車徒，南北朝時期則為徒騎等）。另一方面，其變化則由其主事者據其對相關問題的不同理解和主觀目的所致，具有一定的隨意性（如蒐狩禮舉行的時間，或春季，或秋季，或四季等），只是這種隨意性也並非完全胡亂而為，而是在遵照傳統文獻記載的前提下有所變動，所以，具有一定的根據。但無論怎樣，南北朝時期的蒐狩禮不僅回歸傳統，並且還對以後的隋唐蒐狩禮建設產生了極大的影響。

（三）隋朝蒐狩禮

　　關於隋朝蒐狩禮，《隋書禮儀志三》記載曰：

---

126 如《周書・熊安生傳》：「熊安生，字植之，長樂阜城人也。少好學，勵精不倦。……博通五經。然專以三《禮》教授。弟子自遠方至者，千餘人。乃討論圖緯，捃摭異聞，先儒所未悟者，皆發明之。齊河清中，陽休之特奏為國子博士。時朝廷既行《周禮》，公卿以下多習其業。……（北周）高祖（武帝宇文邕）入鄴，……安生曰：『周帝重道尊儒，必將見我矣。』俄而高祖幸其第，詔不聽拜，親執其手，引與同坐。……高祖大悅，賜帛三百匹、米三百石、宅一區，並賜象笏及九環金帶，自餘什物稱是。……參議五禮。」

隋制，……軍人每年孟秋閱戎具，仲冬教戰法。及大業三年
（607年），煬帝在榆林，突厥啟民及西域、東胡君長，並來朝
貢。帝欲誇以甲兵之盛，乃命有司，陳冬狩之禮。詔虞部量拔
延山南北周二百里，並立表記。前狩二日，兵部建旗於表所。
五里一旗，分為四十軍，軍萬人，騎五千匹。前一日，諸將各
帥其軍，集於旗下。鳴鼓，後至者斬。詔四十道使，並揚旗建
節，分申佃令佃，即畋。《周易繫辭下》：「以佃以漁」。陸德明
「音義」：「取獸曰佃」。，即留軍所監獵。布圍，圍闕南面。
方行而前。帝服紫袴褶、黑介幘，乘闒豬車，其飾如木輅，重
輞漫輪，虯龍繞轂，漢東京鹵簿所謂獵車者也。駕六黑騮。太
常陳鼓笳鐃簫角於帝左右，各百二十。百官戎服騎從，鼓行入
圍。諸將並鼓行赴圍。乃設驅逆騎千有二百。闒豬停軔，有司
斂大綏，王公已下，皆整弓矢，陳於駕前。有司又斂小綏，乃
驅獸出，過於帝前。初驅過，有司整御弓矢以前，待詔。再驅
過，備身將軍奉進弓矢。三驅過，帝乃從禽，鼓吹皆振，左而
射之。每驅必三獸以上。帝發，抗大綏。次王公發，則抗小
綏。次諸將發射之，無鼓，驅逆之騎乃止。然後三軍四夷百姓
皆獵。凡射獸，自左膘而射之，達於右腢，為上等。達右耳
本，為次等。自左髀達於右為下等。群獸相從，不得盡殺。已
傷之獸，不得重射。又逆向人者，不射其面。出表者不逐之。
佃將止，虞部建旗於圍內。從駕之鼓及諸軍鼓俱振，卒徒皆
噪。諸獲禽者，獻於旗所，致其左耳。大獸公之，以供宗廟，
使歸，薦臘於京師。小獸私之。

據此，我們可知：

第一，閱兵講武，在隋代已成定制，即「每年孟秋閱戎具，仲冬

教戰法」；而集講武和狩獵於一身的傳統蒐狩禮，其間並未能夠得以制度化和經常化的實施。隋煬帝大業三年舉行的蒐狩，總體上是按照禮制來進行的，但初衷和動機別於傳統，其目的為「誇以甲兵之盛」，因而是臨時性行為，而非慣制。而且，這次所謂的「陳冬狩之禮」，也僅僅是表演性的，是純粹的狩獵禮，而不具備講武的性質。有學者認為，隋煬帝「此種蒐狩分明具有練兵講武的作用與禮儀性質」。事實上，此一冬狩之舉，絲毫沒有軍事訓練目的和性質，完全是為了展現武威和文明的大規模禮儀活動。煬帝這種「詔虞部量拔延山南北周二百里」、兵部領軍四十萬等任意擴大獵場和狩獵規模的行為，恰從另一側面說明了隋朝狩禮具有很大的隨意性。但從隋煬帝時的冬狩禮程序、要求，以及唐代蒐禮建設情況等來看，如果假於短祚隋朝以時日，那麼，我們相信，隋朝在蒐狩禮建設方面，應該可以大有作為的。

　　第二，在對傳統蒐狩禮的繼承方面，隋煬帝的冬狩禮，在射獵先後順序和具體獵射獸物部位、獵物「三用」等方面，顯然也與《周禮》、《禮記》等儒家典籍一再強調的要求相吻合，是對早期儀禮傳統的繼承。然而，在帝王所乘獵車（闟豬車）等方面，採用的則是漢制[127]；狩獵和驅獸隊伍，則為騎兵（驅逆騎等），而非先秦的驅逆

---

127 《隋書・禮儀志三》：「闟豬車，……漢東京鹵簿所謂獵車者也」。《後漢書・輿服志上》：「獵車，其飾皆如之（安車、立車等──引者注），重網縵輪，繆龍繞之，一曰闟豬車。親校獵乘之。」闟豬車即漢代獵車之別名。關於西周至南北朝時期獵車之演變，《通典・嘉禮九》「獵車」載云：獵車，「周謂之奇車。《巾車氏》『木輅以田』。漢制，其飾如安車，重輞縵輪，繆龍繞之。一曰闟豬車，親校獵乘之。魏因漢制，改名蹋獸車。晉因魏制，一名闟戟車。宋因晉制。自後無聞。」杜佑所謂的「周謂之奇車」，乃出自於《禮記・曲禮》「國君不乘奇車」。對此，鄭玄注云：「出入必正也。奇車，獵、衣（車）之屬。」孔穎達疏：「國君出入宜正，不可乘奇邪不正之車。盧氏云不如法者之車也。」宋人衛湜《禮記集說》卷九：「孔氏曰國君不可乘奇邪不正之車，隱義云獵車之形，今之鉤車是也。衣車如鸞而長

車，具有時代性；並且在北齊蒐狩禮將《周禮》講武之「三驅」移入
田狩的基礎上，首次明確了「三驅」的具體內容，即先後三次驅逐禽
獸以待天子射。此義與《周禮》「三驅」本來所指有天壤之別。

（四）唐朝蒐狩禮

唐代大興禮儀，唐玄宗開元二十年（732年）成《開元禮》。《開
元禮軍禮》下，有「皇帝講武」禮和「皇帝田狩」禮。其「皇帝講
武」禮和「皇帝狩田」禮分別載曰：

> 仲冬之月，講武於都外。……有司先芟萊除地為場，方一千二
> 百步，四出為和門。又於其內壝地為步騎六軍營域處所：左右
> 廂各為三軍，皆上軍在北，中軍次之，下軍在南，東西相向。
> 中間相去三百步，五十步立表一行，凡立五表，表間前後各相
> 去五十步，為三軍進止之節。……然後講武，……遂聲鼓，有
> 司舉旗，士眾皆起，騎徒皆行，及表（一驅及1表──引者
> 注，以下同），擊鉦，騎徒乃止。又擊三鼓，有司偃旗，士眾
> 皆跪。又擊鼓，有司舉旗，士眾皆起，騎驟徒趨，及表乃止
> （二驅及2表）。整列立定，……（兩廂三軍先後變直陣、方
> 陣、銳陣、曲陣、圓陣）五陣畢，兩軍俱為直陣，又擊三鼓，
> 有司偃旗，士眾皆跪，又聲鼓舉旗，士眾皆起，騎馳徒走，左
> 右軍俱至中表（三驅及中表），相擬擊而還。每退至一行表，

也，漢桓帝之時禁臣下乘之。」衣車之所以被看作奇車，乃在於「如驚而長」，有
乖於禮制對車之定法。《禮記・王制》：「兵車不中度，不粥於市」。鄭玄將獵、衣
車之屬並稱奇車，可知獵車亦非「中度」。由此看來，先秦時，奇車並非獵車，但
獵車屬於奇車。到了兩漢，獵車則有所謂的「闟豬車」之謂。此後，魏晉宋等朝
名稱多變，但隋朝卻直襲兩漢之名，其狩獵車輿之制，亦當同於漢制。

跪起如前,遂複本列。……騎軍……俱進,及表而止,皆如步軍,惟無跪起。……凡相擬擊,皆不得以刃相及。凡步士逐退,限過中表,二十步而止,不得過也,騎士不在此例。講武罷。

仲冬狩田之禮,前期十日,兵部徵眾庶,修田法。虞部量地廣狹,表所田之野。前狩二日,本司建旗於所田之後,隨地之宜。前一日未明,諸將各帥士徒,集於旗下,不得喧嘩。質明麾旗,後至者罰之。兵部分申田令,遂圍田。其兩翼之將,皆建旗。及夜,布圍訖(原注:若圍廣或先期二日、三日)。圍闕其南面(原注:且據南面及狩隨地所向),駕出以剛日,其發引次舍如常。將至田所,皇帝鼓行入圍,鼓吹,令以鼓六十陳於皇帝東南,西向;六十陳於皇帝西南,東向。皆乘馬(原注:各備蕭角),諸將皆鼓行赴圍,乃設驅逆之騎百有二十。既設驅逆,皇帝乘馬南向。有司斂大綏以從,諸公王以下皆乘馬,帶弓矢,陳於駕前後。所司之屬又斂小綏以從,乃驅獸出皇帝之前。初一驅過,有司整飭弓矢以前;再驅過,本司奉進弓矢;三驅過,皇帝乃從禽左而射之,每驅必三獸以上。皇帝發,亢大綏。皇帝既發,然後公王發。公著,亢小綏。諸公既發,以次射之。訖,驅逆之騎止,然後百姓獵。凡射獸,自左而射之,達於左胭,為上射;達右耳本,為次射;左髀達於右,為下射。群獸相從不盡殺,已被射者不重射,又不射其面,不翦其毛。其出表者不逐之。田將止,虞部建旗於田內,乃雷擊駕鼓及諸將之鼓,士徒噪呼,諸得禽者,獻於旗下,致其左耳。大獸公之,小獸私之,其上者以供宗廟,次者以供賓客,下者以充庖廚。乃命有司饁獸於四郊,以獸告至於廟社(原注:其因講武以狩,則先設圍亦如之)。

犕理唐講武、田狩之禮,我們發現:

其一,關於其特點,玄宗時曾多次參與議論禮制的長安人崔沔於開元二十四年(736年)從唐代禮制來源的角度,對之進行了概括。他說:

> 我國家由禮立訓,因時制範,考圖史於前典,稽周、漢之舊儀。清廟時享,禮饌畢陳,用周制也,而古式存焉;園寢上食,時膳具設,遵漢法也,而珍味極焉。職貢來祭,致遠物也;有新必薦,順時令也。苑囿之內,躬稼所收,蒐狩之時,親發所中,莫不割鮮擇美,薦而後食,盡誠敬也。(《舊唐書崔沔傳》)

有學者據此指出,唐人制禮,理論上將「因時制範」、「考圖史於前典」,以及「稽周、漢之舊儀」三者相結合,實踐中則將「用周制」、「遵漢法」、「順時令」相結合[128]。具體而言,講武禮方面,其教戰為陣之形式、內容等,絕大多數同於北齊講武禮。但教戰三軍三次前趨及表的程序,則源於《周禮》;田狩禮雖明顯取自隋朝,而隋煬帝田獵禮與《周禮》、《禮記》等儒家典籍一再強調的狩禮相契合。杜佑所謂的唐「蒐狩之制,具《開元禮》」(《通典禮三十六》),即從「皇帝狩田」禮最能反映《開元禮》對西周蒐狩禮繼承的角度而言的。因此,若以狩田禮而論,崔氏的「考圖史於前典,稽周、漢之舊儀」之唐禮來源說,大體是不爽的。而同時,從開元狩獵禮制定的動機看,其目的是為了對皇帝肆意狩獵行為有所限制,而西周古蒐禮無疑是時

---

128 楊華:〈論《開元禮》對鄭玄和王肅禮學的擇從〉,《中國史研究》2003年第1期(2003年)。另見張建民:《武漢大學歷史學集刊》第1輯(武漢市:湖北人民出版社,2005年)。

人議論、制定開元禮的重要依據。如《唐會要蒐狩》載玄宗開元七年（719年）十月，右補闕崔向上疏狩獵無度的玄宗曰：「天子三田，前古有訓，豈惟為干豆、賓客、庖廚者哉？亦將以閱兵講武，誠不虞也。《詩》美宣王之田，『徒御不驚』、『有聞無聲』，謂畋獵時，人皆銜枚，有善聞而無嘩喧也。又曰：『悉率左右，以燕天子』，謂悉驅禽，順其左右之宜，以安待王射也。則知大綏將下，亦有禮焉。」因此，有研究者認為：「《開元禮》是在全面綜合、總結前朝禮制基礎上而成的一部禮典，是對吉、嘉、賓、軍、凶五禮的一種規範，其屬於制度層面的禮，它雖然也記載了五禮之儀，與儀注有一定的聯繫，但並非『一時之制』，而是『垂為永則』的長久之制，在唐代受到了禮經一樣的尊崇，對後世也產生了極大的影響。」[129]對於其「一時之制」之說，筆者以為，不僅是針對後世具有「垂為永則」之影響而言，同時也應包括其前典、舊儀的淵源等方面。

其二，但是，崔沔上書又說唐禮還是「因時制範」的結晶。所謂「因時制範」，就是根據時勢之不同而制定禮儀。筆者以為，這一方面主要有兩點：一是從短時段的方面而言，唐代禮儀一直處於不斷的變動之中，如太宗和高宗時期就分別因時制定了貞觀禮、顯慶禮。二者因時有異，彼此有所不同，而開元禮即「因時制範」並部分「折衷」前二禮的產物。這就是《新唐書禮樂志一》記載的玄宗開元十四年（726年）張說所講的「唐《貞觀》《顯慶禮》，儀注前後不同，宜加折衷，以為唐禮」；二是從長時段來說，便是根據唐代與周漢以來的不同情況，對禮儀進行了適當的更變：

第一，通過禮制法典的形式，將西周蒐狩禮正式析分為講武禮、

---

129 劉安志：〈關於《大唐開元禮》的性質及行用問題〉，《中國史研究》2005年第3期（2005年）。另見張建民：《武漢大學歷史學集刊》第1輯（武漢市：湖北人民出版社，2005年）。

狩獵禮。西周以來，蒐狩禮之講武、狩獵兩構成部分，分合不定；漢魏時期只存講武禮（「䝙劉」）；南北朝劉宋、北齊等政權雖合二為一，但並非四季都如此而行，具有隨意性。如北齊雖四季行狩獵禮，而講武僅在秋季開展。針對西周蒐狩禮因時代變化而名存實亡的情況，《開元禮》將講武、狩獵分別開來，各列其專門名目於禮典中，成「皇帝講武」禮和「皇帝田狩」禮。

第二，講武儀禮上，西周講武場內布置是南—北方向布四表，一～三表間距一百步，四表即前表距三表五十步；和門有左、右二門，布於講武場南。而唐代講武場用於「三軍進止之節」之表有五，布列呈東—西向，表間距五十步；和門則為四，各位於講武場四方。因布表方向變化，西周和唐代士卒「三驅」即訓練前進的方向也相應不同：西周由北向南自後表三次前驅至前表，經鼓三闋、車三發和徒三刺，車徒遂退卻至後表，講武至此結束；而唐代則是場內左、右兩廂三軍分別從其營域處所自東向西、自西向東，往前一驅至一表、二驅至二表，並在變直、方、銳、曲、圓五陣後，在旗、鼓引領下，由二表再前至中表，雙方「擬擊而還」，退至原營域處所，完成軍事訓練（見圖4-2）。

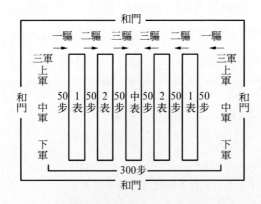

圖4-2　《大唐開元禮軍禮》「皇帝講武」示意圖

第三，狩獵禮之「三驅」內容，基本承繼隋制。因文獻闕如，隋代講武之制有無士卒三驅及表之規定及其具體內容如何，我們不得而知。但唐《開元禮》之「軍禮」，在將西周蒐狩禮分析為講武、田狩二禮的基礎上，於講武禮保存傳統士卒三驅及表內容，並在形式上有所改變的前提下，又在田狩禮中繼承了隋煬帝大業三年冬狩時的「三驅」內容。於是，唐代因蒐狩禮析分為二，原本存諸西周蒐狩禮講武中的「三驅」，也就隨之分別存在於講武、田狩二禮中，且彼此內容大相徑庭。

綜上而言，戰國以降，由於步兵、騎兵的出現，戰爭形式發生變化，作為講武的蒐狩禮「閱兵之制」的規定和程序，已不適用於新的作戰形勢。於是，傳統的「閱兵之制」不再為統治者所看重，西周時期所謂的蒐狩禮後世僅存「田獵之儀」。另一方面，在「王者功成作樂，治定制禮」思想指導下，各王朝在政權穩定後，無不重視蒐狩禮的建設，但從漢到魏晉，其蒐狩禮的興建多限於「閱兵之制」亦即軍禮，「田獵之儀」日益衰微。並且，新的講武禮獨立存在於蒐狩禮之外，如漢代之「貙劉」禮即屬於此。鄭樵所謂的「漢晉以來，有閱兵之制，而史闕田獵之儀」的話語，就是對這種歷史情況的最好概括。南北朝時期，蒐狩禮建設步入一個新的階段。南朝蒐狩禮以宋最具代表性，但其中無「三驅」之說。劉宋蒐禮形式上集講武、狩獵於一體，講武在先，狩獵隨後，與《周禮》所記相近。但講武、狩獵相較，以講武為主，狩獵不占主要地位，程序也和西周大有差異，並因時代不同，《周禮》中的車徒前驅及表的佇列演練也不見了；狩獵方面，《周禮》「銜枚而進」等形式被繼承下來，射獵活動也未曾提及所謂的「三驅」。《隋書》記載了北朝齊、周蒐禮。北齊蒐狩禮只有季秋集講武、狩獵於一體，講武主要是「以五行相勝法」「教眾為戰陣之法」，內容比較具體，如對兵士目耳心手足等都有一定的要求和訓

練，惟不見《周禮》之「三驅」，「三驅」被移至田狩之中。至於「三驅」具體何謂，文未具載。從前後內容看，「三驅」似為驅逐禽獸進入獵場，而非直接為天子射獵而驅；其中之「三」，或為三次（三度），或為三面，均成立。北周蒐狩禮中，講武成分大為減少，部分保留下來的教戰內容，又被融入到狩獵活動中，不見「三驅」陳跡。《隋書》稱隋有「仲冬教戰法」，但具體內容也不得而知；煬帝大業三年的「陳冬狩之禮」，再次援《周禮》「教大閱」（如田野「為表」等）內容入田狩，並明確提到「三驅」及其具體實施過程。從其記載看，隋代的「三驅」，是專門從事驅逐禽獸的驅逆騎，從兵士設立的捕獵圍場內三次向南（「圍闕南面」）驅逐禽獸，以供天子射獵，「三驅過，帝乃從禽」而射之。唐承前制，並加以變更。在保留不同於《周禮》講武之「三驅」的情形下，承襲隋朝援講武之「三驅」入冬狩禮的做法，並將之寫入《開元禮》，予以法典化，後世「三驅」之「三度驅禽而射之」的認識多源於此。其實，縱觀上述西周以降蒐狩禮的變遷過程，我們發現：蒐狩禮之講武、狩獵兩個相關相聯的部分，前後經歷了相分、合一、再次分離的動態變化過程。其間，講武、狩獵的性質和形式，隨著歷史條件的變化而有所變易。變易中，因其在蒐狩禮中的基礎和前提地位，講武禮中的有些程序和內容，常被後人借移到狩獵活動中，「三驅」乃其中之一方面。「三驅」的內容，因此就由西周時「閱兵之制」中的車徒三次前驅及表，而漸變為「田獵之儀」之「三度驅禽而射之」、「三面著人驅禽」、「歲三田」和「四時之田用三」等；三驅的性質，也由最初的「教人戰」，經後世儒者的申說，逐步演繹為「王仁好生」等彰顯天子「仁德」的載體。

四　「申三驅於大信」——儒家對「王用三驅」大義的申說

東晉殷仲文於其〈解尚書表〉中書云：「一戮於微命，申三驅於大信」。唐劉良注：「三驅之禮，去三面網而留一面者，言寬仁也。」（《六臣注文選表下》）劉注所謂「去三面網而留一面者」，也就是唐太宗〈校獵義成喜遇大雪率題九韻以示群臣〉詩所云的「一面施鳥羅」[130]。雖然劉注未必十分準確，但殷氏之文表明：「三驅」禮歷史時期肩負有申明「大信」的責任。「三驅」這一職任的出現，與春秋以降狩獵活動的性質變化有關。

（一）般樂飲酒，驅騁田獵：戰國以後的娛樂性狩獵

戰國時期，由於戰爭方式的變化，產生了專事軍隊訓練的軍禮，籍田獵而進行軍事演習的情況至此已大體不復存在；而另一方面，春秋中後期以來以娛樂為主的狩獵，在戰國時期日占主導地位。檢索文獻，不難發現：戰國時期關於娛樂狩獵的記載，明顯多於此前任何一個歷史階段。茲撮其要者列之如下：

《列子黃帝》：趙國趙襄子酷愛狩獵，曾「率徒十萬狩於中山，藉芿燔林，扇赫百里。」

《墨子公輸》：南方荊楚雲夢一帶，「犀兕麋鹿滿之」，而其境內江漢河湖，「魚鱉黿鼉，為天下富」。富庶的動物資源，為楚國王公貴族耽於狩獵提供了條件。《戰國策楚一》：「楚王游於雲夢，結駟千乘，旌旗蔽日，野火之起也若雲蜺，兕虎嗥之聲若雷霆，有狂兕牂車

---

130 康熙時臣注云：「《史記·殷本紀》：湯出，見野張羅四面，乃去其三面。祝曰：欲左，左。欲右，右。不用命，乃入吾網。」參見《御選唐詩·五言古》。

依輪而至，王親引弓而射，一發而殪。王抽旃旄而抑兕首，仰天而笑曰：『樂矣，今日之遊也。寡人萬歲千秋之後，誰與樂此矣。』」

《史記魏公子列傳》：魏公子無忌（即信陵君）與安釐王「博，而北境傳舉烽，言『趙寇至，且入界』。魏王釋博，欲召大臣謀。公子止王曰：『趙王田獵耳，非為寇也。』復博如故。王恐，心不在博。居頃，復從北方來傳言曰：『趙王獵耳，非為寇也。』」

上述三則記載，只是眾多反映戰國時王公貴族娛樂田獵之一二者。這些記載表明：戰國時期的狩獵，不僅已娛樂化，而且為滿足狩獵者「極樂」心理，權勢階層往往不計成本，狩獵規模巨大。特別是戰國後期的趙王娛樂狩獵，規模至大，以致被其鄰國──魏國當作敵人來犯而點燃烽火，魏王因此虛驚一場。

其後的秦漢時期，統治者的娛樂狩獵更是不勝枚舉。如漢文帝時期，「方正之士皆在朝廷矣，（文帝）又選其賢者使為常侍諸吏，與之馳驅射獵，一日再三出」，怠於政事[131]。賈誼的上疏也指陳了此事：「夫射獵之娛，與安危之機孰急？……今不獵猛敵而獵田彘，不搏反寇而搏畜菟，翫細娛而不圖大患，非所以為安也。」（《漢書賈誼傳》）認為漢初與匈奴交往被動局面的出現，與當時朝廷上下沉溺於「射獵之娛」有關。相較於文帝，武帝時的情況可謂有過之而無不及。司馬相如對之有所描述，如其所「為天子遊獵之賦」──〈子虛賦〈（或以為〈上林賦〉）──所載子虛先生語曰：

　　（齊）王駕車千乘，選徒萬騎，田於海濱，列卒滿澤，罘網彌

---

131 《漢書‧賈山傳》。〈賈山傳〉又載：「今從（縱）豪俊之臣，方正之士，直與之日日獵射，擊兔伐狐，以傷大業，絕天下之望，臣……願少衰射獵，……方正修潔之士不得從射獵」。《漢書‧李廣傳》：「孝文十四年，匈奴大入蕭關，而（李）廣以良家子從軍擊胡，用善射，殺首虜多，為郎，騎常侍。數從射獵，格殺猛獸」。

山。掩菟轔鹿，射麋格麟，鶩於鹽浦，割鮮染輪。射中獲多，
矜而自功，顧謂僕曰：「楚亦有平原廣澤遊獵之地饒樂若此者
乎？楚王之獵孰與寡人？」

亡是公亦有語云：

於是乎背秋涉冬，天子校獵。乘鏤象，六玉虯，拖蜺旌，靡雲
旗，前皮軒，後道遊；孫叔奉轡，衛公參乘，扈從橫行，出乎
四校之中。鼓嚴簿，縱獵者，江河為阹，泰山為櫓，車騎雷
起，殷天動地，先後陸離，離散別追，淫淫裔裔，緣陵流澤，
雲布雨施。生貔豹，搏豺狼，手熊羆，足野羊。蒙鶡蘇，絝白
虎，被斑文，跨野馬，陵三嵕之危，下磧歷之坻，徑峻赴險，
越壑厲水。推蜚廉，弄解豸，格蝦蛤，鋋猛氏，羂要褭，射封
豕。箭不苟害，解脰陷腦；弓不虛發，應聲而倒。（《漢書司馬
相如傳上》）

〈子虛賦〉所言，乃擬先秦齊王之事，其場景亦係司馬相如構編，屬
子虛烏有，且其中有不少悖於邏輯之處。然其所言，當有現實根據。
司馬氏賦中不少材料，因此常被秦漢史研究者作為探討漢代自然和社
會歷史的文獻。所以，子虛先生、亡是公所語，當基本反映了漢武帝
時貴族耽於行獵的情況。武帝時的燕郡無終人徐樂在上武帝疏中，即
曾批評了漢武帝「逐走獸，射飛鳥，弘游燕之囿，淫從恣之觀，極馳
騁之樂自若」的荒誕行徑（《漢書徐樂傳》）。將徐樂上書內容和司馬
氏描寫的場景相結合，漢武帝時期的遊獵情形便基本清晰可見。

此後，西漢王室貴族遊獵之風興盛依舊。如宣帝時，「王太后數
出遊獵」，「縱恣」於田獵；元帝永光元年（前43年）正月，上行幸甘

泉，郊泰時，「禮畢，因留射獵」；成帝時，外戚、曲陽侯王根「大治
室第，第中起土山，……遊觀射獵，使奴從者被甲持弓弩，陳為步
兵」（《漢書》之〈張敞傳〉、〈元帝紀〉、〈薛廣德傳〉、〈元后傳〉）。而
成帝更是惟狩獵是樂，規模龐大。《漢書揚雄傳下》載云：

> 明年，上……命右扶風發民入南山，西自褒斜，東至弘農，南
> 驅漢中，張羅網罝罘，捕熊羆豪豬虎豹狖玃狐兔麋鹿，載以檻
> 車，輸長楊射熊館。以網為周阹，縱禽獸其中。……今年獵長
> 楊，先命右扶風，左太華而右褒斜，棧巇嶭而為弋，紆南山以
> 為罝，羅千乘於林莽，列萬騎於山隅，帥軍踤阹，錫戎獲胡。
> 搤熊羆，拕豪豬，木雍槍纍，以為儲胥，此天下之窮覽極觀
> 也。雖然，亦頗擾於農民，三旬有餘，其蘑至矣，而功不圖，
> 恐不識者，外之則以為娛樂之遊，內之則不以為干豆之事。

李亞農在論陳「大蒐禮」乃「戰爭」時指出，古代帝王不可能大動干
戈地進行大規模的捕獵[132]。但從漢成帝狩獵長楊的規模之大來看，李
氏的結論未必允當。事實上，統治者為滿足一己之欲，狩獵常常是不
計成本，規模也絕非一般。另外，揚雄「外之則以為娛樂之遊，內之
則不以為干豆之事」一語表明，一方面是宮廷朝上人員認為成帝長楊
狩獵並非「以為干豆之事」的傳統狩獵，對其活動的合理、合法性有
所質疑；另一方面，局外人據其規模和場面，而以「娛樂之遊」是
之。一非一是，成帝的狩獵目的和性質昭然若揭。所以，有學者據此
指出：「不管《長楊賦》中翰林主人怎樣為成帝辯護，長楊之獵與古禮
不一致，對當時的百姓與後世的人民來說」，是「十分明白的事」[133]。

---

132 李亞農：〈大蒐解〉，《學術月刊》1957年第1期（1957年）。
133 陳戍國：《中國禮制史・秦漢卷》（長沙市：湖南教育出版社，2002年），頁214。

東漢時期，王公貴族的娛樂性狩獵也是十分普遍。如《後漢書班固傳下》錄班固《兩都賦》云：

> 至於永平（58-75年）之際，……外則因原野以作苑，順流泉而為沼，發蘋藻以潛魚，豐圃草以毓獸，制同乎梁騶，義合乎靈囿。若乃順時節而蒐狩，……遂集乎中圃，……然後舉烽伐鼓，以命三驅，輕車霆發，驍騎電驚，遊基發射，范氏施御，弦不失禽，轡不詭遇，飛者未及翔，走者未及去。

戰國至兩漢時期的娛樂性狩獵，在藏於海內外的獵器畫像上也有較多的反映。徐中舒〈古代狩獵圖像考〉一文，列舉了諸如杕氏獵壺、四耳獵盂、鳧魚獵壺等器物，這些器物介於公元前五世紀至前二世紀，亦即戰國與西漢時期。器物上所鑄畫像，或為鳥獸奔騰與人持獵器追逐刺擊之形，或為車馬圖搏射獵之狀[134]。考古發現的遺物，也很好地說明和反映了戰國秦漢時期社會上層狩獵的娛逸性質。如一九八二年春，湖北荊州地區博物館在江陵縣馬山磚瓦廠發掘了一座保存完好的戰國中期偏晚的楚墓，出土了一批珍貴的文物[135]，其中一組圖案紋樣，就有田獵畫面，十分形象地展現了楚國貴族的田獵場面[136]；河南南陽等全國各地發現的漢畫像石中，反映貴族遊獵生活的場景，

---

134 徐中舒：《徐中舒歷史論文選輯》（北京市：中華書局，1998年），上冊，頁237-240。原載《國立中央研究院歷史語言所集刊》外編，《蔡元培先生六十五歲紀念論文集》下冊（1933年）。

135 荊州地區博物館：〈湖北江陵馬山磚廠一號墓出土大批戰國時期絲織品〉，《文物》1982年第10期（1982年）。

136 阮文清：〈江陵馬磚M1偏諸田獵圖案淺析〉，《考古與文物》1987年第5期（1987年）。

更是在在皆是[137]。有學者在研究漢代畫像石上的「狩獵圖像」時指出：漢代「狩獵活動已不是一種謀生的手段，而是一種娛樂性活動」，「這種（娛樂性質的——引者注）活動較為常見」[138]。

魏晉及其以後，尤其是唐代，受民族融合與「胡氣」的薰染，王公貴族狩獵頻繁，娛樂性質特別突出[139]。如史載唐代云[140]：

高祖武德元年（618年）六月，萬年縣法曹孫伏伽上書：「陛下貴為天子，富有天下，動則左史書之，言則右史書之。既為竹帛所拘，何可恣情不慎？凡有蒐狩，須順四時，既代天理物，安得非時妄動？」五年十二月九日，高祖幸涇陽之華池校獵。謂朝臣曰：「今日畋樂乎？」諫議大夫蘇世長曰：「陛下遊獵，薄廢萬幾，不滿十旬，未為大樂。」八年，高祖以祭祀之需為名而狩獵，「親迫猛獸」，褚亮等人無限擔心，上書諫阻。十二月，高祖謂侍臣：「蒐獵以供宗廟，朕當躬其事，以申孝享之誠。」於是，狩於鳴犢泉之野。

齊王李元吉「喜鷹狗，出常載罝網三十車」，曾曰：「我寧三日不食，不可一日不獵」（《新唐書高祖諸子列傳》）。

太宗貞觀五年（631年）正月，大蒐昆明池。曰：「大丈夫在生，樂事有三，天下太平，家給人足，一樂也；草淺獸肥，以禮畋狩，弓不虛發，箭不妄中，二樂也；六合大同，萬方咸慶，張樂高宴，上下

---

137 河南南陽的情況，可參見王建中等：《南陽兩漢畫像石》（北京市：文物出版社，1990年），頁6、圖版4-8。

138 李發林：《漢畫考釋和研究》（北京市：中國文聯出版社，2000年），頁164。

139 黎虎在〈北魏前期的狩獵經濟〉一文中，研究了北魏時期的狩獵經濟。認為：北魏前期的經濟形態是狩獵經濟。而在中期以後，狩獵經濟逐漸退出經濟領域，讓位於農業經濟。北魏孝文帝以後農業經濟的出現，是漢化、封建化的必然結果。參見黎虎：〈北魏前期的狩獵經濟〉，《歷史研究》1992年第1期（1992年）。另載氏著：《魏晉南北朝史論》（蘭州市：蘭州大學出版社，1999年版）。這是問題的一方面。另一方面，由《魏書》所載可知，北魏中期以後王公貴族的狩獵仍較頻繁，只是其行為由其初的經濟性質，而嬗變為遊娛活動。

140 以下引文，除另注其文獻出處外，皆見於《唐會要・蒐狩》。

歡合，三樂也。」十一年（637年）十月，太宗射猛獸洛陽苑，群豕突出林中。十一月，太宗狩於濟源之陵山。曰：「古者先驅以供宗廟，今所獲鹿，宜令所司造脯醢，以充薦享。」

高宗永徽元年（650年），高宗出獵。永徽（650-655年）中，滕王元嬰「頗驕縱逸遊，動作失度」，「屢出畋遊」，所到之處，「驅率老幼，借狗求置」，常深夜而歸。「城池作固，以備不虞，關鑰閉開，須有常準，……嚴關夜開」。然而，由於滕王元嬰遊獵深夜不歸，以致城門常常徹夜洞開（《舊唐書高祖二十二子列傳》）。龍朔元年（661年）十月五日，高宗狩於陸渾縣；六日，至飛山頓。高宗親御弧矢，獲四鹿，及兔數十頭。總章二年（669年）九月，高宗車駕自九成宮還京，仍西狩。

玄宗先天元年（712年）十月，幸新豐，獵於驪山之下。十一月，侍中魏知古上詩諫曰：「常聞夏太康，五子訓禽荒。我後來冬狩，三驅盛禮張。順時鷹隼擊，講事武功揚。奔走未及去，翾飛豈暇翔。非熊從渭水，瑞翟想陳倉。此欲誠難縱，茲游不可常。子雲陳〈羽獵〉，偁伯諫《漁棠》。得失鑒齊楚，仁恩念禹湯。雍熙諒在宥，亭毒非多傷。辛甲令為史，〈虞箴〉遂孔彰。」開元三年（715年）十月二十四日，玄宗大蒐於鳳泉下。制曰：「今四方無事，百穀有成，因孟冬之月，臨右輔之地，戒茲五校，爰備三驅。非謂獲多，庶存除害。乃者長圍已合，大綏未舉，而夜聞朔風，天降微雪，狐裘且御，未免祁寒，鶉衣不充，寧堪凍露。朕為父母，育彼黎元，中宵耿然，明發增惕，其圍兵並放散，各賜布二端、綿一純。」

德宗貞元十一年（795年）十二月臘日，「畋於苑中，止其多殺，行三驅之禮，軍士無不知感。」[141]憲宗元和五年（810年）十一月，

---

141 《舊唐書・德宗本紀下》：「十二月戊辰，上獵苑中，戒多殺，止行三驅之禮，勞士而還。」

上頻游畋。吏部郎中柳公綽因事諷諫,獻〈醫箴〉一篇。

　　武宗會昌元年(841年)十月,車駕幸咸陽校獵。二年十月,校獵於大白原。諫議大夫高少逸奏曰:「陛下校獵太頻,出城稍遠,萬幾廢弛,晨去暮歸,況方用兵師,尤宜停止。」

　　從《唐會要蒐狩》等文獻記載看,唐代最高統治者,從高祖到太宗、玄宗、武宗等,都酷愛田獵。受此風影響,唐代貴族亦狩獵成風,唐詩對此有大量的描寫[142];而且,唐代女性喜好狩獵者也眾多,並不乏高手[143]。

　　以上所列,只是眾多記載之一二者,而這些足以說明戰國漢唐時期狩獵的娛樂性質。對於這種以遊樂消遣為主要目的的田獵活動,戰國以來的有識之士多有批評。如《孟子盡心下》載孟子曾指出:

　　　　般樂飲酒,驅騁田獵,後車千乘,我得志弗為也。在彼者,皆
　　　　我所不為也;在我者,皆古之制也,吾何畏彼哉?

漢趙岐注云:「般,大也,大作樂而飲酒。驅騁田獵,後車千乘,般於游田也。在彼貴者,驕佚之事,我所恥為也。在我所行,皆古聖人所制之法,謂恭儉也。」在孟子看來,當時貴族以遊獵為樂,不符合傳統禮制,是不務正業的表現,嗤之以鼻,「皆我所不為也」。和孟子一樣,戰國後期的呂不韋,也對其時社會上層的無度遊獵逸樂行為予以斥責:「田獵馳騁,弋射走狗,賢者非不為也,為之而智日得焉,不肖主為之,而智日惑焉。志曰:驕惑之事,不亡奚待。」(《呂氏春秋貴當》)又《韓非子外儲說右上》曰:「夫獵者,託車輿之安,用六

---

142 參見劉貴華:〈唐代狩獵詩論〉,《唐都學刊》2005年第3期(2005年)。

143 參見王賽時:〈唐代的射箭和田獵〉,《成都體育學院學報》1986年第2期(1986年)。

馬之足，使王良佐轡，則身不勞而易及輕獸矣。今釋車輿之利，捐六馬之足與王良之御，而下走逐獸，則雖樓季之足無時及獸矣。」韓非言語，至少能說明三個問題：一是戰國後期，戰爭中步兵使用已十分普遍，反映到狩獵上，就是狩獵者「釋車輿之利，捐六馬之足與王良之御，而下走逐獸」；二是狩獵具有濃鬱的娛樂性質。為獲得一時刺激，狩獵者甘願「下走逐獸」，哪怕是「無時及獸」，也毫無顧忌；三是可能當時「釋車輿之利，捐六馬之足與王良之御，而下走逐獸」的情況比較普遍，所以，韓非在其著中對此行為予以了譏刺和批評。

　　漢唐時期士人，在批評王公貴族以田獵為樂的游逸無度行為的同時，也對其無端射獵之舉進行了勸止。如西漢賈誼就上疏直刺文帝「射獵之娛」行為，並道出了其嚴重後果；東漢班固《漢書五行志上》云：「田狩有三驅之制，……若乃田獵馳騁不反宮室，飲食沉湎不顧法度，妄興繇役以奪民時，作為奸詐以傷民財，則木失其性矣」；而仲長統則指出了漢末統治者「入則騁於婦人而不反，出則馳於田弋而不還」（馬總：《意林》，卷5）之情。班、仲二人，將統治者耽於田獵之樂看作東漢諸多政治弊端中不可小覷的一方面，認為其不當之舉，輕則導致災異發生，重則江山易人。

　　唐代統治者狩獵頻繁，要臣規勸者屢屢。如《唐會要蒐狩》載，貞觀十一年（637年）十月，太宗洛陽苑射獵猛獸，群豕突出林中。民部尚書唐儉上書諫止：「漢祖以馬上得之，不以馬上理之。陛下以武定四方，豈復逞雄心於一獸？」魏徵亦上表告誡太宗「樂盤遊則思三驅以為度」（吳兢：《貞觀政要君道》）；玄宗開元七年（719年）十月，右補闕崔向上疏：

　　　天子三田，前古有訓，……亦將以閱兵講武，誠不虞也。
　　《詩》美宣王之田，「徒御不驚」、「有聞無聲」，謂畋獵時，人

皆銜枚，有善聞而無嘩喧也。又曰：「悉率左右，以燕天子」，
謂悉驅禽，順其左右之宜，以安待王射也。則知大綏將下，亦
有禮焉。(《唐會要蒐狩》)

崔向奏疏，說明玄宗狩獵，完全是有悖於傳統禮儀的游逸行為，而且
規模不小，聒噪之聲四聞。這一情形，在憲宗元和年間也同樣存在。
《唐會要蒐狩》：

（憲宗）元和三年（808年）七月，上謂宰臣曰：「朕昨因閱秋
稼，行至苑東，只以鷹犬自隨，本非畋獵。於時雖覺行人聚
觀，亦無傷稼之意。而諫官在外，章疏頗煩，不解何為。卿等
知否？」李吉甫對曰：「陛下軫念黎元，親問禾黍，察閭里之
疾苦，知稼穡之艱難，此則聖主憂勤，天下幸甚！但以弧矢前
驅，鷹犬在後，田野縱觀，見車從之盛，以為萬乘校獵，傳說
必多。諫諍之臣，義當守職，既有聞見，理合上諫，拱默則懷
尸素之慚，獻言又懼觸鱗之禍，果決以諫，實謂守官，正當嘉
尚，非足致詰。夫蒐狩之制，古今不廢，必在三驅有節，無馳
騁之危，戒銜橛之變，既不殄物，又不數行，則禮經所高，固
非有害。」

表面上看，憲宗「閱秋稼」行為與「樂盤遊」毫不相干，但其「弧矢
前驅，鷹犬在後」的出行裝備和「車從之盛」的規模，無異於「萬乘
校獵」，難免引起萬分猜測和諸端「傳說」。但另一方面，也正因為憲
宗平日畋獵頻繁，諫官或以之為其率性，所以一旦顯露狩獵之倪端，
便奏章勸止。對於憲宗的抱怨，李吉甫一則加以寬慰，「聖主憂勤，
天下幸甚」，二則為「諫諍之臣」的「守職」行為進行辯護。但同

時，又以「蒐狩之制」相規勸，要憲宗遵守「禮經所高」之「三驅」禮儀，毋得隨意馳騁而為，暴殄天物，間接匡正憲宗的游畋行為。

　　綜合戰國至漢唐時期的狩獵活動，我們認為，此間貴族狩獵目的，雖仍存有西周、春秋時期如祭祀等「三用」之說，但從性質上而論，則基本淪於游逸之樂。為有效限制王公貴族尤其是君王的無端遊獵，儒者常常援引「三驅」古禮，並極盡能事地對之加以申說，「王用三驅」因而承擔著彰顯君王「仁義」大德的重任。

（二）申三驅於大信」——儒家對「王用三驅」大義的申說

　　學術史上對「三驅」的解釋，包括兩個部分，即何謂「三驅」和「王用三驅」之寓意。根據文獻記載，儒者申說的「三驅」之大義，主要為儒家一貫強調的「仁義」之德。但在《周易》相關注疏與著作中，直到北宋前，經學家基本上沒有將「王用三驅」和「仁」相聯繫。如王弼和孔穎達注疏《周易》，都強調「王用三驅」著意於「愛於來而惡於去」。其餘如唐李鼎祚《周易集解》、史徵《周易口訣義》、宋司馬光《易說》和張載《橫渠易說》等，也都沒用「仁」釋說「王用三驅」。儘管宋初胡瑗《周易口義》曾引用《史記》等文獻表彰商湯至「德」[144]的「欲左者左，欲右者右，不用命者入吾網」之典型狩獵事例來釋解「田獵之禮」，但仍未明確地以「仁」釋「王用三驅」禮[145]，依然用「就事論事」的形式來論說「王用三驅，失前禽」之緣由。而後的程頤在傳注《周易》時，解說開始與前有所不

---

144 《史記・殷本紀》：「湯出，見野張網四面，祝曰：『自天下四方皆入吾網。』湯曰：『嘻，盡之矣！』乃去其三面，祝曰：『欲左，左。欲右，右。不用命，乃入吾網。』諸侯聞之，曰：『湯德至矣，及禽獸。』」此事另見《呂氏春秋・異用》、《新書・諭誠》、《新序》卷五〈雜事〉等。

145 〔宋〕胡瑗：《周易口義》卷二：「田獵之時，禽有逆之而去者，則棄而殺之；其有順而來者，則愛而活之。田獵之禮，常失前往之禽也。」

同：他不僅釋傳經意，而且更注重闡釋經文之微言大義，以人君「好
生之仁」品德申說「王用三驅」之禮。其《伊川易傳比》云：

> 人君比天下之道，當顯明其比道而已。如誠意以待物、恕己以
> 及人，發政施仁，使天下蒙其惠澤，是人君親比天下之道也。
> 如是，天下孰不親比於上？……故聖人以九五盡比道之正，取
> 三驅為喻。……先王以四時之畋不可廢也，故推其仁心為三驅
> 之禮，乃《禮》所謂「天子不合圍」也，成湯祝網是其義也。
> 天子之畋，圍合其三面，前開一路，使之可去，不忍盡物，好
> 生之仁也。只取其不用命者，不出而反入者也，禽獸前去者皆
> 免矣，故曰「失前禽」也。

程氏在將「三驅」釋為捕獵三面圍而不合的基礎上，明確地以「仁」
比「王用三驅」之「道」，認為「三驅之禮」是先王「推其仁心」的
產物，而「王用三驅」則是王者「不忍盡物，好生之仁」的表現。
「王用三驅」的釋說自此出現了一個新的路徑。朱熹等肯定了程頤的
解說（《近思錄治體》），並將「三驅」和商湯「網開三面」（而非「網
開一面」）的行為並論，以之為「仁義並用」（鄭剛中：《周易窺餘》，
卷2）之舉。後來《周易》傳注者大多秉承其說，將「王用三驅」與
儒家一貫提倡的「仁義」等美德緊密聯繫，並成為後來儒者釋說「王
用三驅」的主流和傳統[146]。而且，還有學者以其時的國家形勢等附會

---

146 如南宋初張浚《紫岩易傳・上經》：「『王用三驅，失前禽』，……至比則感德益
著，而生物之功至大，聖人生物之功，……不忘『三驅』禮焉，聖人仁愛天下，
惟由禮樂之化。是先王有以生之，先王聖德日加於天下，後世不知何時而已」；宋
代林栗《周易經傳集解・比》：「『王用三驅』，即禮所謂『天子不合圍』是也，三
面而驅，闕其一面，順而來者取之，逆而去者舍之，古之道也。夫三面而驅，禽
之逸者固多矣。聖人以為外物任其去，來而不強取之也。故曰『子釣而不網，弋

之。如張浚《紫岩易傳上經》曰：「『王用三驅，失前禽，邑人不誡，吉』，聖人之仁德也。古者天子蒐田，講三驅禮，失前禽，則違而去之者弗之取，仁之至也。聖人以中正比天下，其道既顯，而荒逖之俗猶有不化，聖人增修德政而已，不脅以武力，曰『失前禽』，寧失之寬也。……則遐裔猶有未賓附者，撫之以寬而遂其生，仁德益大，……不肯邀功生事於夷狄不毛地也。後世若漢武唐宗，窮兵極武，於顯比失之，然顯比而用三驅之禮，是聖人亦不以天下比而忘武備也。」那麼，程頤用「仁義」釋「王用三驅」，是否契合《周易》之旨呢？

一九七〇年代長沙馬王堆出土的帛書《昭力》、《繆和》中，載有《周易》「王用三驅」的文字和相關解釋。其中《昭力》第二章：

> 昭力問曰：《易》又（有，下同）國君之義乎？子曰：《師》之「王參賜命」與《比》之「王參毆」、與《奈》（《泰》）之「自邑告命」者，三者國君之義也。……又問：《比》之「王參毆」，何胃（謂）也？子曰：□□□□□人以察，教之以義，付之以刑，殺當罪而人服，君乃服，小節以先人曰義，為上；且猷又不能人，為下。何無過之又？夫失之前，將戒諸後，此

不射宿』；成湯之祝曰『欲左者，左；欲右者，右。不用命者入吾網』。聖人之仁蓋如此也。或曰：湯以一面，而王用三驅，何也？曰：三驅，禮也。湯之一面，代虐以寬，矯枉過正，非常道也。原其設心則同矣」；〔明〕胡廣等：《周易傳義大全》，卷4：「先王以四時之畋不可廢也，故推其仁心為三驅之禮，乃《禮》所謂『天子不合圍』也，成湯祝網是其義也。天子之畋圍，合其三面，前開一路，使之可去，不忍盡物，好生之仁也，只取其不用命者，不出而反入者也。禽獸前去者皆免矣，故曰『失前禽』也」。其它如元代趙採《周易程朱傳義折衷》、胡震《周易衍義》等等，都以「仁義」之德申說「王用三驅」。清代沈起元《周易孔義集說·上經》對此有系統的條列，可參見。

之胃教而戒之。《易》曰：《比》之「王參毆，失前禽，邑人不
戒，吉」。若為人君毆省，亓人孫戒在前，何不吉之又？[147]

研究者認為，該章通過對「王參賜命」、「王參驅」、「自邑告命」的解
釋，闡明了國君之義的內涵：第一是「以愛人為德」；第二為教人以
德，君主統治，重在德化，為上者身教以德，人有過則勸誡於後，就
能達到德化下民的目的；第三乃人君要以親賢為重。其中對「王參
驅」教化行為的闡述，突出了人君寬容大度的高尚德性[148]。這種對國
君「德」義的闡述，與《史記》等記載的對商湯「網開三面」「德
至」行為的盛讚相契合。

帛書《繆和》第十五章：

湯出巡守東北，又（有，下同）火。曰：彼何火也？又司對
曰：漁者也。湯遂□□□，又司猷之曰：古者蛛蟄作網，今之
人緣序。左者右者，尚者下者，率突乎土者，皆來吾網。湯
曰：不可。我教子猷之。曰：古者蛛蟄作網，今之人緣序。左
者使左，右者使右，尚者使尚，下者使下，吾取亓犯命者。諸
侯聞之，曰：湯之德及禽獸魚鱉矣。……《易》卦亓義曰：
「顯比，王用參驅，失前禽，邑人不戒，吉。」此之胃也。[149]

---

147 鄧球柏：《帛書周易校釋（增訂本）》（長沙市：湖南出版社，1996年），頁543。部
　　分句讀，筆者引用時有所變動。

148 丁四新：《楚地出土簡帛文獻思想研究》（武漢市：湖北教育出版社，2002年），頁
　　398；鄧球柏：《帛書周易校釋（增訂本）》（長沙市：湖南出版社，1996年），頁
　　157。

149 鄧球柏：《帛書周易校釋（增訂本）》（長沙市：湖南出版社，1996年），頁157、
　　524。

《繆和》對「王用三驅」的解說，與《史記》「網開三面」弘揚的君王之德、《昭力》對國君「德」義的闡釋基本一致：不僅要以德教化人民，而且還「德及禽獸魚鱉」等萬物，但和程頤之前的如王弼、孔穎達等注疏家對《周易》「王用三驅」的解釋有所不同。目前，學界基本認為馬王堆帛書《昭力》、《繆和》乃戰國中晚期作品，據此而論，我們說，至少在戰國中晚期，學界就賦予了「王用三驅」以彰顯君王「德」性的內涵；而王弼等對「王用三驅」的申說，僅限於「愛於來而惡於去」，雖不能說錯誤，但未能把切其根柢和精髓當是不爭之事實。

不惟上古帛書將《周易》「王用三驅」視作是君王「仁德」的表現，而且上古以來儒者在解說除《周易》外的其它儒家經典或奏疏、詩賦作品中，也有與此說相同的大量記載。

《詩經騶虞》是一首描述周文王「蒐田」禮的詩，詩中有「彼茁者葭，一發五豝。於嗟乎騶虞」句。關於「騶虞」，毛傳云：「義獸也，白虎，黑文，不食生物，有至信之德則應之」。三國陸璣、唐陸德明、宋陸佃均持是說；鄭箋將「君射一發而翼五豝者」解釋為君王「仁心之至」的結果，孔穎達據此疏曰：「國君於此草生之時出田獵，一發矢而射五豝獸。五豝唯一發者，不忍盡殺，仁心如是」[150]，把君王「一發五豝」的蒐田行為和義獸——騶虞——出現的現象，都作為君王「仁心」的表現和反映。此說根據何在？宋人羅願對此予以了闡釋：「夫騶虞之馬，工於逐禽如此，而《詩》言其仁，何也？蓋一發而得五，則庶類蕃殖矣。當葭蓬茁茁之時，則蒐田以時矣。有以見文王於平時不妄殺如此，此其一時之義仁。如此詩則王道成矣。」

150　〔三國〕陸璣：《毛詩草木鳥獸蟲魚疏》，卷下；〔唐〕陸德明：《經典釋文·毛詩音義上》；〔宋〕陸佃：《埤雅·釋獸》。

（羅願：《爾雅翼釋獸一》）成書西漢的《穀梁傳》釋《春秋》昭公八年「秋蒐於紅」云：「過防弗逐，……是以知古之貴仁義，而賤勇力也」。晉范甯注：「射以不爭為仁，揖讓為義」；唐初楊士勳疏：「古之貴仁義者，謂田獵之時，務在得禽，不陞降，是勇力也。射宮之內，有揖讓周旋，是仁義也。田雖不得禽，射中則得禽，是貴仁義而賤勇力也。」以上為注疏家對儒家經典《詩經》、《春秋》及其傳有關蒐田記載的注解。由此例可以看出：早在西漢初年，儒者就以「仁義」之德解說蒐田，此後經東漢、三國、晉，及至唐宋，無不如此。如東漢張衡《東京賦》：「三農之際，曜威中原。歲惟仲冬，大閱西園。……成禮三驅，解罘放麟。不窮樂以訓儉，不殫物以昭仁。慕天乙之弛罟，因教祝以懷民」。賦中天乙為商湯名，「天乙之弛罟」即湯「網開三面」之典事。張衡將「三驅」與狩獵時放逐野獸、網開三面、「昭仁」聯繫一起，意在說明「成禮三驅」乃「言殺禽獸不盡，即昭明人君行仁之道」（《文選京都中》及薛綜注）。上述這些關於「三驅」禮的解釋，和帛書《昭力》、《繆和》所闡釋的精神是基本一致的，我們或可以之為「三驅」禮的經典闡釋。

由於此前人們一再申說「王用三驅」之「貴仁義」、「昭仁」寓意，於是東晉殷仲文《解尚書表》便有「申三驅於大信」之說。所謂「大信」，唐代劉良根據前人所云，將之釋為「寬仁」（《六臣注文選表下》）。因「三驅」有申「仁義」之功效，到南朝時，正史中就有了「冬大閱，……禮成而義舉，三驅以崇仁」的記載（《宋書樂志四》）；唐代房玄齡等撰修《晉書》時，也援用《宋書》「三驅以崇仁」之說，書之於《樂志》中。三驅昭顯「仁」德說在歷史上影響甚大，一些儒士常藉此上疏言政，成為其抒發政論的理論依據[151]，更是

---

151 如袁宏：《後漢紀》卷六載，光武建武十二年（36年），光祿勳杜林奏曰：「湯去三

一些臣僚規勸君王節制狩獵行為的思想工具[152]。

　　然而，上述關於「三驅」彰顯君王德仁之心的諸闡釋，長期沒有引起眾多修治《周易》學者的關注，漢魏以降的易學家對「王用三驅」的注解，一直順承魏王弼「愛於來而惡於去」之說[153]，直至程頤傳注《周易》。自此以後，學界對「三驅」的注解才回歸其彰顯君王「仁德」之本義，並成為《易》學之傳統。

　　那麼，「王用三驅」又是如何被賦予君王「仁」德之大義的呢？如上所云，西周蒐狩禮來自殷商時期的狩獵，是西周將殷商狩獵活動禮樂、制度化的結果。作為禮樂文明的重要內容，仁義之德無疑被滲透到西周禮儀及文化的各個環節，蒐狩禮因此也留有濃鬱的仁義道德的印記，其「閱兵之制」的「王用三驅」和「田獵之儀」的「失前禽」，就分別從「以仁恩養威之道」和「不忍盡物，好生之仁」的角度，彰顯了王者之「仁」德。儒家創始人孔子以恢復周禮為己任，儒

面之網，《易》著三驅之義，所以德刑參用，而示民有恥」。援用「三驅」禮典，疏諫劉秀「法令輕重，宜遵舊典」。

152 這一點在唐代表現得較突出。如貞觀十一年（637年），魏徵上疏諫勸太宗「樂盤遊則思三驅以為度」。元人戈直注云：「三驅者，……不忍盡物，好生之仁也。《易·比卦》：『九五：王用三驅，失前禽。』蓋猶成湯祝網之義」；十三年，太子右庶子張玄素以太子李承乾游畋廢學，上書諫曰：「古三驅之禮，非欲教殺，將為百姓除害，故湯羅一面，天下歸仁」（《貞觀政要·君道》、〈規勸太子〉，《舊唐書》之〈魏徵傳〉、〈張玄素傳〉）。均以彰顯「仁義」的「三驅」禮勸諫君王恪守禮儀，不可妄為濫殺。

153 《隋書·經籍志一》云，東漢鄭玄有《周易注》九卷傳學於世；漢魏王弼注《周易》，「掃空一切舊說」（胡適：《中國中古思想史長編》（上海市：華東師範大學出版社，1996年），頁296）。隋時，王弼《周易注》盛行，「鄭學浸微」，唐初「殆絕矣」。故《周易》鄭注不詳。宋時，王應麟輯《周易》鄭注，成書《周易鄭康成注》。據王應麟輯本，鄭注「王用三驅」云：「王因天下，顯習兵於蒐狩焉，驅禽而射之，三則已，發軍禮也。……以仁恩養威之道。」（〔宋〕王應麟：《周易鄭康成注·比》）可見，鄭注《周易》亦有「三驅」顯「仁恩」之義，可能後來鄭注湮絕，王注盛行，治《易》者於是承王氏之說而傳焉。

家一貫宣導的「仁」德，即源於西周禮儀制度。儒家之「仁」有諸多內涵，但基本點為人人相愛，即「仁者愛人」。春秋戰國時期，諸侯征伐蜂起，兼併不休，各國惟武力是崇，民不聊生，然「王道以得民心為本」（《孟子集注梁惠王上》）。為幫助民眾擺脫鋒鏑之下的艱窘狀況，儒家力籲爭霸者注重民心之所向。如《孟子離婁上》載孟子曾說：「桀紂之失天下也，失其民也；失其民者，失其心也。得天下有道：得其民，斯得天下矣；得其民有道：得其心，斯得民矣；得其心有道：所欲與之聚之，所惡勿施爾也。民之歸仁也，猶水之就下、獸之走壙也。……今天下之君有好仁者，則諸侯皆為之驅矣。雖欲無王，不可得已。」另一方面，春秋中後期開始，王公貴族的游逸性狩獵日趨嚴重。為有效地節制貴族無度的狩獵，儒家或藉以孔子之口，或以商湯「網開三面」之事，將儒家反覆申述的「仁」德，巧妙地和事關「祀與戎」等國家大事（《左傳》成公十三年）的蒐狩禮相結合。同時，儒家認為「仁」是天賦的，仁者不僅愛人，而且還要愛及大千世界的一草一木。儒家之「仁」愛因而又有圈層性，即親親、仁民、愛物[154]。愛物是「仁術」的表現之一，而在儒家看來，「仁術」就是「不忍」之心。《孟子梁惠王上》載孟子云：「君子之於禽獸也，見其生，不忍見其死；聞其聲，不忍食其肉」，「是乃仁術也」。「不忍」之心是儒家對待萬物之「仁」的最基本原則和要求，「愛物」則是儒家「仁」的最高境界和追求：「天地萬物一體之仁」（《王陽明全集傳習錄中》）。這就是學界所謂的儒家「仁」的差異性和普遍性問題[155]。關愛樹木禽獸等自然生態資源要素，並將之與儒家提倡的仁、

---

154 《孟子・盡心上》：「君子之於物也，愛之而弗仁；於民也，仁之而弗親。親親而仁民，仁民而愛物。」

155 具體參見蒙培元《人與自然——中國哲學生態觀》（北京市：人民出版社，2004年），頁9-11。

義、禮、智、信等道德規範相聯繫，是儒家的一貫主張和做法。如《禮記祭義》載孔子回答曾子「禽獸以時殺焉」云：「殺一獸，不以其時，非孝也」；《大戴禮記衛將軍文子》載孔子曰：「開蟄不殺，則天道也；方長不折，則恕也。恕當仁也」。把合理利用自然資源與道德規範結合起來，對人類不合理利用自然資源的行為加以約束。另外，「生生謂之仁」（黃宗羲：《明儒學案甘泉學案三》）。儒家認為人類還肩負有「生生」萬物之道義，《周易》「元亨利貞」和萬物生長遂成、人的仁禮義智（《伊川易傳乾》）三位一體，元是萬物之始，「於時為春，於人則為仁」（《周易本義》卷1）。不當和過度地利用萬物，就是「盡物」，違背「生生」之仁。因此，對自然萬物的道德關懷是人之「仁」的本能表現和基本要求，「愛物」為「仁」的內在規定，這就是所謂的「仁者，以天地萬物為一體」（《二程遺書二先生語二上》），儒家之「仁」因此具有生態倫理道德的意義，從而被後世力加申述，並用於詮釋「三驅」之中。如北宋文學家、史學家宋祁注《漢書揚雄傳上》載揚雄《校獵賦》「三驅之意」即曰「不忍盡物，蓋先王之仁心」；其時的董楷也賦予「三驅」以「推其（王）仁心為三驅之禮。……不忍盡物，好生之仁」（董楷：《周易傳義附錄》卷3上）之大義；清代內閣學士徐幹學等注魏徵勸諫太宗「思三驅以為度」時，同樣云「三驅者，……不忍盡物，好生之德也」（徐幹學等：《御選古文淵鑒唐》）。

五　結語

從禮制來源看，《周易》「三驅」禮是在繼承殷商狩獵文化的基礎上形成的。殷商時期的狩獵，具有集軍事訓練、狩獵於一體的特徵。西周繼承了殷商狩獵的性質，並在禮樂文化的建設中將之禮制化，成

為融講武、狩獵於一身的蒐狩禮。蒐獵禮的舉行，一般先進行軍事訓練，隨後開展狩獵，狩獵是為了檢驗講武的效果。「三驅」禮是就西周蒐狩禮之講武活動而言的，指的是軍事訓練中參加演習的戰車和士兵（徒）在特定區域（防）內三次前進至「表」的行為，這就是古人所謂的「三驅教人戰」。

　　從禮制演變的角度看，自春秋以降，由於步兵的出現，車戰不再是戰爭的主要形式。隨著兵種和戰爭形式的變化，原來以車戰為內容的軍事訓練方式也發生變易。於是，就產生了專門的軍事訓練儀禮，講武便從西周原蒐狩禮中淡出；蒐狩禮之田獵活動，亦因軍禮之獨立而逐步娛樂化，衍變為遊逸活動。然而，受「王者功成作樂，治定制禮」思想的影響，從兩漢開始，歷朝統治者在取得政權後，無不重視蒐狩禮的建設。只是後世所謂的蒐狩禮，因歷史條件的差異，較《周禮》蒐狩禮已有重大變化。兩漢時期的蒐禮建設中，《周禮》未被重視，蒐禮其實是專門的講武禮（獮劉），其田獵活動基本上是奢靡的遊樂行為；隨後的魏晉時期也大體如是；南北朝時期，如北齊、北周等王朝都試圖恢復傳統禮制，為繼承西周蒐禮而做了許多努力，惟因年代久遠和形勢差異，其蒐禮雖具合講武、狩獵於一的形式，而內容有很大的不同，「三驅」禮方面，就是將西周「以教戰」的「三驅」禮，由狩田前「教大閱」階段，移至皇帝「親禽」即狩田階段，「三驅」似指驅禽入圍。「三驅」失其原初「教人戰」的性質和作用；隋唐時期繼承此一做法，隋代「三驅」禮所指明確，即三次「驅獸出，過於帝前」，「三驅過，帝乃從禽，鼓吹皆振坐而射之」；唐代基本沿襲此說。此後，雖然關於「三驅」有諸多不一的說法，但基本上都是針對狩獵活動而言的，「三驅」禮之本源被完全湮沒。

　　如上所云，《周易》「王用三驅，失前禽」分別針對的是《周禮》中冬「教大閱」、「狩田」禮儀活動，各以其「三驅」和「田不出防」

的行為要求，從不同側面彰顯王者「仁德」之心。後來，由於蒐狩禮的變遷，導致「三驅」所指及其內容發生變化。這一變化，表面上看是禮制興廢的結果，但實際上，禮制的制定，絕大多數是在儒者的呼籲、主持和實際操作下完成的。因此，「三驅」所指及其內容的變更，在一定程度上說是儒者主觀努力的結果。儒者之所以如此而為，與戰國以降以國君為首的社會上層無度狩獵行為相關。「三驅」本是國家層面的禮儀制度，戰國以後，諸國爭霸，統治者及貴族習於戰爭，耽於狩獵。並且，上層統治者常常混淆國家禮制規定與個人行為間的界線，屢以狩獵「三驅」、「三用」目的為自己的失當行為辯護。為加強對為國之君無端狩獵的限制，匡正其不妥之舉，儒家借王朝禮制建設之機，刻意地將講武活動中已無實際存在價值和作用的「三驅」移入田狩禮，並將之與「失前禽」的結果相結合，再度賦予其「仁德」之大義。於是，「三驅」便由講武之禮，搖身變為狩獵之儀；同時，由於儒者的一再申說，「三驅」在其國家層面的禮儀制度性質之外，肩負著以「仁德」大義限制歷代君王貴族不當狩獵行為的使命。

　　就生態保護問題而言，《周禮》「三驅」禮本身確實和後世所說的生態保護沒有任何的關聯。但當「三驅」由閱兵禮移入狩田而成為「田獵之儀」的一部分，並經歷代儒家附以「仁德」大義而加以不斷申說後，作為田獵的「三驅」禮之生態保護價值由此而凸顯。當代學者的研究對此有較多的關注。如有學者認為，「三驅」是一個類似「里革斷罟」的典故，對作為「限制性地利用動物資源」的田獵行為規範——「三驅」——予以了積極的評價[156]；另有學者把「三驅」同

---

156 張雲飛：《天人合一——儒學與生態環境》（成都市：四川人民出版社，1995年），頁79-80。

於商湯「網開三面」，認為它是「古人愛護生物，保護自然資源的一種共識，是在空間上節制索取自然資源的一種措施」[157]。這些研究，肯定了「三驅」在保護生物資源方面的作用，但其作用究竟具體表現在哪些方面，論者均未詳言。這裏，我們不妨從禮儀制度和文化傳統等方面來嘗試做一剖析。

首先，禮儀制度在約束社會成員行為方面的作用。「三驅」禮作為田獵禮儀的核心，被儒家賦予「仁」義並反覆申說，成為古代文人士子對違背禮制的狩獵行為進行規勸的理論藉口和制度依據，對限制以帝王為首的社會上層無度狩獵，具有一定的影響，從而在實踐中發揮著保護動物資源的積極作用。這一點在唐代表現得尤為突出和明顯。典型者如魏徵即曾以「三驅」為據，屢屢上表喜好狩獵的唐太宗，告誡他「樂盤遊則思三驅以為度」(《貞觀政要君道》)，太宗的無度狩獵行為因此有所收斂，狩獵頻度和規模大有減降。宋元以後，由於儒學、理學的興盛，儒家一再刻意提倡與推崇「三驅」禮，該禮在合理利用野生動物資源方面發揮著毋庸置疑的積極作用。

其次，從文化傳統的角度來看，儒家文化作為中國傳統文化的一部分，長期是中國傳統社會的主流意識形態。由於儒家的反覆申述，作為儒家文化重要內容之一的「三驅」禮，承載著「仁」義教化的功能，和儒家典籍中記載的「網開三面」、「里革斷罟」、「天子不合圍，諸侯不掩群，大夫不麛不卵，士不隱塞，庶人不數罟」，以及「不成禽不獻」等生態資源的合理利用與保護要求一起，已被社會各階層廣泛接受和認可，成為約束民眾行為的一種規範，並化為民眾日常狩獵活動的準則，在傳統中國自然資源特別是動植物資源的保護中發揮著積極的作用。傅斯年曾指出：「前一世之實用，習慣，每為後一世之

---

157 楊文衡：《易學與生態環境》(長沙市：中國書店，2003年)，頁43。

典禮。禮惟循舊，故一切生活上所廢者歸焉；後王之儀仗，固古之戰器也；今日之明器，亦昔日之用具也」[158]。此論一方面表明傳統的禮制源於民眾之生活、習慣；另一方面則說明禮儀、制度上的東西，可以變成民眾的生活，成為其基本生活的一部分。此說對於「三驅」禮同樣適用：「三驅」禮的產生，以及後世將講武「三驅」移入田獵之中，並非空穴來風，而是來自實際生活；而起源於社會習慣的「三驅」禮制文化，反過來對民眾的狩獵活動又有一定的約束作用。

最後，隨著當前工業化高歌猛進式的發展，環境問題十分突出：動植物資源急劇減少、物種滅絕進度加速、礦產資源日漸匱乏、大氣污染、淡水資源緊張及污染嚴重、氣候乖戾無常、自然災害頻發，如此一切，都向我們敲響了警鐘：善待地球，愛護自然界的一草一木；與自然萬物友好相處，彼此和諧發展！「三驅」之「仁德」大義，要求人類時時秉著「仁」的原則，「德及禽獸」，善待、愛護我們人類須臾不可分離的朋友──動物，「老吾老以及禽之老，幼吾幼以及獸之幼」。這是古代「三驅」禮的要求，也是環境向我們提出的要求，更是人與自然和諧發展的要求，三者如此的一致，充分地說明「三驅」禮作為傳統文化一分子，在今天仍有不可小覷的價值：

其一，對當代環境保護實踐的意義。儒家不主張「滅人欲」，不反對人類利用自然資源，但「三驅」禮強調利用不可無度，要有節制，合理利用，將有效保護與合理利用有機地結合，保護性地利用。我們可將這一主張充實於當代環境保護實踐之中，約束我們的行為，進一步推動當今環境保護工作。

其二，對建構現代生態倫理學的意義。全球環境問題出現後，人

---

158 傅斯年：〈跋陳摭君春秋公矢魚於棠說〉，《中央研究院歷史語言研究所集刊》第7本第2分（1938年）。

類在從事實踐保護的同時，又在積極地進行學理上的探討、研究，環境倫理學應運而生。環境倫理學研究有兩大主題：環境價值觀與環境道德行為規則。環境道德行為規則涉及經濟、政治、社會、文化事務中實現環境正義的具體主張[159]。「三驅」禮承載著「仁德」大義，要求狩獵者「德及禽獸」，從環境倫理學的角度看，這一要求或主張，應屬於「環境道德行為規則」的範疇。當然，「三驅」禮的要求或主張，與今天的「環境道德行為規則」決不能簡單地等同。但是，只要我們對之稍加提煉，實行「去其糟粕」式的整合與超越，取其精華，服務於當代中國環境倫理學的建設，對實現建構中國生態環境史研究體系的願望大有裨益。

---

159 徐嵩齡：《環境倫理學進展：評論與闡釋》（上海市：社會科學文獻出版社，1999年），頁468-469。

第五章
戰國秦漢時期的氣候狀況研究

一　兩漢時期氣候狀況的歷史學再考察

（一）導言

　　兩漢時期氣候作為中國歷史氣候一脈相承的重要階段，對其狀況的研究，學術界特別是現當代的學者（無論是自然科學，還是社會科學——主要是歷史學）予以了一定的重視，取得了相當豐碩的研究成果。就已有的研究來看，主要有以下結論：

　　文煥然從一九五〇年代末就極為關注秦漢時的氣候，經過潛心研究，出版了《秦漢時代黃河中下游氣候研究》一書，這是迄今為止筆者所見最早的也是惟一的秦漢時期氣候研究專著。該著從冷暖和乾濕兩大氣候要素的變動方面，對秦漢時期黃河中下游的氣候進行了探析。認為：「漢代黃河中下游大區域的溫度變遷，找不出日趨寒冷的徵象」，「漢代各世紀內的多雨、少雨期也是交替出現的，各期多雨、少雨的程度也不一致」，「多雨少雨交替出現，並無顯著日趨濕潤或顯著日趨乾燥的現象」。「總括地說，漢代黃河中下游的氣候變遷，誠然與現代有一定的差異，但是卻和蒙文通、胡厚宣等所稱日趨乾寒不符合，也和竺可楨等的脈動說有些不同；實際上是與現代相差不很大。」但他又同時指出，由於文獻、地域性等客觀因素的制約，秦漢

時期局部地區的氣候與今天的差異大小也是不同的[1]。然而，文煥然在其後的研究中認為：「從距今約二五〇〇年前以來，我國氣候變化總的趨勢是氣溫較以前逐漸降低」，「在七〇〇多年前至公元二〇〇多年這段時間內，中國的氣候較暖」，其後氣候轉冷。他同時又指出，從近八千年來氣候冷暖變遷的情況看，秦漢南北朝時期為氣候轉冷時期，但還是比較溫暖[2]，而且其間的起伏也較大，如兩漢時氣溫雖較低，有些經濟作物的分佈北界卻略高於現今[3]。

竺可楨在一九六一年發表的〈歷史時代世界氣候的波動〉一文中指出：「兩漢、中唐，到北宋及明代三個時期，（氣候——引者注）則和現在相仿。而春秋以前，則比現在更熱」，「秦漢時代黃河流域氣候與今相似，而殷周時代卻比現在為溫和」。十餘年後，竺可楨在其〈中國近五千年來氣候變遷的初步研究〉一文中，又對自己的觀點加以修正，認為：「在戰國時期，氣候比現在溫暖得多」，「到了秦朝和前漢（公元前221—公元23年）氣候繼續溫和」，「司馬遷時亞熱帶植物的北界比現時推向北方」；「到東漢時代即公元之初，我國天氣有趨於寒冷的趨勢，有幾次冬天嚴寒，晚春國都洛陽還降霜降雪，凍死不少窮苦人民。但東漢冷期時間不長。」最後他總結說：「在每一個四〇〇至八〇〇年的期間裏，可以分出五十至一〇〇年為周期的小迴圈，溫度範圍是0.5℃－1℃。」[4]自是以後，竺可楨的研究結論，雖無

1　文煥然：《秦漢時代黃河中下游氣候研究》（北京市：商務印書館，1959年），頁54、63、64、77。

2　文煥然等：《中國歷史時期植物與動物變遷研究》（重慶市：重慶出版社，1995年），頁148、160、207、228。

3　文煥然等：《中國歷史時期冬半年氣候冷暖變遷》（北京市：科學出版社，1996年），頁31。

4　竺可楨：《竺可楨文集》（北京市：科學出版社，1979年），頁414、417、480、481、495。

人視之為不刊之論，但長期以來被中國氣候史研究者所徵引和援用。
王子今的〈秦漢時期氣候變遷的歷史學考察〉[5]一文，從歷史學研究
的角度論證了竺論；而臺灣的劉昭民則從文獻中關於冷暖、動物與植
物的分佈、節氣和物候等記錄的情況入手，將春秋至西漢成帝建始三
年（前30年）劃為中國歷史上的第二個暖期，認為西漢大部分時間為
暖濕氣候，而從建始四年始，終東漢王朝，則是中國歷史上的第二個
冷期之一段[6]，與竺論無多少區別。

　　事隔二十餘年後，有人對竺可楨關於中國歷史時期氣候研究的結
論發表了不同的看法。牟重行針對竺文徵引文獻中所存在的問題而提
出疑問，進而對其結論持否定的態度。牟在其著《中國五千年氣候變
遷的再考證》一書中指出：竺可楨的《中國近五千年來氣候變遷的初
步研究》「由於時代條件限制，在分析使用歷史文獻資料中還存在不
少缺陷和問題。主要問題有：（1）對文獻誤解或疏忽；（2）所據史料
缺乏普遍指示意義；（3）推論勉強等。」由此得出結論說：「由於選
擇的氣候證據本身存在不確定性，以致據此勾勒的中國五〇〇〇年溫
度變化輪廓，大體上難以成立。」[7]但牟文在具體指出了竺論在文獻
運用、推斷上存在的問題後，並沒有就中國歷史氣候變遷的基本概端
提出自己的結論。

5　王子今：〈秦漢時期氣候變遷的歷史學考察〉，《歷史研究》1995年第2期（1995年）。

6　劉昭民：《中國歷史上氣候之變遷》（臺北市：臺灣商務印書館股份有限公司，1982年），頁22、62-72。

7　牟重行：《中國五千年氣候變遷的再考證》（北京市：氣象出版社，1996年），頁5。另外，竺文中關於兩漢時期氣候推論時存在的對文獻的誤解或疏忽等問題，譚其驤亦曾談及，如他在和張丕遠的通信中說，竺文裏言公元二二五年淮河結冰之事，實為淮河支流結冰，不足定論。參見張丕遠等《中國近2000年來氣候演變的階段性》，《中國科學》（B輯）1994年第9期（1994年）；另見張丕遠：《中國歷史氣候變化》（濟南市：山東科學技術出版社，1996年），頁384。

　　滿志敏則根據自己對歷史氣候的研究，在兩漢時期氣候狀況這一問題上提出了與竺論大相徑庭的結論：戰國至西漢初的氣候向寒冷方向波動，黃河中下游地區氣候要比現代寒冷，為寒冷氣候；西漢中葉開始氣候回暖，「西漢後期黃河中下游地區氣候比現代提前約一個物候。」「東漢後期的氣候與現代相差很少，亦是處在相對溫暖的時期。」「東漢以後氣候略為轉涼，但從幾個物候情況來看，大體上與現代相差不大。」[8]該著首版於一九九三年，筆者所引乃第二版，不過在氣候相關章節裏，前、後版不曾有修改。對滿志敏的研究結論，有學者曾撰文指出了其中存在的對「資料的理解，似乎值得商榷」的問題，認為其推論「似乎也難免有證據不足之嫌」，由此而言其結論「是缺乏說服力的」[9]。然而，滿志敏在《中國歷史氣候變化》一書的相關章節裏仍堅持自己的看法，龔高法亦持此論見，而且認為秦漢時期是中國歷史上的寒冷期[10]。

　　而有些學者的研究結果與上述西漢、東漢或暖或冷的研究結論大為不同，或主張整個兩漢時期處於溫暖階段，或認為全部為寒冷期，或以為冷暖不斷交替。如劉恭德在其《近兩千年昆明地區八月氣溫變化的分析》一文中就認為漢唐處於溫暖無冷害期[11]。任振球從九大行

8　鄒逸麟：《黃淮海平原歷史地理》（合肥市：安徽教育出版社，1997年），頁15、16、17。

9　王子今：〈關於秦漢時期淮河冬季封凍問題〉，《中國歷史地理論叢》1995年第4輯（1995年）。

10　張丕遠：《中國歷史氣候變化》（濟南市：山東科學技術出版社，1996年），頁288-289、414-415、431。又因該著為眾人並撰，其中的氣候研究結論有異，甚至有扞格牴牾之論。如王錚在該著第十三章〈過去10000年來中國氣溫變化的基本特徵〉中言：「公元前五〇〇～公元二四〇年之間的氣溫未能發現竺可楨原有推斷不一致的證據。」滿、王二人之論顯然不一。

11　中央氣象局氣象科學研究院天氣氣候研究所：《全國氣候變化學術討論會文集（1978年）》（北京市：科學出版社，1981年）。

星會合周期的視角著眼，著重探討了行星運動對中國歷史氣候變遷百年振動的影響。他通過研究發現：「公元三○○年以前，出現了（一個包括兩漢在內的──引者注）長達一千一百年的更暖時期。」[12]另有學者以為：「五○○○年來，我國氣候在寒暖期交替出現的變化過程中，明顯地存在寒期愈來愈長，寒冷程度一次比一次加深，暖期愈來愈短，回暖程度一次遜於一次的趨勢。……西周寒冷時期歷時僅約兩個世紀，漢至南北朝寒冷期歷時已達四個世紀，……寒冷時期和程度的增長趨勢也就是乾旱時期與程度的增長趨勢。」視兩漢時期為寒冷期[13]。而張天麟在研究長江三角洲歷史時期的氣候時則指出：「長江三角洲氣溫的變遷，經歷三個溫暖期與三個寒冷期，冷暖期相間。……春秋戰國至東漢後期，氣候是比較溫暖的。」在乾濕狀況方面，「西漢至三國後期，約當公元前二○○年至公元二五○年，長江三角洲的氣候是偏旱的。」[14]另外，王開發等人與陳渭南等人根據植物孢粉的組合情況，分別對上海西部的歷史氣候和毛烏素沙地全新世的氣候進行了研究。前者認為：「公元前八五○─公元一五○年，氣候溫暖，年均溫略高於現在」；「公元一五○─五五○年，氣候略為寒冷，年均溫稍低於現在」。並將其結果與張天麟的長江三角洲溫度變遷研究結論、竺可楨論，以及日本、北美和歐洲地區氣候研究結果相比較，指出：「從暖、冷期持續的時間來看，上海西部和北美大湖區

---

12 任振球：〈行星運動對我國五千年來氣候變遷的影響〉，收入中央氣象局氣象科學研究院天氣氣候研究所：《全國氣候變化學術討論會文集（1978年）》（北京市：科學出版社，1981年）。

13 張蘭生：〈我國西部和華北中更新世以來濕潤狀況的變化〉，收入鄒進上：《氣候學研究──「天、地、生」相互影響研究》（北京市：氣象出版社，1989年）。

14 張天麟：〈長江三角洲歷史時期氣候變遷的初步研究〉，《華東師範大學學報（自然科學版）》1982年第4期（1982年）。

（的情況——引者注）更為接近。」[15]而後者則強調毛烏素沙地「氣候的變化與其它地區相比，具有準同步性規律，這一點在中全新世表現得最為突出。」指出：中全新世晚期秦西漢時，氣候「溫和偏濕，植被得到一定程度的恢復發展。由蒿屬、藜科、菊科等耐旱草本灌叢組成的乾草原支持了秦漢在這裏的開發。」在晚全新世，「總的情形為濕涼偏乾，但也經歷了若干波動。……前期寒冷乾燥，即是東漢至十六國時期的乾冷階段。」[16]盛福堯在對河南省歷史氣候進行研究論及兩漢時說：公元前二〇六年－前一〇一年，「寒暖對比，顯以寒佔優勢」；公元前一〇〇年－公元二十五年，「此期顯仍以寒為主，終西漢之時可謂長以寒為主」；公元二十五年－一〇〇年，「冬暖夏熱比較顯著，……表現出回暖的趨勢」；公元一〇一年－二一九年，「寒情又有所抬頭，……總觀東漢時代，可名為由暖轉寒年或次寒年」[17]。

　　以上所列，可謂仁者見仁，智者見智，這些雖不能全面地反映兩漢氣候研究的既有成果，但由上可窺兩漢氣候研究的基本概端。既有的研究結論和方法，可資借鑒之處較多，是對兩漢氣候狀況作進一步研究的基礎。然而，由於許多研究以中國幾千年歷史氣候為研究對象，並非限於有漢兩代，因此，具體研究難免有諸如文獻的搜集、謀取應用不全或在方法上以點代面、以偏概全等弊端的存在，使得以上有關研究皆或多或少、程度不同地存在這樣或那樣的不足，有礙於真實、全面地反映兩漢氣候變遷狀況，由此決定了進一步研究兩漢氣候

---

15 王開發等：〈根據孢粉組合推斷上海西部三千年來的植被、氣候變化〉，《歷史地理》第6輯（上海市：上海人民出版社，1988年）。

16 陳渭南等：〈毛烏素沙地全新世孢粉組合與氣候變遷〉，《中國歷史地理論叢》1993年第1輯（1993年）。

17 盛福堯：《初探河南省歷史時期的寒暖》，《歷史地理》第7輯（上海市：上海人民出版社，1990年）。

成為必要。鑒於此，筆者根據在兩漢災害研究中所旁涉到的相關文獻，從歷史學的角度對兩漢氣候作一番再考證。

（二）兩漢氣候研究所據佐證的辨析

在正式探討兩漢氣候狀況之前，我們還必須明確何謂氣候及其構成要素有哪些，這是十分必要的前提工作。因為以往的研究，多偏重於氣候的某一方面，特別是氣溫；且往往將西漢、東漢王朝作為兩大時段來考察，而歷史氣候的實際情況並非像人為機械地劃分歷史階段那樣，呈大段（或世紀、或王朝）整時的變遷。

氣象專家指出：「所謂氣候，應該理解為在一段較長時間階段中大氣的統計狀態，它一般用氣候要素的統計量表示」。「平均狀態或統計狀態是用氣候要素（溫度、降水等）的平均值或統計量來表現的」。「但是，這種統計量往往隨著階段的轉移而發生明顯的變化，這就是氣候變化。」[18]因此，考察歷史時期的氣候狀況，必須將氣候的兩大基本要素——溫度和降水——列為考察對象，進行分階段綜合性的動態研究，而這恰恰是過去對歷史氣候的研究所忽視的。如竺可楨在〈中國近五千年來氣候變遷的初步研究〉一文中就明確地說：「氣候因素的變遷極為複雜，必須選定一個因素作為指標。如雨量為氣候的重要因素，但不適合於作度量氣候變遷的指標。原因是在東亞季風區域內，雨量的變動常趨極端，非旱即澇；再則鄰近兩地雨量可以大不相同。相反地，溫度的變遷微小，雖攝氏一度之差，亦可精密量出，在冬、春季節即能影響農作物的生長。」[19]雖然竺可楨以溫度作

---

18 張家誠等：《中國氣候》（上海市：上海科學技術出版社，1985年），頁1。

19 竺可楨：《竺可楨文集》（北京市：科學出版社，1979年），頁476。事實上，竺可楨考察歷史氣候時，並非完全如斯言，他在一九二五年發表的〈中國歷史上氣候之變遷〉一文中，就專以雨量的多寡來研究中國歷史氣候之變遷（竺可楨：《竺可楨文集》（北京市：科學出版社，1979年），頁58-68）。

為研究因素而力圖真實地反映中國歷史氣候變遷，但事實上正因為研究因素單一，導致其研究結論不周全，竺可楨並未如願以償，他由溫度變遷得出的中國歷史氣候變遷的研究結論因此受到了後人的挑戰。前車之鑒，理當汲取。另外，由於歷史年代較為久遠，對歷史時期氣候變遷的研究，僅憑一種研究方法是難以窺見其真目的。氣候變遷歷史的研究應採用多重的方法和手段，從不同的側面、不同的角度對之進行立體的、綜合的研究，如是才能進而得出較為科學的、符合歷史本來面貌的研究論斷。一般地說，歷史時期氣候變遷的研究主要有以下幾種方法：對歷史文獻氣候記載的研究方法、樹木年輪方法、物候學方法、生物學的方法、自然地理因素的方法和同位素的方法等等襲[20]。兩漢時期處於竺可楨所言的「物候時期」，因此，本書主要從氣候兩大基本因素——溫度和降水——著手，運用歷史文獻中有關氣候和物候的研究方法，對兩漢時期的氣候進行再考證。

梁啟超在《中國歷史研究法》一書中指出：「史料為史之組織細胞，史料不具或不確，則無復史之可言。」[21]是語道出了史料對於史學研究的至關重要的影響。對歷史氣候研究而言，史料的尋覓和運用更是如此。因為歷史氣候資料文獻專錄者較稀少，哪怕是一點一滴可資運用的史料，都是彌足珍貴的；二則資料取捨、運用得是否合理，是否具有歷史氣候的代表意義。因此，歷史氣候研究在使用有限的文獻資料時，必須持慎重的態度。

1 竹子、柑橘的分佈狀況與兩漢氣候的變化

在以往的秦漢時期氣候研究論著中，多以文獻中記載的生物（如竹子等）的南北地區分佈變化作為衡量歷史時期溫度變遷的尺度，是

---

20 高法等：《歷史時期氣候變化研究方法》（北京市：科學出版社1983年）。
21 〔清〕梁啟超：《中國歷史研究法》（上海市：上海古籍出版社，1998年），頁40。

法具有一定的合理性，相關研究亦取得了一定的成就。然而，運用這一方法的研究者往往忽視了客觀存在的影響生物分佈的因素特別是人為因素，使得其研究結論在有些時候因缺乏足夠的證據而難以成立。滿志敏曾根據人為作用強度的大小，將生物分佈劃分為三個帶：自然分佈帶、經濟分佈帶和觀賞分佈帶，認為位於不同帶內的生物具有不同的氣候指示意義。自然分佈帶內的「生物呈自然分佈狀態，可按該生物適宜氣候條件去估計當時氣候的狀態」，運用這一方法的最為典型者乃孢粉分析法；經濟分佈帶內的生物由於「受到人為經濟活動的影響，可按該種生物生長所需的最低溫度和這種溫度出現的頻率來估計氣候帶的位置」；而觀賞分佈帶內的「生物出現是人為享樂需要的結果，生物死亡率很高，生物的出現是以個體的不斷更替為特徵的，並不能指示氣候帶的位置。」[22]由於人為因素作用的不同，各種生物分佈的氣候指示意義有別，本書在運用文獻中有關生物分佈變遷記載來分析氣候變化時，始終對其氣溫的指示意義予以注視。

　　第一，竹子的分佈與兩漢氣候冷暖狀況探討。竹子作為亞熱帶植物，種類繁多，對溫度和水分都有較高的要求，自然狀態下的竹子現在主要分佈於中國長江流域、華南及西南等地區。然而，作為經濟栽培的竹林，其分佈北界西起渭河上游的甘肅天水一帶，中經六盤山南麓、渭河平原南部、太行山東南麓，東至河北漳河沿岸的涉縣一帶，其分佈面積大小不等，從數畝、數十畝乃至千畝、萬畝不一[23]。這和

22　滿志敏：〈唐代氣候冷暖分期及各期氣候冷暖特徵的研究〉，《歷史地理》第8輯（上海市：上海人民出版社，1990年）。另見張丕遠《中國歷史氣候變化》（濟南市：山東科學技術出版社，1996年），頁205-206。而且在後者之中，滿志敏在以上三個分佈帶之外，又增加了「抑制分佈型」分佈帶。

23　參見文煥然等：《中國歷史時期冬半年氣候冷暖變遷》（北京市：科學出版社，1996年），頁20-23。另見文煥然等：《中國歷史時期植物與動物變遷的研究》（重慶市：重慶出版社，1995年），頁87-89。

兩漢時竹子的北界分佈地區有所不同，但這種區別是極其細微的。

兩漢時期，竹子主要分佈在江南地區，黃河中下游地區的竹子乃經濟栽培作物，且呈散佈狀，歷史文獻中的有關記載可說明這一點。

《史記貨殖列傳》云：「巴蜀亦沃野，地饒……竹、木之器」；「江南卑濕，……多竹木」。《淮南子地形》：「東南方之美者，有會稽之竹箭焉。」《鹽鐵論本議》錄士大夫語：「江南之柟梓竹箭」，《鹽鐵論通有》亦云：「今吳、越之竹，隋、唐之木，不可勝用。」《爾雅釋地》：「東南之美者，有會稽之竹箭焉。」可見，江南濕熱的氣候環境，是形成竹子為這一地區物資資源的前提條件，這一分佈態勢，不僅與今天竹子的主要分佈地區無別，就是與兩漢之前的歷史時期相比，亦無甚差異。《周禮職方氏》：「東南曰揚州，……其利金錫竹箭。」《尚書禹貢》：「淮、海惟揚州。……三江既入，震澤底定。篠簜既敷，厥草惟夭，厥木惟喬，……厥貢惟金三品，瑤、琨、篠簜。」鄭玄注《周禮》謂「箭，篠也。」《尚書》孔安國傳曰：「篠，竹箭。簜，大竹。」孔穎達疏云：「篠為小竹，簜為大竹。」《說文解字竹部》：「簜，大竹也。從竹，湯聲。《夏書》曰：『瑤琨筱簜。』簜可為幹，筱可為矢。」《爾雅釋草》：「簜，竹」、「篠，箭」。邢昺疏引「李巡曰：竹節相去一丈曰簜。孫炎曰：竹闊節者曰簜。」清代郝懿行《爾雅義疏釋器》：「篠者，《說文》作筱，云：『箭屬，小竹也。』蓋篠可為箭，因名為箭。」竹在江南地區的廣饒分佈，足以說明那種認為「『竹』居於山西物產前列卻不名於江南物產中，可見當時黃河流域饒產之竹，對於社會經濟的意義甚至遠遠超過江南」的認識是不成立的。江南所產之竹，不僅面積大，而且品種多，就篠（即竹箭）、簜（大竹）而言，後者從文獻記載看，似惟有江南才出產，而箭竹既產於江南，又產於黃河流域一些地區。元代李衎在《竹譜詳錄竹品譜》中總結說，竹箭有四種，其中江浙之地為多，而魯地亦有分

佈，其「形色與他篠不殊，質特堅潤」。

　　江南之竹似為自然生，而黃河流域之竹則是作為經濟栽培的產物。司馬遷在《史記貨殖列傳》中，就說「凡編戶之民，（擁有——引者注）竹竿萬個，……此亦比千乘之家」。又說在關中渭川地區，誰有千畝之竹，「此其人皆與千戶侯等」[24]。然而，竹子與富比「千乘之家」和「千戶侯」之間究竟是怎樣聯繫在一起的呢？這裏，不得不對竹子的主要用途作一番探討。

　　筆者認為，兩漢及其以前的歷史時期，竹子主要用作日常生活器具，如「在長江流域和嶺南地區，用竹作屋十分普遍。《東觀漢記》載鍾離意遷堂邑令，『市無屋，意出俸錢，率人作屋。人齎茅竹，或持林木，爭起趨作，浹日而成。』」[25]而從國家方面言之，則主要用於戰爭。《詩經小戎》：「交韔二弓，竹閉緄縢。」毛傳：「緄，繩。縢，約也。」孔穎達疏：「以竹為閉置於弓隈，然後以繩約之。」朱熹《詩經集傳小戎》注曰：「閉，弓檠也。……緄，繩。縢，約也。以竹為閉，而以繩約之於弛弓之裏。」可見，在周時已把竹子用於製造戰爭武器——弓箭上，兩漢時期亦基本如此。

　　淇園之竹據言早在殷商時代就已存在，是國家的官方竹園。《詩經淇奧》稱：「瞻彼淇奧，綠竹猗猗，……綠竹青青，……綠竹如簀」。晉戴凱之《竹譜》曰：「淇園，衛地，殷紂竹箭園也。……《毛詩》所謂『瞻彼淇奧，綠竹猗猗』是也。」朱熹注云：「淇上多竹，

---

24 關於司馬遷《史記‧貨殖列傳》所列：「山居千章之材。安邑千樹棗；……蜀漢江陵千樹橘，……渭川千畝竹；……此其人皆與千戶侯等」之載，有學者認為司馬遷列舉這些經濟作物，「係指有厚利可圖而言，未必可就此一一理解為當時的盛產地。」（牟重行：《中國五千年氣候變遷的再考證》（北京市：氣象出版社，1996年），頁22-23）。筆者對此表示贊同，但另一方面，司馬遷所列地區，至少可能具備生產這些經濟作物的自然條件。

25 林劍鳴等：《秦漢社會文明》（西安市：西北大學出版社，1985年），頁233。

漢世猶然，所謂淇園之竹也。」據《淮南子》之〈原道〉、〈兵略〉，
用淇園之竹做成的箭是上乘品，稱「美箭」[26]。東漢初年，寇恂就曾
「伐淇園之竹，為矢百餘萬」，「轉以給軍」，為光武帝北征燕代的軍
事行動提供了保障（《後漢書寇恂傳》）。據《史記河渠書》裴駰「集
解」引晉灼語，淇園之竹乃篠即竹箭，「篠可為箭，故名為箭。」從
殷商至兩漢，淇園之竹的主要用途是製造弓箭，只是在漢武帝時因河
決特殊情況而偶伐淇園之竹用於堵治黃河決口。

東漢安帝時，隴山一帶的竹子一度被「無復器甲」的起事羌人用
作武器，他們「或持竹竿木枝以代戈矛」（《後漢書西羌傳》）。身為將
軍的楊僕對國家在戰爭中對竹子用途和需求量體會較深，因此，他曾
用輸竹來贖罪。據《漢書景武昭宣元成功臣表》載，楊僕於武帝元
封四年（前107年）「坐為將軍擊朝鮮畏懦，入竹二萬個，贖完為城
旦」[27]。由於可以用竹子與政府做交換從而獲得好處，加之兩漢對書
寫材料——竹簡——需求量較大[28]，從而刺激了本無天然竹子而又對
竹子有較大需求的黃河流域的竹子的生產。

兩漢時期黃河流域竹子的分佈地區，主要集中於關中一帶。《漢
書地理志下》稱關中「鄠、杜竹林」與「南山檀柘」相比肩，以二者
為標誌，關中地區有了「陸海」之譽，司馬相如、班固、張衡都極言
關中「竹林之榛榛」的盛況。與關中僅有秦嶺之隔的褒斜之地，也以
產竹而出名。西漢武帝時，張湯曾言於武帝曰：「褒斜材木竹箭之

---

26 高誘注《淮南子・原道》「射者扞烏號之弓，彎綦衛之箭」云：「綦，美箭所出地
　名。」注〈兵略〉「夫栝淇衛箘簵」曰：「栝，箭栝也。淇衛箘簵，箭之所出也。」
27 《史記・貨殖列傳》「索引」誤作「楊僕入竹三萬個」。
28 有學者指出，儘管東漢時蔡倫造紙法已誕生，但離實際推廣尚有一段較長的時間，
　幾乎整個秦漢時期，其書寫材料仍以竹木簡為主和最為普及（參見林劍鳴等：《秦
　漢社會文明》（西安市：西北大學出版社，1985年），頁242），現在有關秦漢時期的
　考古發現亦可證實這一點。

饒，擬於巴蜀」（《史記河渠書》）。其次為河南境內，如淇園之竹、洛陽之竹等。據《史記河渠書》載，武帝在堵黃河瓠子決口時，就「下淇園之竹以為楗」，東漢時，寇恂又伐取淇園之竹製箭。文煥然稱淇園為漢代官營竹園[29]。最後為六盤山南麓地帶，安帝時羌人起義所用的竹竿就出自這裏。

另據《後漢書郭伋傳》載，郭伋在東漢初年出任并州牧，「始至行部，到西河美稷，有童兒數百，各騎竹馬，道次迎拜。」美稷治今內蒙古準格爾旗西北，處於北緯39.75°左右[30]，有學者視之為兩漢時經濟栽培竹林的最北界[31]，另有學者將之作為西漢氣候溫暖的證據[32]。其實，僅據《後漢書郭伋傳》中數百兒童騎竹馬的記載來推斷美稷產竹，如同以關中有竹而推論竹「居於山西物產前列卻不名於江南物產中」一樣，存在著論據不足的問題。因為：其一，竹馬為竹製品，竹馬的來源，或有三種可能，一則為利用當地竹林資源而編制，二則由他地輸入的竹子而製成，三則竹馬由外地輸入；其二，文獻中似無美稷有竹林的記載，考古亦無佐證。由此兩點我們說，兩漢時美稷是否真的有竹子存在，尚待進一步考證。

總之，兩漢時期自然狀態下竹林的分佈地區為江南一帶，黃河流域竹子為經濟栽培的產物。從該期竹子地域分佈看，與其它歷史時期乃至現在大體上無多大的區別。僅有的一點不同，乃表現為竹林在黃

---

29 文煥然等：《中國歷史時期植物與動物變遷研究》（重慶市：重慶出版社，1995年），頁91；文煥然等：《中國歷史時期半年氣候冷暖變遷》（北京市：科學出版社，1996年），頁22。淇園成為國家竹園，當始於商朝。戴凱之《竹譜》云：「淇園，衛地，殷紂竹箭園也。」

30 參見譚其驤《中國歷史地圖集》（台州市：地圖出版社，1982年），第2冊，頁17-18。

31 文煥然等：《中國歷史時期植物與動物變遷的研究》（重慶市：重慶出版社，1995年），頁97。

32 王子今：〈秦漢時期氣候變遷的歷史學考察〉，《歷史研究》1995年第2期（1995年）。

河流域的具體分佈地點的差異上。因為人工經濟栽培作物最容易受到
人為因素的影響[33]，唐宋時期的一些文獻都反映了涇渭上游、北洛
河、關中地區，以及太行山麓等地區均有竹林的存在[34]。至於淇園之
竹，《魏書李平傳》載：「車駕將幸鄴，平上表諫曰：『……將講武淇
陽，……馳騁驟於綠竹之區』」。可見，北魏時淇園仍為「綠竹之
區」。只不過可能由於戰爭製箭用竹和西漢治河用竹[35]，以後的淇園之
竹不曾如以前那樣豐茂。酈道元注《水經淇水》「淇水出河內隆慮縣
西大號山」說：「漢武帝塞決河，斬淇園之竹木以為用。寇恂為河
內，伐竹淇川，治矢百餘萬，以輸軍資。今通望淇川，無復此物」。
酈道元所言北魏時淇川無竹是否為實暫置不論，但他道出了一個歷史
事實，即淇園竹子的衰微乃人為因素使然。

　　從有關記載竹子在兩漢的具體分佈時間看，竹子分佈於兩漢各歷
史階段。西漢及東漢初黃河流域的竹子分佈情況，前已談及。那麼，
東漢中後期流域內有無竹子的分佈呢？以下文獻記載可以說明問題：
《後漢書襄楷傳》載桓帝延熹七年（164年）「冬大寒，殺鳥獸，害魚
鱉，（洛陽）城旁竹柏之葉有傷枯者。」謝承《後漢書》卷四曰桓帝
延熹九年「冬，大寒過節，毒害鳥獸，爰及池魚，（洛陽）城旁松
竹，皆為傷絕。」另外，在《四民月令》「正月」的農事安排中，其
中就有竹子栽培一項[36]。由上足見：終東漢時期，竹子在黃河流域的

---

33 關於人類活動對竹資源的影響，可參見牟重行：《中國五千年氣候變遷的再考證》
　　（北京市：氣象出版社，1996年），頁12-13。

34 參見文煥然等：《中國歷史時期植物與動物變遷研究》（重慶市：重慶出版社，1995
　　年），頁91-97。

35 除武帝治河時曾取淇園之竹外，另據《漢書·溝洫志》，成帝河平元年堵東郡河
　　決，「以竹落長四丈，大九圍，盛以小石，兩船夾載而下之。三十六日，河堤成」，
　　可見用竹頗多。

36 其實，縱在學者一般認為是寒冷期的南北朝時期，竹子在黃河流域亦廣為種植，其
　　栽培時間與《四民月令》所言的時間無別，具體參見《齊民要術·種竹第五十一》。

分佈範圍似不存在所謂的變化情況。

　　鑒於兩漢時期竹子在黃河流域的分佈地區無多大的區別，筆者認為，以往研究中以「秦漢竹林分佈範圍的變化」作為論據，認為「大致在兩漢之際，經歷了由暖而寒的歷史轉變」的論點是不足據的。

　　通過對兩漢時竹子的分佈地區和分佈範圍的考察，並將之置於歷史長河中，筆者認為：兩漢時竹子的分佈地區與歷史時期和現在相比較，無甚根本的區別，細微之別就是具體分佈地點的不同，察究其因，人為因素在其間起著至關重要的作用。加之中國竹類眾多，生態習性紛紜，僅從歷史文獻語焉不詳的籠統記載中，無法找到反映歷史氣候變遷的關鍵性限定因素。因此，以往研究利用兩漢時竹子在黃河流域分佈地域的細小變化來說明西漢和東漢時所謂的由暖轉寒或由寒轉暖的氣溫變動是不妥當的。

　　第二，柑橘的分佈狀況與兩漢氣候。柑橘的栽培，必須有適宜的氣候條件。據專家研究，適宜栽培柑橘的地區，其極端最低氣溫多年平均值需在 -5℃以上，年平均氣溫在15℃以上，但不得高於38℃，最冷月（即1月）平均氣溫要在5℃以上。如果極端最低氣溫多年平均值在 -9℃及以下，柑橘會被凍死，因此，不適宜栽培柑橘[37]。柑橘目前在中國遍佈華東、中南、西南和西北十八個省、區，主要種植在秦嶺南麓、安徽南部到太湖流域以南的廣大地區[38]，其中以浙、贛、湘、黔等省的南部地區，華南、雲南大部和四川盆地、長江三峽地區為最適宜栽培氣候區；在黃河流域的一些地區，如陝南、隴南等地或由於

37 張家誠等：《中國氣候》（上海市：上海科學技術出版社，1985年），頁493；文煥然等：《中國歷史時期植物與動物變遷研究》（重慶市：重慶出版社，1995年），頁129。
38 中國農業科學院柑橘研究所：《柑橘栽培手冊》（北京市：農業出版社，1978年），頁2。

特殊的地形,或採取特殊的防凍措施,也可栽培[39]。這和兩漢時柑橘的分佈地區基本一致。

據文獻記載,兩漢時期柑橘始終以南方地區為主要分佈地區。《呂氏春秋本味》:「果之美者,……江浦之橘,雲夢之柚」;《史記貨殖列傳》:「蜀、漢、江陵千樹橘」;司馬相如《子虛賦》稱故楚平原廣澤地「櫨梨樗栗,橘柚芬芳」(《漢書司馬相如傳》);《鹽鐵論相刺》載大夫曰:「橘柚生於江南,而民皆甘之於口,味同也」;《鹽鐵論未通》稱百越「民間厭橘柚」;《藝文類聚》卷六錄揚雄《揚州箴》言揚州有「橘柚羽貝」;王逸注《楚辭屈原賦》:「言橘受天命,生於江南」;《說文解字木部》:「橘,果,出江南」,「橙,橘屬」,「柚,條也,似橙而酢」;《齊民要術》卷十引《異物志》曰:「橘樹,白花而赤實,皮馨香,又有善味。江南有之,不生他所」。

然而,司馬相如〈上林賦〉又云:「於是乎盧橘夏孰,黃甘橙楱,枇杷橪柿,亭奈厚樸,樗棗楊梅,櫻桃蒲陶,隱夫薁棣,荅沓離支,羅乎後宮,列乎北園」(《漢書司馬相如傳》)。這段賦文所列果實可分兩類情況,一類是可在上林苑成熟的盧橘;另一類為黃甘橙楱等,它們羅列布於苑內,至於是否可以成熟,不得而知。對於司馬氏「盧橘夏孰」之語,西晉文學家左思於其〈〈三都賦〉序〉中批評其「於辭則易為藻飾,於義則虛而無徵」(梅鼎祚:《西晉文紀》卷18)。徐中舒則認為司馬氏和左氏所言各有其道理,其不同緣於其所處時代有先後,所見植物生長發育當然有不同,這種不同及東漢光武帝東遷洛陽,是由於「西漢以後,西北氣候漸趨乾寒」,「東漢以後,

---

39 張家誠等:《中國氣候》(上海市:上海科學技術出版社,1985年),頁493-494;文煥然等:《中國歷史時期植物與動物變遷研究》(重慶市:重慶出版社,1995年),頁129-130。

關中氣候轉變至驟」、「漢晉氣候轉變所致」[40]。對此，文煥然則認為
司馬氏之賦「顯然有誇張」，左氏之論是「實事求是」的，而徐氏之
說「更屬牽強」，司馬氏「盧橘夏孰」一語「是虛構的」[41]。針對文
論，王子今則認為「或許並未能符合秦漢氣候的真實狀況」，認為東
漢時南陽地區亦不具備柑橘生產條件[42]。那麼，以上諸說和評騭究竟
孰是孰非呢？

　　顏師古注《漢書司馬相如傳》引應劭語曰：「《伊尹書》曰『箕山
之東，青馬之所，有盧橘夏孰』。」[43]又引晉灼語云：「此雖賦上林，
博引異方珍奇，不繫於一也。」西晉文學家摯虞在其〈文章流別論〉
中批評司馬相如〈上林賦〉等「麗靡過美，則與情相悖」（梅鼎祚：
《西晉文紀》卷13）；而《文心雕龍》之〈情采〉、〈誇飾〉二篇，分
別批評〈上林賦〉所列之物是「採濫忽真」、「詭濫愈甚」。綜上所
述，對〈上林賦〉中所云「盧橘夏孰」，筆者試作以下推測：其一，
〈上林賦〉中「盧橘夏孰」之語，似為用典，這類用典在漢賦中可謂
比比皆是；其二，如晉灼所言，賦中所引異域珍奇，大必不可視為上
林苑真正之所集，因為漢賦裏常用這些嘉木異草等物質作為象徵資源
來諷頌京殿囿苑[44]；其三，鋪張揚麗是漢賦常用的修辭技巧，是為
《文心雕龍詮賦》所云的「賦者，鋪也；鋪采摛文，體物寫志也」，

40 徐中舒：《古代四川之文化》，《史學集刊》1940年第1期（1940年）。

41 文煥然：《秦漢時代黃河中下游氣候研究》（北京市：商務印書館，1959年），頁
　　30。並見文煥然等：《中國歷史時期植物與動物變遷研究》（重慶市：重慶出版社，
　　1995年），頁131-132。

42 王子今：《秦漢時期氣候變遷的歷史學考察》，《歷史研究》1995年第2期（1995年）。

43 「馬」字，《說文解字‧木部》作「鼻」，《呂氏春秋‧本味》、《史記‧司馬相如列
　　傳》注引作「鳥」。

44 胡學常：《文學話語與權力話語──漢賦與兩漢政治》（杭州市：浙江人民出版社，
　　2000年），頁131-132。

特別是在鋪寫京師苑囿之弘博氣勢時，賦家總會極盡筆墨鋪陳其山水、草木等等，因此而形成了漢賦「巨麗」、「靡麗」甚至「淫麗」的語言風格，這在司馬相如的賦中表現得最為突出，《文心雕龍》對之也多有批評[45]。上述幾個方面，已為南宋學者程大昌所注意，他在其地理學專著《雍錄》卷九中指出：「相如始而置辭也，包四海而入之苑內，其在賦體，固可命為敷敘矣。而誇張飛動，正是縱臾」。再者，據《漢書司馬相如傳》記載，司馬相如在做〈上林賦〉時就分別明確地設定了其前提和宗旨：「『亡是公』者，亡是人也」，「『子虛』，虛言也」，「『烏有先生』，烏有此事也」；「虛藉此三人為辭，以推天子諸侯之苑囿」，以「明天子之義」。由此可見，《上林賦》中所列「盧橘夏孰」等事，乃託「亡是公」等人之言而進行「推」論的結果，是虛語，並非真的歷史事實。程大昌在《雍錄》卷九也一再強調這個問題：「相如之賦上林也，固嘗明著其指曰：此為亡是公之言也。亡是公者無此人也。夫既本無此人，則凡其所賦之語，何往而不為烏有也」，認為左思「知其烏有而以實錄責之，故所向駁礙也。」

另據《三輔黃圖》卷三：「扶荔宮，在上林苑中。漢武帝元鼎六年（前111年），破南越起扶荔宮（宮以荔枝得名），以植所得奇草異木：……龍眼、荔枝、檳榔、橄欖、千歲子、甘橘皆百餘本。上木，南北異宜，歲時多枯瘁。荔枝自交趾移植百株於庭，無一生者，連年猶移植不息。後數歲，偶一株稍茂，終無華實，帝亦珍惜之。一旦萎死，守吏坐誅者數十人，遂不復蒔矣。其時則歲貢焉，郵傳者疲斃於道，極為生民之患。至後漢安帝時，交趾郡守唐羌極陳其弊，遂罷其貢。」〈南方草木狀〉下云：「千歲子，有藤蔓出土，子在根下，鬚綠色，交加如織。……出交趾。」由是看來：荔枝、柑橘等「異木」本

---

45 阮忠：《漢賦藝術論》（武漢市：華中師範大學出版社，1993年），頁199-212。

皆為亞熱帶作物，非關中所固有，關中所見，基本上是從南方「移植」的；由於「南北異宜」，這些從南方移植而來的植物的生存受到了極大的挑戰和影響，縱然有專人負責養護，且有便利的灌溉條件和極好的宮中禦寒設施[46]，荔枝等還是難以存活，宮中所需荔枝等熱帶果物仍然還要從南方御供。

　　綜上所述，筆者認為〈上林賦〉中所述「盧橘夏孰」，其真實性頗值懷疑，且縱如司馬氏所言，亦係宮廷中人工栽培和精心呵護的產物，不具有普遍性，不足以作為兩漢關中產橘的證據，竺可楨當年在論及秦漢時期的氣候時注意到了這一點，沒有將之而是謹慎地把「江陵千樹橘」作為考察秦漢時期氣候冷暖變遷的依據[47]。

　　文獻中關於歷史時期內柑橘生長之北界的記載，也基本上反映了兩漢時柑橘的分佈狀況。《周禮考工記》曰：「橘逾淮而北為枳」。《晏子春秋內篇》：「橘生淮南則為橘，生於淮北則為枳」。西漢初期的《淮南子原道》曰：「今夫徙樹者，失其陰陽之性，則莫不枯槁。故橘樹之江北則化而為枳」。西漢以前橘之栽培和生長在通常情況下尚以淮河為界，而至西漢初期，橘之栽培北界則南移，以長江為界，說明西漢初時，較之於其前時期則氣溫有所下降，從橘之生長北界看，其氣溫似比現在還低[48]。

---

46 關於秦漢宮中禦寒設施情況，文煥然有考論。具體參見文氏二著：《秦漢時代黃河中下游氣候研究》（北京市：商務印書館，1959年），頁31-32；《中國歷史時期植物與動物變遷研究》（重慶市，重慶出版社，1995年），頁137。

47 對於竺論中把江陵漢代產橘作為西漢溫暖的論據，牟重行有所質疑。詳見牟著：《中國五千年氣候變遷的再考證》（北京市：氣象出版社，1996年），頁21-22。

48 現今柑橘分佈北限，可參見張家誠等：《中國氣候》（上海市：上海科學技術出版社，1985年），頁491-496。

2 水稻、小麥、大豆的種植狀況與兩漢氣候的變化

有學者為文認為，西漢時水稻為黃河流域的主要農產，而在武帝時，國家以行政力量規模地推廣冬小麥種植，「則暗示漢時關中是因氣候變遷，出現了農耕生產由稻而麥的轉換。」並據《氾勝之書》等關於大豆種植技術、《後漢書》等文獻有關行軍作戰糧及災荒年歲賑濟糧中有大豆的記載，認為「『備凶年』的大豆受到重視，似乎可以看作西漢至東漢氣候條件發生若干變化的例證之一。」[49]對於此論，筆者認為值得商榷。

首先，關中地區農業生產在漢時經「由稻而麥的轉換」不盡符合歷史事實。《史記貨殖列傳》:「關中⋯⋯膏壤沃野千里，⋯⋯其民猶有先王之遺風，好稼穡，殖五穀，地重，重為邪。」何謂「五穀」？據鄭玄注《周禮天官》、趙岐注《孟子滕文公上》、王逸注《楚辭大招》等，主要有麻、黍、稷、麥、豆和稻等。據此，關中所「殖五穀」，稻乃其中之一種，並非如言關中西漢時以水稻生產為主，此其一。其二，兩漢時期，關中水稻生產不存在所謂的經「由稻而麥的轉換」。西漢時關中水稻生產如《漢書東方朔傳》、《漢書楊雄傳》所言，當為事實。然而，東漢時水稻作物並沒有從關中退出。東漢末年的《四民月令》中就有關中種植水稻的記載:「（三月）是月也，杏華盛，⋯⋯時雨降，可種秔稻」;「（五月）是月也，可別稻及藍，盡至後二十四止」。「別稻」，就是移栽稻秧，有專家視之為東漢時水稻栽培技術取得的突出成就之一[50]。其三，關中地區乃至整個黃河流域水稻種植的前提或基礎是該地發達的灌溉網路。據《漢書溝洫志》等載，自武帝始，關中就陸續修築了漕渠、龍首渠、六輔渠、白渠、靈

---

49 王子今:〈秦漢時期氣候變遷的歷史學考察〉,《歷史研究》1995年第2期（1995年）。
50 林劍鳴:《秦漢史》（上海市：上海人民出版社，1989年），下冊，頁290。

軹渠等等，這些灌溉管道的修建，使水稻種植所需之水有了保障，如鄭國、白二渠令關中農業用水受益無比，京師之需禾黍仰其所供。但逮東漢末年及其後，「關中地區經軍閥混戰，水利工程遭到嚴重破壞，水稻生產受到影響」，而在十六國前秦時期，由於鄭、白二渠的重修，關中水稻有所恢復[51]，水稻生產從未退出關中。據鄒逸麟研究，漢唐時期關中乃至整個黃河流域的水稻生產興衰，都與水利工程的興建與堙廢有關，某個較短的歷史階段內水稻生產的變化，與氣候冷暖變遷似無多大干係。

其次，西漢中後期以來提倡關中種植麥與大豆，並非氣候向寒冷變化的結果，而與人口壓力、多發的災害和麥、豆「保歲易為」、「備凶年」的作用等因素有關。

眾所週知，西漢草創之初，為解決發展社會經濟所需的勞動力問題，政府採取了諸如強制早婚、獎勵生育、懲罰不嫁、放黜宮女等刺激人口增長的措施，到文景之世時，舉國人口基本上達到了戰國時的數量，「後數世，民咸歸鄉里，戶益息」（《史記高祖功臣侯表》），關中地區人口增長亦當較快；另一方面，出於加強中央集權等考慮，漢初統治者還不斷遷豪於關中，加之以關東地區流民的不斷湧入，「長安諸陵，四方輻湊並至而會，地小人眾」（《史記貨殖列傳》），關中地區人口密度竟高達每平方公里千人，為全國之冠[52]。到武帝時，「酆鎬之間號為土膏，其賈畝一金」（《漢書東方朔傳》）。巨大的人口壓力，使得關中居民所仰之食捉襟見肘，國無蓄積，賈誼、晁錯和董仲舒各自在其上奏漢帝疏中，都曾不同程度地言及西漢公私之積「猶可哀痛」的問題。

---

51 鄒逸麟：〈歷史時期黃河流域水稻生產的地域分佈和環境制約〉，《復旦學報》1985年第3期（1985年）。

52 葛劍雄：《西漢人口地理》（北京市：人民出版社，1986年），頁103。

關中地區在西漢時又是旱、蝗等災害多發區，據筆者統計，西漢建國至漢武帝時，全國共發生了百餘次各類自然災害，其中有相當大的一部分發生在關中地區。災害的多發，勢必影響關中地區的農業生產和糧食產量，供需矛盾突出。為解決人口增多帶來的糧食供應不濟問題，以及抗災、救災、備災之需，西漢政府一方面採取了諸如「弛山澤之禁」，讓利與民等措施；另一方面，改變耕作方式和改進生產技術，提高作物單位面積產量，種植麥、豆乃至稗，以及代田法的出現就是其具體表現。

據《漢書食貨志上》，武帝時，董仲舒上書曰：「《春秋》它穀不書，至於麥禾不成則書之，以此見聖人於五穀最重麥與禾也。今關中俗不好種麥，是歲失《春秋》之所重，而損生民之具也。願陛下幸詔大司農，使關中民益種宿麥，令毋後時。」據顏師古注「宿麥，謂其苗經冬」，董仲舒所言的宿麥，當為冬小麥。實際上政府勸種冬小麥者，並非發軔於西漢，《禮記月令》中就有這一方面的記載：「是月（仲秋之月——引者注）也，……乃勸種麥，毋或失時。其有失時，行罪無疑。」董仲舒上書中稱《春秋》重麥禾亦可明之。中國古代為什麼要勸民種冬小麥呢？鄭玄注〈月令〉說：「麥者，接絕續乏之穀，尤重之。」何謂「乏絕」？孔穎達疏《禮記月令》季春之月「命有司發倉廩，賜貧窮，振乏絕」引蔡氏語曰：「暫無曰乏，不續曰絕」。「乏絕」之際當在春夏青黃不接之時。孔穎達又曰：「前年秋穀，至夏絕盡，後年秋穀未登，麥此時熟，乃接續其乏絕。黍稷百穀不言『勸』，麥獨言『勸』，是尤重之。」農學專家因此指出：「單季分種冬麥，則給予作物生產增加了一層保障，因為冬小麥是秋種夏收，既可以少受春旱影響，更可免夏澇之害。」[53]又，《後漢書安帝

---

53 中國農業科學院中國農業遺產研究室：《中國農學史（初稿）》（北京市：科學出版社，1959年），上冊，頁177。

紀》載安帝永初三年（109年）七月詔曰：「長吏案行在所，皆令種宿麥蔬食，務盡地力」。由此看來，西漢武帝及其後的政府提倡種植冬小麥，並非「與氣候寒溫的變化有關」，而是從冬小麥的種植、生長期無多大災害有較穩的收成，以及「接絕續乏」之作用、「盡地力」等而著眼的。另一方面，在《淮南子》之〈時則〉、〈主術〉中，就分別錄有「勸種宿麥」和「宿麥」播種時間的專門記載，也說明漢代種植冬小麥決非始於武帝。

　　大豆的種植，在中國古代可謂由來已久。傳說中的神農氏在上古教民種植的「百穀」中就有大豆。另據文獻記載，春秋戰國時黃河流域種植大豆亦較普遍。《春秋》定公元年（前509年）：「冬十月，殞霜殺菽。」孔穎達疏：「菽者，大豆之苗。」《詩經小宛》：「中原有菽。」朱熹《詩經集傳小宛》：「菽，大豆也。」《豳風七月》：「七月亨葵及菽。」《戰國策韓一》：「韓地險惡，山居，五穀所生，非麥而豆；民之所食，大抵豆飯藿羹」。其後的《呂氏春秋審時》中又專門討論了節氣與大豆種植的關係，強調種植大豆切不可失時；漢初的《淮南子地形》曰：「北方幽晦不明，天之所閉也，寒水之所積也，……其地宜菽」。據《漢書楊惲傳》載，西漢宣帝時的楊惲在〈報孫會宗書〉中亦言：「田彼南山，蕪穢不治，種一頃豆，落而為萁。」總而言之，黃河流域種植大豆自古至漢亦然，大豆之所以被列為「五穀」之一種，與大豆本身具有很強的適應性所決定的較長的種植時間和收穫有保障等有關。《氾勝之書》：「三月……有雨，高田可種大豆。土和無塊，畝五升；土不和，則益之。種大豆，夏至後二十日，尚可種。戴甲而生，不用深耕。」《四民月令》：二月「可種……大豆」，三月「桑椹赤，可種大豆，謂之上時」，四月「時雨降，可種……大、小豆，……美田欲稀，薄田欲稠。」正因為如斯，人們把大豆和小麥一併視為救荒備災之物。《氾勝之書》曰：「大豆保歲易

為，宜古之所以備凶年也。謹計家口數，種大豆，率人五畝，此田之
本也。」所以，班固在《漢書食貨志》中強調「種穀必雜五種，以備
災害。」顏師古注曰：「歲月有宜，及水旱之利也。種即五穀，謂
黍、稷、麻、麥、豆也。」東漢鄭眾注《周禮稻人》云：「今時謂禾
下麥為夷下麥，言芟刈其禾，於下種麥也。」又注《秋官司寇》「薙
氏」曰：「今俗間謂麥下為夷下，言芟黃其麥，以其下種禾豆也。」

　　兩漢尤其是東漢時諸災頻繁，對農業生產造成了極大的損失，而
麥、豆或由於其耕作時節或由於其自身特質使然，具有較穩的收成，
在兩漢各農作物產量及國家倉儲中所佔的份額似不小，在政府賑災中
起著較突出的作用。《後漢書獻帝紀》載，獻帝興平元年（194年），
「三輔大旱，自四月至於是月（七月——引者注）。……是時穀一斛
五十萬，豆麥一斛二十萬，人相食啖，白骨委積。帝使侍御史侯汶出
太倉米豆，為饑人作糜粥，經日而死者無降。」

　　綜上所述，筆者以為，以黃河流域水稻、小麥和大豆的種植狀況
來反映兩漢氣候經由西漢時溫暖向東漢時寒冷的變遷，恰屬梁啟超所
言的「史料不具或不確」之列，因此，其論雖不能說是「無復史之可
言」，然則頗值商榷之情明矣。

（三）兩漢氣候狀況的再考察

1 農事活動時節與兩漢氣候狀況

　　中國是一個農業古國，在長期的農業生產實踐中，自古就形成了
一套根據一年四季的時節變化來安排農事活動的經驗和做法。因此，
某個歷史時期內的農事活動在一定程度上可以反映出該期的氣候狀況。

　　限於自然條件，水稻在黃河流域的種植雖不普遍，但在漢唐之時

尚有一定的範圍[54]，我們不妨試從兩漢時水稻在黃河流域的種植時間入手，考察兩漢氣候的冷暖狀況。

　　成書於西漢末期、反映當時關中地區農業生產經驗的《氾勝之書》曰：「種稻，春凍解，耕反其土。……冬至後一百一十日可種稻」，「三月種粳稻，四月種秫稻」。冬至在每年陽曆的十二月二十一、二十二日，「冬至後一百一十日」也就是陽曆的四月十日前後。晉崔豹《古今注》卷下：「稻之黏者為秫。」東漢杜篤〈論都賦〉：關中「沃野千里，原隰彌望。保殖五穀，桑麻條暢。……漸澤成川，粳稻陶遂。厥土之膏，畝價一金。」（《後漢書杜篤傳》）可知，兩漢時關中種植的當為粳稻。《本草綱目穀部》：「粳乃穀稻之總名也，有早、中、晚三收。」撇開粳稻「早、中、晚三收」姑且不論，「三月種粳稻」與冬至後一百一十日基本一致，大體上反映了西漢後期及其前的關中水稻種植時間。有學者據此指出：「就春天的溫度而言，西漢後期黃河中下游地區氣候比現代提前了一個物候」[55]，「這或許也可以看作當時氣候較暖的徵象」[56]。

　　成書於東漢時的《四民月令》，反映了公元二世紀黃河流域的農業生產情況。關於水稻，《四民月令》載曰：三月「時雨降，可種秫稻」，五月「可別稻及藍，盡至後二十日止」。《集韻庚韻》：「秔，《說文》：『稻屬。』或作粳。」《本草綱目穀部》：「秔，與粳同。」秔稻即粳稻，五月「別稻」即移栽秧苗。兩漢粳稻種植時間基本上無伯仲叔季之別，進而反映出兩漢時期的氣候在總體說，無大的冷暖變化。

---

54 鄒逸麟：〈歷史時期黃河流域水稻生產的地域分佈和環境制約〉，《復旦學報》1985年第3期（1985年）。

55 鄒逸麟：《黃淮海平原歷史地理》（合肥市：安徽教育出版社，1997年），頁17。

56 王子今：〈秦漢時期氣候變遷的歷史學考察〉，《歷史研究》1995年第2期（1995年）。

　　西漢冬小麥的種植，《淮南子主術》言：「虛中則種宿麥」。虛，北方玄武之宿，八月建酉中見於南方。這和《淮南子時則》中八月「勸種宿麥」的記載是一致的。西漢時的《尚書大傳》亦曰：「秋，昏，虛星中，可以種麥。」然《氾勝之書》：「凡田有六道，麥為首種。種麥得時，無不善。夏至後七十日，可種宿麥。早種則蟲而有節，晚種則穗小而少實。」「夏至後七十日」，相當於陽曆八月三十日左右。此前「早種」麥苗會因氣候較暖「則蟲而有節」，此後「晚種」不利於麥種發芽、麥苗生長、發育，來年小麥「穗小而少實」。

　　據學者研究，西漢時冬小麥播種時間要比現在西安地區冬小麥播種至少提前十天，「西漢冬小麥播種時間偏早的事實，很可能與當時冬寒對麥苗威脅並不嚴重有關。」但是，事實卻恰恰與之相反。據《氾勝之書》所載及農業生產經驗，無論是早種和晚種，都不利於冬小麥的生長、過冬和次年春的產量，西漢冬小麥播種較今提前，恰恰說明西漢的氣候可能較今寒冷，如若溫暖，麥苗瘋長，一則不利於麥苗安全過冬（因為麥苗生長過旺，冷冬會使繁多的苗葉凍死，春季難以恢復或恢復較慢），二則易出現「蟲而有節」的情況。文獻記載也足以表明氾勝之生活的時代在冬季是較為寒冷的，雪霜之降早晚無常（參見《漢書》之〈五行志〉、〈成帝紀〉、〈于定國傳〉等），而兩漢時關於暖冬的記載，也無一次見之於這一段時間。《氾勝之書》中還有一段談及冬小麥因「天旱無雨澤」時播種辦法的文字：「當種麥，若天旱無雨澤，則薄漬麥種以酢漿並蠶矢；夜半漬，向晨速投之，令與白露俱下。酢漿令麥耐旱，蠶矢令麥忍寒。」「當種麥」乃八月或「夏至後七十日」即八月三十日前後，「白露」當為秋露，今陝西楊陵地區進入初秋時節的平均日期是九月十四日，多年變幅天數為五；

西安地區則是九月十九日，多年變幅天數為七[57]。從這一角度看，西漢時的氣候似較現在略為寒冷。

又據《四民月令》：「凡種大、小麥：得白露節，可種薄田；秋分，種中田；後十日，種美田。」東漢時小麥播種從九月七日或八日至十月三日或四日皆可，平均日期為九月二十一日左右，比西漢八月三十日前後大為推遲，反映了東漢時氣候較西漢溫暖的歷史事實。

至於兩漢時其它作物如粟、黍、大豆、麻、麻子、瓜、瓠、芋等種植時間的安排，《氾勝之書》、《四民月令》及其它文獻如《淮南子》等都有記載，為節約篇幅，筆者茲以表5-1來說明這種情況。

表5-1　兩漢時期某些農作物農事活動時節早晚及其反映的氣候狀況對照

作物名稱	主要文獻及其所代表的時期			兩漢時節早晚比較	氣候狀況	備註
	《氾勝之書》（西漢）	《四民月令》（東漢）	其它			
禾	種禾無期，因地為時。三月榆莢時雨，高地強土可種禾。	二月、三月可種植禾。	《說文解字》：禾，嘉穀也。二月始生，八月而孰，得時之中故謂之禾。	東漢早	東漢暖	漢代粟稱禾。齊民要術》：二月上旬為上時，三月上旬及清明節、桃始花為中時，四月上旬為下時。

57 參見查振道等：〈陝西省楊陵地區物候季節的劃分和自然歷〉，宛敏渭：《中國自然歷續編》（北京市：科學出版社，1987年）；韓濤等：〈陝西省西安地區的四季劃分與自然歷（1963-1982年）〉，宛敏渭：《中國自然歷選編》（北京市：科學出版社，1987年）。

作物名稱	主要文獻及其所代表的時期			兩漢時節早晚比較	氣候狀況	備註
	《氾勝之書》（西漢）	《四民月令》（東漢）	其它			
黍	黍者暑也，種者必待暑。先夏至二十日（即6月1日或2日），此時有雨，強土可種黍。	四月蠶入簇，時雨降，可種黍禾，謂之上時。夏至先後各二日，可種黍。	《尚書考靈曜》：夏火星昏中（即四月），可以種黍。	東漢早	東漢暖	《齊民要術》：三月上旬為上時，四月中旬為中時，五月上旬為下時。非夏者，大率以椹赤為候。
大豆	三月榆莢時，有雨，高田可種大豆。種大豆，夏至後二十日，尚可種。	二月可種大豆。三月，杏花盛，桑椹赤，可種大豆，謂之上時。四月，時雨降，可種大、小豆。二月，榆莢成。三月，榆莢落。		東漢早	東漢暖	《齊民要術》：二月中旬為上時，三月上旬為中時，四月上旬為下時。歲宜晚者，五、六月亦得。
麻	夏至後二十日漚枲，枲和如絲。	夏至先後各五日，可種牡麻。		西漢早	西漢暖	《齊民要術》：夏至前十日為上時，至日為中時，至後十日為下時。
麻子	二月下旬，三月上旬，傍雨種之。	二月、三月，可種苴麻。		差不多	差不多	《齊民要術》：三、四、五月種者分別為上、中、下時。

作物名稱	主要文獻及其所代表的時期			兩漢時節早晚比較	氣候狀況	備註
	《氾勝之書》（西漢）	《四民月令》（東漢）	其它			
瓜	常以冬至後九十日、百日（3月22或23日、4月2或3日），得戊辰日種之。	正月，可種瓜。種瓜宜用戊辰日。三月三日可種瓜。		東漢早	東漢暖	《齊民要術》：二月上旬、三月上旬、四月上旬種者分別為上、中、下時，五、六月種晚瓜。
瓠	以三月耕良田十畝（種瓠）。八月微霜下，收取。	正月，可種瓠。（六月）大暑中伏後，可畜瓠。八月，可斷瓠作蓄。		東漢早	東漢暖	
芋	二月注雨，可種芋。	正月，可種芋。		東漢早	東漢暖	

　　表5-1中所反映的兩漢粟、黍、大豆、麻、麻子和瓜、瓠、芋等農作物種植時間的情況變動，固然和降水特別是春雨的早晚有極大的關係，但氣溫的高低在其間所起的作用也是不可忽視的要素，若將之與前文對水稻、冬小麥種植時間的粗略考察相結合，我們不難看出，東漢時的氣候總體上說似較西漢溫暖。

2 物候與兩漢氣候狀況

　　物候指的是動植物或非生物受氣候和外界環境因素的影響而出現的季節變化現象。如植物的萌芽、開花、結實，動物的蟄眠、始鳴、繁育、遷徙等等；非生物現象有始霜、始雪、初冰、解凍等等。

　　春季解凍時間及始耕的早晚，是一年春季暖寒的標誌。《淮南子
時則》曰正月「東風解凍，蟄蟲始振蘇」，與《禮記月令》正月「東
風解凍，蟄蟲始振」之時一致。《氾勝之書》載：「春候地氣始通：椓
橛木，長尺二寸；埋尺見其二寸。立春後，土塊散，上沒橛，陳根可
拔。二十日以後，和氣去，即土剛。以時耕，一而當四；和氣去，四
不當一」。《四民月令》曰：正月「雨水中，地氣上騰，土長冒橛，陳
根可拔，急菑強土黑壚之田。」西漢解凍在立春之後，始耕時間要在
陽曆二月二十四日或二十五日以前；東漢時解凍在雨水即陽曆二月十
九日或二十日前後，春始耕隨即而進行。從解凍時間看，西漢略早，
而東漢略遲，西漢比東漢要為溫暖；但從始耕時間看，有學者指出，
戰國至西漢初年的氣候要比現代寒冷[58]。又《淮南子時則》，西漢初十
月「水始冰，地始凍，……天子始裘」，十一月「冰益壯，地始坼」，
至次年正月「東風解凍，……天子衣青衣」，其冰期三個多月；《四民
月令》十月時百姓「先冰凍作涼饊，煮暴飴」，十一月「陰陽
爭，……研水凍」至次年正月「研凍釋」、二月「陰凍畢澤」，冰期時
間亦為三個多月。二者相比較，冰凍時間長短無大分別，西漢初期冰
凍與冰解時間均早於東漢，似可說明西漢初期冬季冷得早，春季也暖
得早；東漢則冬季冷得晚，而春季則較冷，暖得晚。這和以上分析亦
基本一致。

　　榆莢是榆樹的果實，亦稱榆錢，既可用作釀酒，亦可用作製醬，
乃至救荒度饑。因此，古代將之並列為「齊民要術」之範圍，古代農
書如《氾勝之書》、《四民月令》等對之皆有載。《氾勝之書》：「三月
榆莢時雨，高地強土可種禾」，「三月榆莢時，有雨，高田可種大
豆」。《四民月令》「二月」：「是月也，榆莢成。及青收，乾以為旨

58　鄒逸麟：《黃淮海平原歷史地理》（合肥市：安徽教育出版社，1997年），頁16。

蓄；色變白，將落，可收為。隨節早晏，勿失其適」；又「三月」：
「是月也，榆莢落」。榆莢之出與落，「隨節早晏」而有所不同，西漢
榆莢三月出，東漢則在二月「榆莢成」，三月「榆莢落」，東漢時節竟
比西漢幾早一個月，說明東漢時要較西漢溫暖。今天西安地區榆樹始
花在陽曆三月五日前後[59]，西漢時榆莢三月出，要比現在晚一個月左
右，說明西漢的氣候要比現在寒冷，而東漢則差不多。

　　《淮南子時則》：六月「涼風始至，蟋蟀居奧」；七月「涼風至，
白露降，寒蟬鳴」；八月「候燕來，玄鳥歸」；九月「菊有黃華，……
是月也，霜始降，百工休。」如果「七月涼風不至」，「九月不下
霜」，皆為失時。《氾勝之書》：「稙禾，夏至後八十、九十日，……天
有霜若白露下，以平明時，令兩人持長索相對，……去霜露，日出乃
止。」「夏至後七十日，可種宿麥」，「當種麥，若天旱無雨澤，則薄
漬麥種以酢漿並蠶矢；夜半漬，向晨速投之，令與白露俱下。」又
「八月微霜下，收取（瓠）」。《四民月令》：八月「暑小退，……涼風
戒寒，趣練縑帛，……及韋履賤好，買，以備隆冬栗烈之寒」，「凡種
大、小麥：得白露節」，「得涼燥」；九月「九日可採菊華，收枳實」。

　　據《詩經七月》，蟋蟀在春秋末年是「七月在野，八月在宇，九
月在戶，十月蟋蟀入我床下」。《淮南子》中六月「蟋蟀居奧」（奧，
或作壁）說明西漢初寒冷時節要比春秋末早，較之於今天陝西[60]，說

---

59 龔高法等：《歷史時期氣候變化研究方法》（北京市：科學出版社，1983年），頁
　　157。

60 楊陵地區蟋蟀活動情況也為早楊陵地區蟋蟀始鳴平均日期為七月十四日前後，終鳴
　　日期為九月二十五日前後，計約七十一天。參見查振道等：〈陝西省楊陵地區物候
　　季節的劃分和自然曆〉，收入宛敏渭：《中國自然曆續編》（北京市：科學出版社，
　　1987年）。按《詩》在野、在宇、在戶、入床下四程序，每一程序歷時約十八天，
　　則楊陵地區蟋蟀在宇日期當為八月一日至八月十九日前後，比西漢初「蟋蟀居奧」
　　要晚。

明西漢初氣候要比現在寒冷。以往研究者注意到了《淮南子》六月
「蟋蟀居奧」與《詩》「七月在野」之別，但沒有注意到其中之因，
而簡單地把《淮南子》所載定性為「不與經合」[61]。《淮南子》時代
「涼風始至」為陰曆六月，《四民月令》載「涼風戒寒」乃陰曆八
月，白露節方「得涼燥」，秋季西漢初期比東漢涼得早；西漢初寒蟬
七月鳴，寒蟬初鳴日與終鳴日的平均氣溫分別為25.5℃和19.9℃[62]，二
者平均為22.7℃，這一溫度與今天西安八月份的平均氣溫相當[63]，似
乎西漢初的氣溫又與今相當。

　　初霜與終霜、初雪與終雪的時間，是氣候冷暖的重要標誌。《淮
南子時則》載西漢初七月白露降，九月「霜始降」於菊花黃時，而五
月下霜則為不正常，五月以前或為正常；西漢中後期則霜降於夏至後
八九十日即今九月十一一二十二日前後；東漢時也大致在「可採菊
華」的九月降霜。三個時期相比較，西漢初、東漢時降霜稍晚，但西
漢初終霜或較晚，西漢中後期則較早些。兩漢文獻記載中關於這一時
期的真正降霜情況又是怎樣一番具體情形呢？

　　據筆者統計，兩漢時明確記載的異常之霜即霜降災害有十二次，
這十二次霜災多發生在春（甚至夏）季和秋季，較為突出者有：武帝
時期一次（元光四年夏四月，即前131年5月21日至6月18日間），元帝
永光元年（前43年）三月（4月8日至5月6日間）、九月二日（10月3
日）各一次，王莽時四次，東漢光武帝和明帝（永平元年六月乙卯即
58年8月8日）時各一次。現在西安平均初霜期為十月二十日，平均終
霜期為三月二十九日；洛陽平均初霜、終霜日期分別為十一月三日和

---

61 劉文典：《淮南鴻烈集解‧時則訓》（北京市：中華書局，1989年）。

62 龔高法等：《歷史時期氣候變化研究方法》（北京市：科學出版社，1983年），頁140。

63 參見西北師範學院地理系等：《中國自然地理圖集》（台州市：地圖出版社，1984
年），頁68。

三月十四日[64]。西漢時及王莽時期發生的幾次霜災，其降霜時間均大大地突破了現今西安初、終霜的平均日期；而東漢明帝永平元年的六月降霜，較現在洛陽初霜日期竟提前近三個月。特別是元帝以後至明帝這段百年的時間，為兩漢初、終霜極端時期，其中明帝永平元年的初霜，還創下了迄今為止河南省歷史上最早初霜的記錄[65]。

　　降雪的初、終期，兩漢文獻不曾見之，但多有雪災記載（見表5-2）。表5-2所列雪災，除前一○四年、前八十九—前八十八年、前七十二年等雪災發生於今新疆地區外，其它諸災皆發生於今黃河流域，尤其是西安和洛陽地區。筆者根據今黃河流域西安、鄭州、洛陽三地平均初、終雪日期[66]，計算出黃河中下游地區平均初、終雪日期分別為十一月二十五日和三月七日。古今對比，西漢初期（文景之時和漢武帝前期）終雪日期特別滯後，竟在夏季還有「大雨雪」出現，河南省歷史上最晚的終雪就是出現在武帝元鼎三年四月（前114年5月13日—6月12日間）「雨雪」[67]，但這與文帝前元四年六月（前176年7月6日—8月3日間）的「大雨雪」相比，仍不算最晚。而這種降雨初、終期異常的現象在東漢則相對較少。由此可以說，西漢初期文帝始的百餘年時間，春、夏氣候趨於寒冷，而東漢則相對較暖。

64　文煥然：《秦漢時代黃河中下游氣候研究》（北京市：商務印書館，1959年），頁9。

65　王邨：《中原地區歷史旱澇氣候研究和預測》（北京市：氣象出版社，1992年），頁20。

66　文煥然：《秦漢時代黃河中下游氣候研究》（北京市：商務印書館，1959年），頁13。

67　王邨：《中原地區歷史旱澇氣候研究和預測》（北京市：氣象出版社，1992年），頁20。

表5-2　兩漢時期雪災發生時間

時間（年）	前176－前127	前126－前77	前76－前27	前26－24	25－74	75－124	125－220
次　數	7次	6次	5次	2次	2次	1次	0
具體發生年代（括弧內中文數字為雪災發生的陰曆月份）	前176（六）、前157、前155（六）、前144（三）	前122（十二）、前115（三）、前114（四）、前109、前104（冬）、前89－前88	前72、前43（三）、前37（十一）、前35（三）、前29（四）	前21（四）、16（二）	26（十）、71	76（一）	0

　　上述氣候狀況從西漢初與西漢後期的二十四節氣的某些變化中也可得到反映。二十四節氣雖然最後確定於秦漢之際，然而其中的某些節氣在西周時已出現，如《禮記月令》中就有「雨水」等節氣之名，但不全面；最早全載二十四節氣之名的文獻，當為《淮南子天文》，且節氣順序與現在通行的節氣完全一致。但劉文典在探及《淮南子天文》中「雨水－驚蟄」、「清明－穀雨」節氣順序時，於其《淮南鴻烈集解天文訓》中指出：漢初「驚蟄本在雨水前，穀雨本在清明前。今本驚蟄在雨水後，穀雨在清明後者，後人以今之節氣改之也。」並論之云：

　　《漢書律曆志》曰：「諏訾中驚蟄，今日雨水；降婁初雨水，今日驚蟄；大樑初穀雨，今日清明；中清明，今日穀雨。」是漢初驚蟄在雨水前，穀雨在清明前也。桓五年《左傳正義》引《釋例》曰：「漢太初以後更改氣名，以雨水為正月中，驚蟄為二月節。」《月令正義》引劉韻《三統曆》：「雨水正月中，驚蟄二月節。」又引《易通卦驗》：「清明三月節，穀雨三月

中。」《藝文類聚歲時部上》引《孝經緯》曰：「斗指寅為雨水，指甲為驚蟄，指乙為清明，指辰為穀雨。」三書皆出太初以後，故氣名更改，不應淮南王書先已如是，其為後人所改明矣。《日知錄》謂《淮南子》已先雨水後驚蟄，失之。

　　對於劉文典所云，筆者認為不盡然。漢初驚蟄與雨水二節氣孰先孰後的問題，筆者認為《淮南子天文》所記當為事實，無虛誤。

　　何謂「驚蟄」？《月令七十二候集解》曰：「萬物出乎震，震為雷，故曰驚蟄，是蟄蟲驚而出走矣。」《禮記月令》載，孟春之月「蟄蟲始振」，鄭玄注之以為驚蟄節氣。《淮南子時則》亦載孟春之月「蟄蟲始振蘇」，《四民月令》亦為正月「蟄蟲啟戶」。「萬物出乎震，震為雷」。那麼《禮記》、《淮南子》和《四民月令》時代的春雷究竟始發於何時或是否在正月就有了呢？《禮記月令》曰：「是月（二月——引者注）也，……雷乃發聲，始電，蟄蟲咸動，啟戶始出」；《淮南子天文》將「二月雷不發」列為異常之物象；《四民月令》曰二月「雷且發聲」。這樣就有以下問題有待作出合理的解釋：其一，《禮記》、《淮南子》、《四民月令》所載蟄蟲始動於正月，為何釋前二者所錄為驚蟄之徵象，在雨水前，而無視後者所記，不將其載「蟄蟲啟戶」視為驚蟄之徵象？其二，三文獻明載蟄蟲在春二月的雷聲中「咸動，啟戶始出」（從《四民月令》正月「蟄蟲啟戶」看，其節氣似比《禮記》、《淮南子》時節氣要早），可謂典型的「驚蟄」物象。而正月蟄蟲之動，當為蘇醒，不是「驚而出走」。由上而知，西漢初驚蟄節氣在二月則無疑。

　　退一步說，即使西漢初「驚蟄—雨水」、「穀雨—清明」的前後順序誠如論者所言，那它又是如何而來的呢？《漢書律曆志上》所載或可說明之。據《漢書律曆志》，「歷數之起上矣」，《逸周書時則》、《禮

記月令》中就有了二十四節氣中的某些節氣名，這些皆為漢初所沿用。漢武帝時，司馬遷等認為「歷紀壞廢」，武帝命御史「建氣物分數」[68]，成《太初曆》，該歷首次將二十四節氣訂入曆法中。《太初曆》實行僅二十七年，在昭帝元鳳三年（前78年），太史令張壽王就指出了該曆與「陰陽不調」的情況，但張壽王卻把「陰陽不調」的原因歸結為「更歷之過也」。半個多世紀後，「至孝成世，劉向總六曆，列是非，作《五紀論》。向子（劉）歆究其微眇，作《三統曆》」。現今「雨水─驚蟄」順序，劉文典以為改於《太初曆》，而孔穎達則認為西漢末年劉歆作《三統書》方改「雨水為正月中」、「驚蟄為二月節」[69]。筆者以孔穎達說為然。那麼，西漢為什麼要一而再、再而三地修訂曆法呢？筆者認為，除了所謂的「正朔」等政治原因外，最重要的一點恐怕就是所用曆法與當時的時令不同步。前已述及，西漢初所用曆法，乃上古之法；武帝太初年間所訂《太初曆》，為漢代初修曆法，其中陳襲以往曆法之處定會不少，不足以完全反映當時的時節變化；經過長期觀察和實踐，到成帝時，再次修訂曆法時機成熟，先是劉向「總六曆，列是非」，後經劉歆「究其微眇」，《三統曆》因此而生。所以，縱然西漢初二十四節氣之「驚蟄─雨水」、「穀雨─清明」的順序與現今這些節氣順序不一，仍不能夠充分地說明西漢初溫暖，因為它是沿襲其前歷史時期傳統的產物。而西漢曆法的幾次修訂，正是一個適應、反映當時物候變化的過程，並非一蹴而就，而是經過長期實踐的結晶，現今「雨水─驚蟄」、「清明─穀雨」節氣順序在西漢後期的正式形成，恰恰反映了其前歷史氣候的變化狀況，說明

---

68 孟康曰：「氣，二十四氣也」。

69 孔疏《禮記・月令》：「漢始亦以驚蟄為正月中者，以漢之時立春為正月節，驚蟄為正月中氣，雨水為二月節，春分為二月中氣。至前漢之末，以雨水為正月中，驚蟄為二月節，故《律曆志》云正月立春節、雨水中，二月驚蟄節、春分中。是前漢之末，劉歆作《三統曆》，改驚蟄為二月節」。

西漢前期氣候經歷了一個由春秋戰國時較為溫暖到相對較為寒冷的變
化過程。

3 兩漢時期乾濕狀況的歷史學考察

衡量某個時期或地區的氣候，乾濕狀況是一個不可忽視的重要指
標。在有關兩漢時期氣候研究成果中，除文煥然的《秦漢時代黃河中
下游氣候研究》曾從乾濕的角度對之進行過一定的探討外，其餘皆忽
略了乾濕這一氣候要素。

對歷史時期乾濕狀況的研究，首先要對歷史旱澇資料進行參數化
處理。目前，歷史旱澇資料參數化的方法一般有比值法、濕潤指數
法、差值法和旱澇等級法等[70]。其中的濕潤指數法是一個地區在某個
特定時間內水災次數與該地區同期內水、旱災總次數的比值法，用公
式表示即為：

$$I=（F×2）/（F+D）$$

式中I為濕潤指數，其變化介於〇到二之間；F為某地區特定時間內的
水災次數；D為相應的旱災次數。在水、旱災次數相等的年份（包括
水旱皆無記載的年份）則I為七[71]。此處探討兩漢乾濕狀況時，採用的
就是濕潤指數法。

據筆者對兩漢時期的災害研究統計，兩漢時水災一〇八次，旱災
一一二次，總的說來，水、旱災無多少區別，但在某些階段，則有一
定的差別。茲據有關文獻的記載，運用濕潤指數法，把兩漢乾濕狀況
列如表5-3。

---

70 龔高法等：《歷史時期氣候變化研究方法》（北京市：科學出版社，1983年），頁46。
71 鄭斯中等：〈我國東南地區近兩千年氣候濕潤狀況的變化〉，收入中央氣象局研究
　　所：《氣候變遷和超長期預報文集》（北京市：科學出版社，1977年）。

表5-3　兩漢時期乾濕狀況統計

時間階段	前206—前186年	前185—前148年	前147—前71年	前70—前33年	前32—65年	66—97年	98—145年	146—220年
濕潤指數	/	1.5	0.6	1.4	1.1	0.2	1.0	1.3
乾濕狀況	均勻	相對濕潤	乾旱	均勻	乾濕不均	絕對乾旱	乾濕不均	濕潤階段

　　由於歷史距今久遠、文獻記載闕略等因素掣肘，我們不可能準確地勾勒出兩漢時期的乾濕真實情狀，但其基本狀況——若干乾濕相間——的大略於此得到了反映：

　　其一，公元前二〇六年—前一八六年，計二十一年，有旱災二次，且相對較為集中（前193年、前190年），無水災發生，旱災發生比例亦較低，總體上說是乾濕較為均勻階段。

　　其二，公元前一八五年—前一四八年，計三十八年，旱災四次（前177年、前171年、前158年、前158年），水災八次（前185年、前184年、前180年、前179年、前175年、前168年、前161年、前151年），濕潤指數為一點五，為相對濕潤階段。四次旱災或為災頗廣，二次為全國性的即「天下旱」；或程度深重，三次為「大旱」。八次水災中，南方地區長江、漢水流域二次，黃河決溢一次，其餘則發生在今陝西、河南等地。

　　其三，公元前一四七年—前七十一年，計七十七年，旱災二十一次，水災九次，濕潤指數為〇點六，屬於較為乾旱階段。二十一次旱災中，除有二次發生於今西北地方（前141年、前71年）外，其它皆不詳。而水災則以黃河流域為主，計有六次，其中的三次為黃河決溢，江南地區僅一次。武帝在位期間共有旱災十四次、水災六次，旱災是水災的二倍多。

其四，公元前七十年—前三十三年，計三十八年，旱災三次（前61年、前46年、前37年），水災七次（前48年、前48年、前47年、前41、前39年、前39年、前35年），濕潤指數為一點四，但二災發生概率較小，可視為風調雨順階段。旱災地域不詳。水災中，海水致災（前48年）和黃河決溢（前39年）各一次，區域上以黃河流域為主。

其五，公元前三十二年—公元六十五年，計九十七年，旱災二十三次，水災三十次，雖然濕潤指數為一點一，但由於水、旱災在本階段內發生的比例稍高，因此本階段為乾濕不均階段。旱災中有二次（前27年和王莽時期）文獻明載其發生於南方地區（西南和荊揚諸地），其餘或多為黃河流域，並且為「大旱」或「久旱」之災者有十餘次。三十次水災中，有二十次發生於黃河流域，其中黃河決溢六次（前29年、前27年、前17年、前7年、平帝元始年間、11年）。

其六，公元六十六年—九十七年，計三十二年，旱災十九次，水災二次（83年、89年），濕潤指數為○點二，屬於絕對乾旱階段。十九次旱災中，黃河流域幾占一半（8次），而二次水災殃及區域均為數個郡國。

其七，公元九十八年——一四五年，計四十八年，旱災二十六次，水災二十五次，濕潤指數雖約為一點○，但由於二災較為頻繁，且其間存有如一三六——一四四年期間少有水、旱災害發生的階段，因此該階段為水、旱災多發的乾濕不均階段。本階段災害在地域上仍以黃河流域為多，水、旱災各為十三次，其中黃河決溢二次，水災以「雨水型」居多，且範圍廣泛，在十郡以上者有十餘次。

其八，公元一四六年—二二○年，計七十五年，旱災十四次，水災二十七次，濕潤指數為一點三，屬於濕潤階段。旱、水災皆以黃河流域為多，旱災為四次，水災則達十八次。

從統計中可以看出，兩漢時期乾濕相間的特徵比較明顯，這種若

干個乾濕階段相間的統計結果與王錚等的研究結論基本一致[72]，和中
原地區同一歷史階段年降水量變化分析成果[73]相比較，二者大體上也
無甚出入，並與中國東南地區同期乾濕階段性的變化[74]亦具有顯著的
同步性。但就地區而言，兩漢時似不存在南澇北旱的現象，一般是南
旱時北澇或南澇時北旱，且有時南北並澇或並旱，溯其源，乃中國季
風氣候使然[75]。據滿志敏等研究，江淮地區在公元前三十年至公元八
十年為偏旱期，八十年至一八〇年為偏澇期，一八〇年至二三〇年為
偏旱期；與之相對應，華北地區在公元前三十年至公元八十年為偏澇
期，八十年至一四〇年為偏旱期，一四〇年至二〇〇年為偏澇期，二
〇〇年至二八〇年為偏旱期[76]。

(四) 結語

綜上所論，就以往關於秦漢時期氣候狀況的研究而言，由於論者
所依論據不妥，其結論有待商榷。

首先，歷史時期黃河流域的竹子分佈無甚大的變化，縱在兩漢時
期也僅存在具體分佈區域的細微之別，加之竹子種類繁多，生態習性
各異，且歷史文獻對秦漢時期黃河流域竹子的眾多生態特徵的記載過
於籠統和簡略，從中無法找到歷史氣候變遷的關鍵性限定因素，因

---

72 張丕遠：《中國歷史氣候變化》（濟南市：山東科學技術出版社，1996年），頁311。

73 王邨：《中原地區歷史旱澇氣候研究和預測》（北京市：氣象出版社，1992年），頁
75。

74 鄭斯中等：〈我國東南地區近兩千年氣候濕潤狀況的變化〉，收入中央氣象局研究
所：《氣候變遷和超長期預報文集》（北京市：科學出版社，1977年）。

75 據專家研究，中國季風氣候形成已有二百餘萬年之久，具體參見李斌：〈我國科學
家在世界上率先提出我國氣候格局260萬年前「大勢已定」〉，《光明日報》2001年6
月4日。

76 張丕遠：《中國歷史氣候變化》（濟南市：山東科學技術出版社，1996年），頁231-
233。

此，以往研究以竹子作為考察氣候變遷的參照物顯然失於審慎。

其次，柑橘對氣候的變動十分敏感，可以作為歷史氣候變遷的佐證。但有些研究忽視《考工記》中「橘逾淮而枳」和《淮南子原道》中關於「橘樹之江北則化而為枳」的記載，以及柑橘在歷史時期內仍以江南地區為其主要分佈地域和黃河流域柑橘為人工特別培植的產物的事實，片面地強調柑橘在黃河流域局部地點的分佈情況，從而使得其關於該期氣候變遷的結論失卻其真實性。

最後，某一區域一定時期內水稻種植的變化，據學者研究，其前提條件是水利設施的興堙。而氣候的變化是極其細微和漫長的，短時期內的氣候變化不可能立即導致種植制度的變化。縱若存在所謂的關中從漢武帝時「農耕生產由稻而麥的轉換」的情況，也只能說明氣候的變遷始於西漢初期，因為氣候的變遷與種植制度的變化間的前後因果關係的建立是尚需一個較長的時間過程，並非一蹴而就。再則從漢到唐，黃河流域水稻的種植不曾有很大的變化。大豆的種植也基本如是，而且漢政府提倡關中種植大豆和小麥，迫於人口的壓力、頻發的災害和基於「盡地力」的考慮，以及與麥、豆「保歲易為」、「備凶年」的作用等因素息息相關。由於以往研究者忽視了上述問題，而不當地將上列因素作為秦漢時期氣候變遷的研究論據，從而導致其相關的研究結論失卻依據而具有不可克服的缺憾。

綜上，我們認為：首先，在乾濕方面，兩漢時期的氣候呈現出若干乾濕階段相間的變化，這種相間特徵與有關研究結論具有較好的一致性。其次，在氣溫變動方面，與西漢以前的春秋時期相比，從柑橘分佈之北界限看，《淮南子》時代的氣溫無疑要比其前低；與今相比，總的差別不大，細微之處在於具體的變動幅度上；前、後漢相比，西漢較冷，東漢較暖，但中間也有一定的波動。具體地說，西漢初期百餘年的時間寒冷，特別是在夏季，寒冷事件屢有發生；西漢中

期及其後稍暖，然持續時間不長，公元初年氣候又轉冷，直至東漢明帝前後；東漢中後期氣候又趨暖，春、夏季溫濕，但個別冬季較為乾冷；東漢末年，氣候又急劇轉冷。兩漢這種氣候冷暖波動變化情狀，除了從匈奴貴族對中原的侵襲時間和頻度等社會事件上得到一定的反映外，亦可從《後漢書五行志二》所載的關於〈五行志〉記載重點之分工的說明和兩《漢書》之〈五行志〉的相關記載中得到印證。

《後漢書五行志二》曰：「庶徵之恒燠，《漢書》以冬溫應之。中興以來，亦有冬溫，而記不錄云」。這一〈五行志〉記載重點之區別表明，西漢和東漢的氣候冷暖狀況是有所不同的。

一般而言，〈五行志〉所載當為異常的自然現象，否則就沒有載之的必要了。《漢書》將「冬溫」作為異常載入〈五行志〉，可見西漢冬季的氣候總的說來是較為寒冷的。《漢書五行志中之下》中所載的雪、霜、凍等事件正好說明了這一點：「文帝四年（前176年）六月，大雨雪」；「景帝中六年（前144年）三月，雨雪」；「武帝元光四年（前131年）四月，隕霜殺草木」，「元狩元年（前122年）十二月，大雨雪，民多凍死」，「元鼎二年（前115年）三月，雪，平地厚五尺」，「元鼎三年（前114年）三月水冰，四月雨雪，關東十餘郡人相食」；「元帝永光元年（前43年）三月，隕霜殺桑；九月二日，隕霜殺稼，天下大饑」，「建昭二年（前37年）十一月，齊楚地大雪，深五尺」，「建昭四年（前35年）三月，雨雪，燕多死」；成帝「陽朔四年（前21年）四月，雨雪，燕雀死」。而東漢時雖「亦有冬溫」，但在當時似習以為常「而記不錄雲」，因此《後漢書五行志》與《漢書五行志》所記的重心相異，而將重點放在「庶徵之恒寒」上，說明東漢時的氣候總的說來是較為溫暖的。該志所記「恒寒」事例僅有三則且相對集中於東漢後期，亦可說明這一點：「桓帝延熹九年（166年），洛陽城

局竹柏葉有傷者」[77]據；「靈帝光和六年（183年）冬，大寒，北海、東萊、琅邪井中冰厚尺餘」；「獻帝初平四年（193年）六月，寒風如冬時」。

冬雷之有無，或可作為衡量冬季氣溫高低的一項指標[78]。《後漢書五行志三》有十六則雷發的記錄，其中有十二則發生的時間為冬十月以後，具體為：和帝元興元年（105年）冬十一月壬午，郡國四冬雷；安帝永初六年（112年）十月丙戌，郡六冬雷。七年十月戊子，郡國三冬雷。元初元年（114年）十月癸巳，郡國三冬雷。三年十月辛亥，汝南、樂浪冬雷。四年十月辛酉，郡國五冬雷。六年十月丙子，郡國五冬雷。永寧元年（120年）十月，郡國七冬雷。建光元年（121年）十月，郡國七冬雷；安帝延光四年（125年），郡國四十九冬雷；靈帝熹平六年（177年）冬十月，東萊冬雷。中平四年（187年）十二月晦，雨水，大雷電，雹。十二則冬雷記載中，安帝時期佔了九則。由此可知，安帝時的冬季較暖。因此，兩《漢書》之《五行志》有關該期氣候冷暖變動的記載，也基本印證了筆者上述兩漢時氣候狀況的相關結論。

二　戰國秦漢時期長江中游地區氣候狀況研究

（一）導言

氣候作為自然環境的一重要因素，與人類文明發展關係甚密。研究人類文明發展史和生態變遷史，歷史時期的氣候狀況是其一主要方

---

77 《後漢書》之〈桓帝紀〉、〈寇榮傳〉、〈襄楷傳〉及其注引《續漢志》等，以及謝承《後漢書》卷四，此次竹柏葉傷乃寒霜使然，故視該年有寒冷事件發生。

78 學界已有相關研究成果問世，如王寶貫：〈過去二千二百年來中國冬雷與氣候變遷的關係〉，《思與言》1981年第4期（1981年）等。

面和內容。一九二〇年代以來，蒙文通、竺可楨、胡厚宣、文煥然等就曾對歷史時期的氣候變遷狀況作了相當傑出的探討。諸學者的開拓性工作，為後來學界的進一步研究提供了重要基礎和線索。嗣後，地理、地質、氣象和歷史學界對歷史時期的氣候狀況展開了更為廣泛、深入的研究[79]。

相關研究中，就其影響而言，執牛耳者無疑為竺可楨之成果。具體到戰國秦漢時期，竺氏認為：春秋戰國時期氣候溫暖，秦和西漢繼續溫和；到東漢時代即公元之初，氣候有趨寒之勢，但為時不長，魏晉時期的氣候則比現在寒冷。然從竺文所附「五千年來中國溫度變遷圖」來看，戰國秦漢時期，氣溫總體呈下降之勢，降溫過程由兩個階段構成：一是從戰國前就已開始的氣候波動，氣溫由原來約高於現今的2℃（戰國初期的氣溫約高於今1.5℃）下降到戰國末期的僅高於今

---

79 蒙文通：〈中國古代北方氣候方略〉，《史學雜誌》1920年第3、4期合刊（1920年）。竺可楨：〈中國歷史上之氣候變遷〉，《東方雜誌》1925年第3號（1925年）；〈中國近五千年來氣候變遷的初步研究〉，《考古學報》1972年第1期（1972年）。另見《竺可楨文集》（北京市：科學出版社，1979年版）。胡厚宣：〈氣候變遷與殷代氣候之檢討〉，《中國文化研究彙刊》第4卷（1933年），上冊。文煥然：《秦漢時代黃河中下游氣候研究》（北京市：商務印書館，1959年）；文煥然等：《中國歷史時期冬半年氣候冷暖變遷》（北京市：科學出版社，1996年）。施雅風：《中國全新世大暖期氣候與環境》（北京市：海洋出版社，1992年）。楊懷仁等：《長江中下游環境變遷與地生態系統》（南京市：河海大學出版社，1995年）。張丕遠：《中國歷史氣候變化》（濟南市：山東科學技術出版社，1996年）。鄒逸麟：《黃淮海平原歷史地理》（合肥市：安徽教育出版社，1997年）。李文漪：《中國第四紀植被與環境》（北京市：科學出版社，1998年）。劉昭民：《中國歷史上氣候之變遷》，（臺北市：商務印書館股份有限公司，1982年）。王子今：〈秦漢時期氣候變遷的歷史學考察〉，《歷史研究》1995年第2期（1995年）。陳良佐：〈再探戰國到兩漢的氣候變遷〉，《中央研究院歷史語言研究所集刊》第67本第2分（1996年）。王暉等：〈商末黃河中游氣候環境的變化與社會變遷〉，《史學月刊》2002年第1期（2002年）。許倬雲：〈漢末至南北朝氣候與民族移動的初步考察〉，《許倬雲自選集》（上海市：上海教育出版社，2002年）。

0.5℃。嗣後，氣溫回升，在約公元五十年前後，氣溫上陞至高於今
1.5℃左右，恢復到戰國初期的氣溫水準；另一個氣溫下降事件出現
於公元五十年前後，該過程約持續到東漢後期，氣溫下降至現今的氣
溫水準。總的說來，戰國秦漢時期氣溫上下波動的幅度為1.5℃左
右[80]。不可否認，既有的成果，特別是竺可楨的研究具有極高的學術
價值，其有關結論也為後來學界的不少研究所印證。如朱明道曾以文
獻中關於野生象群棲息北界南移的記載為依據，對有文字記載以來的
氣候進行了考察，認為其間中國氣溫經歷了四次大範圍的階梯性遞
降。其中春秋─西漢時期的氣候由其前的寒冷轉為溫暖，氣候比現代
溫暖；而公元初年至公元六〇〇年為氣候寒冷時期，大象棲息地南徙
至淮河流域及其以南地區，湖北、湖南和江西一些地方都有野生象群
棲息的記載[81]；王開發在對長江下游滬杭地區一萬多年來的氣候變遷
加以研究時指出，戰國至西漢時期為滬杭地區氣候溫暖濕潤時期，東
漢至南北朝時期區域氣候溫涼[82]。朱、王二說與竺論無甚差異；王子
今則從歷史學的角度，對秦漢時期的氣候狀況作了進一步的考察，其
研究結論與竺可楨研究中秦漢時期的觀點基本一致[83]。

　　然竺可楨的結論並非無瑕之璧，它受到了來自學界不同研究領域
的挑戰，研究者著文或陳指竺文存在的缺陷和不足[84]，或得出了與竺

---

80 竺可楨：〈中國近五千年來氣候變遷的初步研究〉，《考古學報》1972年第1期（1972
　　年）。另見《竺可楨文集》（北京市：科學出版社，1979年），頁475-498。

81 朱明道：〈我國集中尺度的氣候振動〉，中央氣象局研究所：《氣候變遷和超長期預
　　報文集》（北京市：科學出版社，1977年）。

82 王開發等：〈根據孢粉分析推論滬杭地區一萬多年來的氣候變遷〉，《歷史地理》創
　　刊號（上海市：上海人民出版社，1981年）。

83 王子今：〈秦漢時期氣候變遷的歷史學考察〉，《歷史研究》1995年第2期（1995年）。

84 年重行：《中國五千年氣候變遷的再考證》（北京市：氣象出版社，1996年）。

說大相徑庭的結論[85]。同時，其它學者彼此間的研究結論也存在著較大的差異。具體到本地區，如張丕遠以為，秦漢時期，長江中游地區氣候仍以亞熱帶氣候為主，氣候溫暖濕潤，亞熱帶森林和毛竹林廣布[86]；張天麟關於長江三角洲歷史氣候的研究結果表明，春秋到東漢後期氣候溫暖，人們通常認為開始於公元初的降溫在三角洲地區則發生於公元二〇〇年以後[87]；而楊懷仁等卻把戰國初年作為包括長江中下游地區在內的全國大部分地區環境變遷的轉捩點，認為在此前後，我國氣候就轉變為溫涼偏乾[88]；唐領余等在對洞庭湖地區和江漢平原的全新世氣候進行研究時認為，戰國以降，該地區氣候逐漸惡化，趨於冷乾[89]。

分歧和爭論的存在，說明討論的主題有進一步研究之必要，學術研究也正是在這種不斷的討論中發展、前進的。鑒於此，筆者以中華文明發源地之一的長江流域之中游地區為對象，對其文明早期的戰國秦漢時期（前475—220年）的氣候狀況作一初步的探討。需要說明的是，由於古文獻載記之囿，本文所據文獻除典籍記載、考古材料外，主要還有相關研究成果中之孢粉、沉積和泥炭資料等。

---

85 任振球等：〈行星運動對中國五千年來氣候變遷的影響〉，收入中央氣象局氣象科學研究院天氣氣候研究所：《全國氣候變化學術討論會文集（1978年）》（北京市：科學出版社，1981年）；任振球：〈中國近五千年來氣候的異常期及其天文成因〉，《農業考古》1986年第1期（1986年）；王暉等：商末黃河中游氣候環境的變化與社會變遷〉，《史學月刊》2002年第1期（2002年）。

86 中國科學院《中國自然地理》編輯委員會：《中國自然地理‧歷史自然地理》（北京市：科學出版社，1982年），頁31。

87 張天麟：〈長江三角洲歷史時期氣候變遷的歷史研究〉，《華東師範大學學報（自然科學版）》1982年第4期（1982年）。

88 楊懷仁等：《長江中下游環境變遷與地生態系統》（南京市：河海大學出版社，1995年），頁20。

89 張丕遠：《中國歷史氣候變化》（濟南市：山東科學技術出版社，1996年），頁120。

（二）戰國秦漢時期長江中游地區氣候具體波動

大量證據表明，戰國初期，長江中游地區氣候溫暖濕潤，是距今三〇〇〇年前降溫後氣候恢復的繼續[90]。

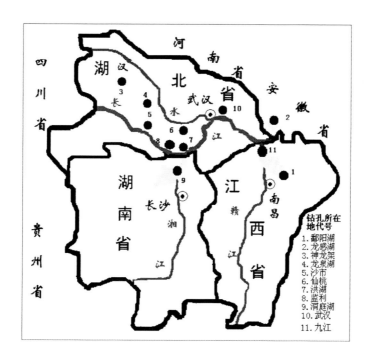

圖5-1　戰國秦漢時期長江中游地區主要鑽孔所在地示意圖

鄱陽湖ZK01孔（文中各鑽孔所在位置，具體參見圖5-1）年代為西周中期—戰國中期的孢粉帶中，沉積物以蕨類和草本類花粉佔優勢，木本類花粉次之。而木本植物中，針葉樹種以松屬、卷柏屬和金毛狗屬為主，闊葉樹種以櫟屬、椑屬、樸屬、楊梅屬為主；草本植物

---

90 關於此次降溫事件及其恢復情況，筆者另有專文論述。具體參見張建民等：《歷史時期長江中游地區人類活動與環境變遷專題研究》（武漢市：武漢大學出版社，2011年），〈長江中游地區距今10000—1800年間氣候狀況研究〉。

以蒿屬、禾本科、蓼屬為主;以鳳尾蕨屬、鱗蓋蕨屬、裏白屬、水龍骨科為主的蕨類植物較繁盛。這一孢粉組合形式所反映的落葉、常綠闊葉林植被類型（長江中游地區三種主要植被類型及其氣候指標,具體參見表5-4）[91],以及林下蕨類、草木類生長繁盛的植被狀況,表明該地西周中期至戰國中期氣候溫暖潮濕,濕地植被繁盛,降水豐富。監利一號鑽孔距今二五○○年處剖面內,木本、草本植物花粉含量相當,蕨類植物孢子含量最低。木本植物中,以樺屬等為主的落葉闊葉類含量最高,常綠闊葉類次之,而針葉樹種所佔比例較小;草本花粉主要為蒿屬等。可見,該孢粉帶具有濕地類型植物和闊葉類發育、蕨類不發育、針葉類少見的顯著特點,其花粉組合及其所代表的樹種昭示該帶植被類型為常綠、落葉闊葉林,反映當時以暖濕為主的氣候狀況。該鑽孔沉積物有機質的 δ 碳13值在此時間前後的深處也達到整個剖面的最大值,揭示了當時該地氣候為溫暖潮濕氣候。[92]

---

91 長江中游地區各地氣候或自然植被類型、年均溫度和降水量:湖北沔城,中—北亞熱帶常綠闊葉及落葉林,16℃—17℃、1000—1200mm;湖北監利周老鎮,中亞熱帶季風潮濕氣候區,1200—1400mm;武漢,屬於北亞熱帶濕熱季風區（中亞熱帶常綠闊葉林、落葉闊葉混交林）,19.1℃;洪湖,北亞熱帶季風氣候,15.9℃—16.6℃、1000—1300mm;神農架大九湖（海拔1700m）,7.2℃、1535mm;龍感湖地區,亞熱帶濕潤季風區（中亞熱帶常綠、落葉闊葉林）,16.6℃、1316mm;江漢平原,亞熱帶季風濕潤氣候,15.9℃—16.6℃、1100—1300mm;洞庭湖區,亞熱帶季風濕潤氣候,16.4℃—17℃、1200—1400mm;鄱陽湖地區,中亞熱帶濕潤季風區,16.5℃—17.8℃、1470mm。

92 顧延生:《長江中游鑽孔沉積物記錄的5000年來氣候變化與環境重建》（武漢市:武漢大學歷史系博士學位論文,2004年）,頁41、45、77。

表5-4　長江中游地區三種植被類型的氣候指標

植被類型	年平均溫度（℃）			年降雨量（mm）		
	北界	南界	平均	北界	南界	平均
暖溫帶落葉闊葉林	9	14	11.5	500	1000	750
北亞熱帶常綠、落葉闊葉混交林	14	16	15	800	1200	1000
中亞熱帶常綠闊葉林	16	21	18.5	1000	1600	1300

資料來源：唐領余等〈長江中下游地區7500—5000aB.P. 氣候變化序列的初步研究〉，《海洋地質與第四紀地質》1991年第4期（1991年）。另見張丕遠：《中國歷史氣候變化》（濟南市：山東科學技術出版社1996年），頁128-135。

　　江漢平原沔城M1鑽孔時代為戰國初期的孢粉帶中，木本花粉含量較大，禾本科花粉量減少，反映的植被類型為溫濕氣候條件下櫟青岡櫟松蒿佔優勢的常綠和落葉闊葉針葉混交林[93]。徐瑞瑚等對江漢平原全新世環境演變的研究也顯示，鑽孔距今約二五〇〇年處的孢粉中，木本、草本和蕨類含量分別約占百分之四十四、百分之三十和百分之二十六，植被類型為針闊葉混交林植被，由此可知該地其時為氣候溫暖濕潤時期，研究者估計這一時期的氣溫比現今約高1℃—3℃[94]。另外，洪湖——七四孔孢粉帶Ⅱ距今約二五〇〇年的五號樣品孢粉組合為松—櫟，反映的植被類型為北亞熱帶—暖溫帶植被[95]，亦表明那時的氣候為溫暖濕潤型氣候。

　　戰國初期長江中游地區的溫暖濕潤氣候是公元前一〇〇〇年降溫

---

93 朱育新等：〈中晚全新世江漢平原沔城地區古人類活動的湖泊沉積記錄〉，《湖泊科學》1999年第1期（1999年）。

94 徐瑞瑚等：〈江漢平原全新世環境演變與湖群興衰〉，《地域研究與開發》1994年第4期（1994年）。

95 張丕遠：《中國歷史氣候變化》（濟南市：山東科學技術出版社，1996年），頁63表2.2-3。

後氣候恢復的繼續。竺可楨認為,在公元前一○○○年左右,中國出現了一次幅度較大的降溫,這一結論既為學界的深入研究所證實[96],同時也有文獻記載相關照[97]。然大量的研究又表明,儘管此次降溫幅度較大,但在長江中游地區延續的時間並不長,大約到距今二九○○年前後,當地氣溫就急劇回升,在距今二八○○年前後,氣溫和降水既已高出現今水準[98]。降溫後的持續升溫一直延續到戰國時期,從而造就了戰國初年長江中游地區溫暖濕潤的氣候環境。

戰國中後期,長江中游地區的氣溫開始下降。

江漢平原 QR8 孔距今二二九○一二○三○年處剖面的孢粉組合是:木本植物占百分之三十五一百分之三十(以柳、櫟、漆、槭、杉

---

96 劉昭民:〈中國歷史上氣候之變遷〉,(臺北市:商務印書館股份有限公司,1982年),頁23;楊懷仁等:〈中國東部近20000年來的氣候波動與海面陞降運動〉,《海洋與湖沼》1984年第1期(1984年);張丕遠:《中國歷史氣候變化》(濟南市:山東科學技術出版社,1996年),頁156-157;彭紅霞等:〈5kaB.P.鄱陽湖地區古氣候演化的有機碳穩定同位素記錄〉,《華中師範大學學報(自然科學版)》2003年第1期(2003年);朱育新等:〈中晚全新世江漢平原沔城地區古人類活動的湖泊沉積記錄〉,《湖泊科學》1999年第1期(1999年);羊向東等:〈沔陽地區一萬多年來孢粉記錄的環境演變〉,《湖泊科學》1998年第2期(1998年)。

97 王國維《今本竹書紀年疏證》卷下錄《太平御覽》卷八十四引《史記》:「周孝王七年(前903年),厲王生,冬大雨雹,牛馬死,江、漢俱凍」。現在的漢水冬季是不結冰的,公元前九○三年的冬季結冰當是強烈的降溫所致,且降溫後的氣溫明顯低於現今當地氣溫。

98 馬振興等:〈鄱陽湖沉積物近8ka來有機質碳同位素記錄及其古氣候變化特徵〉,《地球化學》2004年第3期(2004年);吳豔宏:〈鄱陽湖湖口地區4500年來孢粉組合及古氣候變遷〉,《湖泊科學》1997年第1期(1997年);吳豔宏:〈鄱陽湖湖口地區4500年來環境變遷〉,《湖泊科學》1999年第1期(1999年);楊禮茂等:〈武漢地區全新世孢粉組合與古氣候的初步研究〉,《湖北大學學報(自然科學版)》1992年第2期(1992年);顧延生等:〈武漢部分先秦遺址考古土壤中的植矽石組合及其環境意義〉,《武漢大學學報(人文科學版)》2001年第2期(2001年);童國榜等:〈龍感湖地區近3000年來的植被及其氣候定量重建〉,《海洋地質與第四紀地質》1997年第2期(1997年)。

科、松為主），草本植物占百分之三十二一百分之二十（以香蒲、莎
草科、喬本科、蒿、藜等居多），孢子植物占百分之四十左右（以水
龍骨、鳳尾蕨為主）。該帶以喜溫喜濕植物佔優勢，反映的是以闊葉
樹為主的針闊混交林-草甸植被景觀，其氣候為溫和濕潤型氣候，氣
溫較前有所下降[99]。唐領余等根據江漢、洞庭地區鑽孔之柳一櫟一松
的孢粉組合和由此反映的暖溫帶針闊混交林、稀疏草地的植被景觀，
以及剖面之孢粉數量和種類都降至最小的事實，也認為長江中游地區
氣候在戰國初期以後逐漸惡化，趨於冷乾[100]。監利鑽孔時間為公元前
三五燧年及其後的剖面孢粉組合的情況是：木本類中，以松屬為主的
針葉林樹種含量增加，闊葉類含量下降（以山核桃屬等落葉闊葉居主
導地位，以常綠櫟、栲屬為主的常綠闊葉類次之）；而以鱗蓋蕨屬為
主的蕨類植物含量開始上陞；同時，以蒿屬等為主的草本類含量佔優
勢。由該孢粉組合狀況及其所代表性植物科屬可知，其植被為含常綠
針闊葉混交林，但其中常綠闊葉類含量和類型的大量減少，表明該時
期氣候以涼濕和溫濕交替為主，氣溫較前期已有所下降。另外，該鑽
孔公元前四七六一前一〇〇年間的沉積物植矽石組合帶主要由表示溫
暖濕潤型的長方形和示暖型的鞍形，以及表乾冷型的棒形、尖形與少
許裸子類、闊葉類植矽石組成，溫暖類型植矽石含量下降，說明戰國
後期氣候開始由溫乾向涼濕轉變。鄱陽湖 ZK01、ZK1 孔沉積物孢粉
中，指示乾旱的麻黃屬增多，同樣表明戰國後期氣候已溫涼偏乾[101]。

99 張曉陽等：〈全新世以來洞庭湖的演變〉，《湖泊科學》1994年第1期（1994年）；李
　　長安等：《長江中游環境演化與防洪對策》，（武漢市：中國地質大學出版社，2001
　　年），頁36。

100 張丕遠：《中國歷史氣候變化》（濟南市：山東科學技術出版社，1996年），頁119-
　　120。

101 顧延生：《長江中游鑽孔沉積物記錄的5000年來氣候變化與環境重建》（武漢市：
　　武漢大學歷史系博士學位論文，2004年），頁45-46、58、69、71。鄱陽湖南區

該湖梅家洲 ZK2 孔距今二三五〇年處剖面孢粉組合形式及孢粉含量顯示，那時孢粉總濃度較低，暖性尤其常綠樹種減少或缺失，喜濕的草本和蕨類孢子增加，也說明當時氣候偏涼[102]。同處於長江中游地區的龍感湖情況也基本相同，據瞿文川等研究，取自該湖中部鑽孔距今二四〇〇－二〇七〇年處剖面的沉積物孢粉帶內，其草本植物中蒿、蓼較前帶增多，而水生、濕生草本如莎草科減少，也較好地體現了該地氣候偏涼、較乾的特徵[103]。

此次降溫，從江漢平原 QR8 孔孢粉帶 14C 的年代看，至少始於距今二三〇〇年前後；監利鑽孔略微提前，為公元前三五〇年左右，或更早；鄱陽湖鑽孔亦為距今二三五〇年前後；龍感湖地區則開始於距今二四〇〇年前後；而唐領余等則認為，江漢、洞庭湖地區的降溫出現於距今二二〇〇年前後，其持續時間在三〇〇年左右，降溫幅度為2℃－3℃[104]。從上述各地鑽孔剖面孢粉組合及其體現的植被類型來看，降溫始於距今二二〇〇年的估計略有些遲晚，至少在距今二三〇〇年以前，然唐領余等三〇〇年左右的降溫持續期之說似不虛。這與顧延生的長江中游地區降溫持續到公元前一〇〇年的結論大致吻合[105]，同時也與筆者對兩漢時期以北方地區為主的氣候變遷考察所揭

ZK01 孔孢粉組合及其所反映的植被、氣候情況，另見馬振興等：〈鄱陽湖沉積物近8ka來有機質碳同位素記錄及其古氣候變化特徵〉，《地球化學》2004年第3期（2004年）。

102 吳豔宏：〈鄱陽湖湖口地區4500年來孢粉組合及古氣候變遷〉，《湖泊科學》1997年第1期（1997年）。

103 瞿文川等：〈龍感湖地區近3000年來的氣候環境變遷〉，《湖泊科學》1998年第2期（1998年）。

104 張丕遠：《中國歷史氣候變化》（濟南市：山東科學技術出版社，1996年），頁156-157。

105 顧延生：《長江中游鑽孔沉積物記錄的5000年來氣候變化與環境重建》（武漢市：武漢大學歷史系博士學位論文，2004年），頁58、87。

示的情形基本相同[106]。據文獻記載，西漢初年，北方地區異常降雪、隕霜、冰凍等寒冷事件多有發生。如：

文帝四年（前176年）六月，大雨雪；景帝中六年（前144年）三月，雨雪；武帝元光四年（前131年）四月，隕霜殺草木；武帝元狩元年（前122年）十二月，大雨雪，民多凍死；武帝元鼎二年（前115年）三月，雪，平地厚五尺；武帝元鼎三年三月水冰，四月雨雪，關東十餘郡人相食；武帝元封二年（前109年），大寒，雪深五尺，牛羊皆蹄躊如蝟；武帝太初元年（前104年）冬，匈奴大雨雪，畜多飢寒死；武帝後元元年（前89－88年）前後，匈奴連雨雪數月，畜產死，人民疾疫（《漢書》之〈五行志中之下〉、〈匈奴傳〉，《西京雜記》卷2）。

這些雪霜凍寒冷事件年內發生的時間不等，有的發生於冬季，但有相當部分發生於冬季以外的時間，尤其是夏季和春季，表明西漢初年至武帝後期亦即公元前一〇〇年左右的北方地區和長江中游地區一樣，同處於降溫階段，寒冷事件頻有發生。

氣候波動延續到公元前一〇〇年左右後，氣溫又有明顯的回升，約至公元初年，長江中游地區復為溫暖濕潤的氣候環境。

鄱陽湖 ZK01 孔二點八二－二點三二米深處剖面對應於戰國中後期至西漢末期。該剖面孢粉以蕨類為主，木本類次之，草本類花粉含量最少。木本植物中，針葉樹種以松屬等為主，闊葉樹種則以櫟等屬為主；草本花粉主要為鹽膚子等；以鳳丫蕨屬等為主的蕨類植物較為繁盛。花粉組合反映的植被類型為常綠針闊葉混交林，林下蕨類植物繁盛，濕地植被不太發育，說明該地自戰國中後期到西漢末期的氣候

---

106 具體參見本章第一部分。

以涼濕和暖濕交替為主[107]。

由以上研究可知，從距今大約二三○○年前，長江中游地區就已開始降溫，直至西漢武帝時期以溫涼氣候為主。鄱陽湖 ZK01 孔剖面所揭示的所謂戰國中後期到西漢末期之暖濕氣候，具體當指武帝以後的西漢時期。湖南君山 1229 孔孢粉帶 I 之一號樣品的起始年代約為距今二○○○年，其孢粉組合為柳櫟（含青岡），植被類型為暖溫帶－北亞熱帶植被[108]，相較於戰國初期的孢粉組合所揭示的北亞熱帶－暖溫帶植被類型，說明氣溫已有很大的回升；鄱陽湖平原 ZK01 孔有機碳同位素值和孢粉組合也表明，西漢中後期為溫暖濕潤的氣候環境[109]。

武帝後期開始的暖濕氣候持續了百餘年左右，大約公元初期，氣候又有波動。

龍感湖地區鑽孔剖面B帶距今一九六五－一八一九年處孢粉含量較為豐富，木本植物中的闊葉樹種減少，針葉樹種增多；草本植物中蒿、蓼較前帶增多，水生、濕生草本略有減少，呈現的是針葉、闊葉混交林植被景觀，表明至少從距今一九六五年開始，溫涼、半濕的氣候就已成為塑造該植被景觀的主要環境因素[110]。神農架大九湖第二鑽孔距今一九九○－一六二○年處剖面之櫟松樺山毛櫸孢粉帶內，木本花粉中以落葉闊葉樹花粉為主（落葉櫟、樺、山毛櫸等），針葉樹花

---

107 顧延生：《長江中游鑽孔沉積物記錄的5000年來氣候變化與環境重建》（武漢市：武漢大學歷史系博士學位論文，2004年），頁41-42。

108 張丕遠：《中國歷史氣候變化》（濟南市：山東科學技術出版社，1996年），頁63表2.2-3。

109 彭紅霞等：〈5kaB.P.鄱陽湖地區古氣候演化的有機碳穩定同位素記錄〉，《華中師範大學學報（自然科學版）》2003年第1期（2003年）。

110 童國榜等：〈龍感湖地區近3000年來的植被及其氣候定量重建〉，《海洋地質與第四紀地質》1997年第2期（1997年）。

粉次之（主要是松），常綠闊葉樹花粉（以常綠櫟為多）最少，但比
前略有增加；禾本科、莎草科等組成的草本植物花粉和以水龍骨、鐵
線蕨等居多的蕨類孢子各占百分之十左右。該剖面孢粉組合及其反映
的以櫟、樺為主的溫帶落葉闊葉林植被景觀（與現今神農架海拔
1700－1800m地帶的植被相似），以及由此折射的氣溫、降水水準
（分別為7.2℃－7.8℃、1520－1535mm）分別低於其前時期的水準
等[111]，都表明該地公元初期氣候即出現了波動。與此同時，北方地區
的氣候亦有較大的變化。有關文獻記之云：

　　王莽天鳳元年（14年）四月，隕霜，殺中木，海瀕尤甚；王莽天
鳳三年二月乙酉，地震，大雨雪，關東尤甚，深者一丈，竹柏或枯；
王莽天鳳四年八月，大寒，百官人馬有凍死者；王莽天鳳六年四月，
霜殺草木；王莽地皇二年（21年）秋，隕霜殺菽，關東大饑；王莽地
皇四年秋，霜，關東人相食；更始二年（24年）正月，（更始軍）蒙
犯霜雪，天時寒，面皆破裂。至呼沱河，無船，適遇冰合，得過，未
畢數車而陷；光武建武二年（26年）十月，（赤眉軍）至陽城、番須
中，逢大雪，坑谷皆滿，士多凍死（《漢書》之〈王莽傳中〉、〈王莽
傳下〉，《太平御覽咎徵部五》，《後漢書》之〈光武帝紀上〉、〈劉盆子
傳〉）。

　　上述記載表明，在公元之初的新莽政權時期，亦即兩漢之際，北
方出現了比較嚴重和集中的降溫事件，氣候經歷了由暖而寒的歷史轉
變[112]；從有關鑽孔的孢粉組合看，長江中游地區在此前後也曾有降溫

---

111 劉會平等：〈神農架大九湖12.5kaBP以來的孢粉與植被序列〉，《微體古生物學報》
　　2001年第1期（2001年）；張華等：〈神農架大九湖12500a.B.P以來的孢粉植物群與
　　氣候變化〉，《華中師範大學學報（自然科學版）》2002年第1期（2002年）。
112 王子今：〈秦漢時期氣候變遷的歷史學考察〉，《歷史研究》1995年第2期（1995
　　年）；陳業新：〈兩漢時期氣候狀況的歷史學再考察〉，《歷史研究》2002年第4期
　　（2002年）。

記錄，但可能由於當時南方「暑濕」的氣候環境對當時的溫度下降具有一定的抑製作用，使得該地區的氣候波動幅度可能不是很大，以致某些鑽孔剖面孢粉對此沒有明確的反映，鄱陽湖 ZK01 孔對應於西漢末年至魏晉中期深處的剖面即是一例。在該剖面中，木本花粉和以蒿屬、蓼屬等為主的草本類花粉佔優勢，而以裏白屬等為主的蕨類孢子含量則較低。木本植物中，以栗屬、栲屬等為主的闊葉樹種較繁盛，而松屬等針葉樹種不太發育。這種含常綠落葉闊葉林的植被類型，表明階段內的氣候相對較溫暖濕潤，森林、濕地植被發育[113]。公元初年的降溫事件在此孢粉帶內雖未得到真實的體現，但我們不能因此而否認此次降溫事件的存在。

始於公元之初的降溫事件延續到何時？筆者曾就兩漢時期北方地區的情況而言降溫大約持續到東漢明帝（58—75年）時期[114]。明帝時期，北方氣候時冷時暖的波動情況屢見諸墳籍。如明帝永平元年（58年）六月乙卯，（明帝）初令百官衹腰，白幕皆霜（《後漢書禮儀志中》劉昭注引《古今注》）；永平四年（61年）春二月辛亥，詔曰：「朕親耕籍田，以祈農事。京師冬無宿雪，春不燠沐，煩勞群司，積精禱求。而比再得時雨，宿麥潤澤」（《後漢書明帝紀》）；永平十四年（71年）前後，大雪積地丈餘（《北堂書鈔》卷79引《錄異傳》）。又章帝建初七年（82年），盛夏多寒（《後漢書韋彪傳》）。明、章帝時期，寒冷事件雖仍不時出現，但無論是在數量上，還是從連續性來說，這些事件均無法與公元之初的情形相比擬。表明降溫至此開始逐漸減弱，氣溫復有回升，並偶而出現「冬無宿雪」的情況，氣候再度呈現出溫暖的態勢。《後漢書五行志三》中有關冬雷的記載，也反映

---

113 顧延生：《長江中游鑽孔沉積物記錄的5000年來氣候變化與環境重建》（武漢市：武漢大學歷史系博士學位論文，2004年），頁42。

114 具體參見本章第一部分。

了這一態勢。該志記錄的十六次冬雷事件中，有十二則為冬十月以後時間發生的，而以公元一○五一一二五年記載較為集中，其中安帝時期（107—125年）竟有九例。這一統計，與臺灣學者王寶貫的公元一○○一一五○年為中國歷史上冬雷出現較多的時期之統計結果基本相似。在竺可楨的研究中，公元一○○一一五○年是氣溫下降階段。王將這一冬雷統計結果與竺可楨的近五千年來氣候研究結論相附會，得出了「冬雷的出現頻率與較冷的氣候有關」的認識[115]。事實上，冬雷之有無與冬季氣溫的關係恰與王說相反，冬雷出現的頻率與氣候的較暖有關，為是否暖冬的標誌，公元一○○一一五○年間冬雷之頻繁是冬季氣溫較高而非較低的標誌。《後漢書五行志三》中記載的冬雷集中出現於公元一○五一一二五年的情形，說明其間尤其是安帝時期冬季較暖。這與顧延生的公元前一○○一一五○年間長江中游地區氣候曾經歷了暖—涼—暖之變化過程的研究結論基本一致[116]。由上述研究可知：顧之所謂「暖」，一為始於約公元前一○○年亦即武帝後期至西漢末年間的暖濕氣候，二是東漢明帝以後至東漢中後期的暖濕氣候；而其「涼」則為公元初年亦即兩漢之際約到東漢明帝時期的溫涼氣候。

　　東漢後期，氣候又出現了波動，此次波動為魏晉氣候大降溫的前奏。

　　相關文獻載之云：桓帝延熹七年（164年）冬，大寒，殺鳥獸，害魚鱉，城旁竹柏之葉有傷枯者（《後漢書襄楷傳》）；延熹八年，八

---

115 王寶貫：〈過去二千二百年來中國冬雷與氣候變遷的關係〉，《思與言》1981年第4期（1981年）。海外學者許倬雲在其研究中，也認為公元九十一一三○年為寒冷期。參見許倬雲：〈漢末至南北朝氣候與民族移動的初步考察〉，《許倬雲自選集》（上海市：上海教育出版社，2002年）。

116 顧延生：《長江中游鑽孔沉積物記錄的5000年來氣候變化與環境重建》（武漢市：武漢大學歷史系博士學位論文，2004年），頁87。

九郡並言隕霜殺菽（《袁山松書》卷1）；延熹九年，洛陽城局竹柏葉有傷者[117]；靈帝光和六年（183年）冬，大寒，北海、東萊、琅邪井中冰厚尺餘；獻帝初平四年（193年）六月，寒風如冬時（《後漢書五行志三》）。

從以上幾次降溫事件的記載看，東漢後期北方地區的氣候波動大約發生於公元一六〇年，而許倬雲則以為公元一八〇一二〇〇年為中國氣候的寒冷期[118]。長江中游地區因囿於文獻而難以對其具體情況作出判斷，但通過對鑽孔沉積物的分析、研究可以彌補這一缺憾。顧延生在對江漢平原、鄱陽湖地區一系列鑽孔剖面沉積物孢粉、植矽石等具體研究的基礎上，認為東漢中晚期即公元一五〇年為魏晉時期氣候大波動的開始，自此長江中游地區開始了長達約四〇〇年的溫涼氣候時期[119]；趙豔等也認為公元一五〇年為其後四〇〇餘年涼偏乾氣候的端始[120]，均與北方地區降溫開始的時間基本一致。

（三）若干認識

通過以上考察，我們可以就戰國秦漢時期（前475—220年）長江中游地區的氣候狀況得出以下幾點基本認識：

---

117 據《後漢書》之〈桓帝紀〉、〈寇榮傳〉、〈襄楷傳〉及其注引《續漢志》等，以及謝承《後漢書》卷四，此次竹柏葉傷乃寒霜使然，故視該年有寒冷之事件發生。又謝承《後漢書》卷四載竇武云：「今冬大寒過節，毒害鳥獸，爰及池魚，城傍松竹，皆為傷絕」。

118 許倬雲：〈漢末至南北朝氣候與民族移動的初步考察〉，《許倬雲自選集》（上海市：上海教育出版社，2002年）。

119 顧延生：《長江中游鑽孔沉積物記錄的5000年來氣候變化與環境重建》（武漢市：武漢大學歷史系博士學位論文，2004年），頁87。

120 李長安等：《長江中游環境演化與防洪對策》（武漢市：中國地質大學出版社，2001年），頁26。

1 從近五〇〇〇年的氣候變遷過程而言，該階段氣溫總體是呈下降之勢的

竺可楨關於北方近五〇〇〇年來的氣候研究和李文漪等關於湖北全新世溫暖期的氣候研究等都能說明這一問題。李文漪對鄂西鑽孔剖面的研究揭示，戰國以來，該地喬木數量顯著減少，而更為耐溫、耐乾的櫟、松等植被則較之於前明顯增多，說明戰國以降的氣溫要低於其前時期水準[121]；劉光琇在對江漢平原龍泉湖區溫暖期的孢粉變化分析時也發現：戰國以來，喜濕暖的油杉等花粉數量減少，而櫟等落葉闊葉樹木花粉增多，也表明其時為降溫期[122]；鄱陽湖湖口鑽孔距今二三〇〇年處剖面孢粉中的常綠樹種也較為稀少，尤其是距今二三五〇——五五〇年間，孢粉濃度及其折射的森林覆蓋率均低，暖性樹種減少或缺失，喜濕的草本和蕨類孢子增加，昭示當時的氣候涼而偏濕[123]。

但氣溫下降的總體趨勢並不意味著其間沒有氣溫的回升現象或溫暖期的存在，置言之，氣溫的下降並非直線式地發生，其中多有升、降溫的起伏波動。具體地說，戰國初年，氣候溫暖濕潤；戰國後期即距今二三〇〇年前後，氣溫下降，氣候溫涼，此間極端寒冷事件不斷出現，降溫延續至西漢武帝後期（約前100年）；是後，氣溫又有明顯的回升，直至公元初年左右，長江中游地區基本上為溫暖濕潤的氣候環境；公元初的新莽政權時期，亦即兩漢之際，復有降溫事件發生，

---

121 李文漪等：〈湖北西部全新世溫暖期植被與氣候〉，收入施雅風：《中國全新世大暖期氣候與環境》（北京市：海洋出版社，1992年）。

122 劉光琇：〈江漢平原龍泉湖末次冰期及冰期後植被與環境〉，收入李文漪：《中國北、中亞熱帶晚第四紀植被與環境》（北京市：海洋出版社，1993年）。

123 吳豔宏：〈鄱陽湖湖口地區4500年來孢粉組合及古氣候變遷〉，《湖泊科學》1997年第1期（1997年）。

氣候經歷了由暖而寒的歷史轉變,降溫過程大致持續到東漢明帝時期
(58—75年);明帝以後至東漢中後期,氣候暖濕,尤其是冬季氣溫
相對較高,冬雷頻繁發生;東漢後期(約150年),氣候再次出現波
動,雖幅度不大,卻開啟了魏晉以後氣候大波動的序幕。可見,戰國
秦漢時期的氣候變化是屢有起伏的,其間先後經歷了暖(戰國初
年)—冷(距今約2300年)—暖(前100年)—冷(兩漢之際)—暖
(明帝時期)—冷(150年)的多次變動。從整體上看,此間氣候波
動的最大特點是每次波動持續的時間相對較短。

2 雖屢有降溫事件發生,然其間長江中游地區的氣候仍較為溫暖,且略高於今,或與現今差別不大

首先是神農架的例子。

該地大九湖第二鑽孔距今二五二〇——九九〇年處剖面內孢粉總
量中,木本花粉占絕對優勢,莎草科等較多見的草本花粉次之,以水
龍骨等為主的蕨類孢子則較少。木本植物中,又以落葉闊葉樹花粉居
多(主要為落葉櫟等),以占絕對多數的針葉樹花粉居於其次,以常
綠櫟為主的常綠闊葉樹花粉較少。該孢粉帶反映的以落葉櫟、山毛櫸
為主的溫帶落葉闊葉林,與現今神農架海拔1600—1800m地帶的植被
相似,年均溫度(7.2℃—8.3℃)和降水量(1535—1550mm)相當並
略高於現今平均水準(7.2℃、1535mm)[124]。可見,歷經降溫、升溫
後的神農架氣候仍以溫暖為主,年均氣溫和降水量雖略高於今,但與
今差別不大,這和筆者關於兩漢時期黃河流域氣候研究的結論基本一
致。劉光琇對江漢平原龍泉湖區鑽孔相關剖面孢粉組合的研究,也揭

---

124 劉會平等:〈神農架大九湖12.5kaBP以來的孢粉與植被序列〉,《微體古生物學報》
2001年第1期(2001年);張華等:〈神農架大九湖12500a.B.P以來的孢粉植物群與
氣候變化〉,《華中師範大學學報(自然科學版)》2002年第1期(2002年)。

示了戰國以降植被的發展接近於現代當地的植被[125]，意味著其時的氣候與現代基本相當。

其次是文獻記載和考古發現的例子。

第一，《史記》、《漢書》等典籍關於南方「暑濕」氣候的記載。如《史記》之〈袁盎晁錯列傳〉、〈南越列傳〉、《淮南衡山列傳》俱稱「南方卑濕」，〈貨殖列傳〉說「江南卑濕」，〈五宗世家〉、〈賈誼列傳〉分別雲長沙為「卑濕貧國」和「長沙卑濕」等，無不表明當時的長江流域為溫暖濕潤的亞熱帶氣候。

第二，諸典籍關於植被的記載。北亞熱帶地區的柑橘對氣候冷暖變化的反應十分敏感，可以作為歷史氣候冷暖變遷的佐證。滿志敏就曾以歷史時期柑橘種植北界的變化情況來探討氣候的變動[126]。

據專家研究，適宜栽培柑橘的地區，其極端最低氣溫多年平均值需在 -5℃以上，年平均氣溫在15℃以上，但不得高於38℃，最冷月（即1月）平均氣溫要在5℃以上。如果極端最低氣溫多年平均值在 -9℃及其以下，柑橘會被凍死，因此，不適宜栽培柑橘[127]。柑橘目前在中國遍佈華東、中南、西南和西北十八個省、區，主要種植在秦嶺南麓、安徽南部到太湖流域以南的廣大地區[128]，而以浙、贛、湘、黔等省的南部地區，華南、雲南大部和四川盆地、長江三峽地區為最適宜栽培氣候區；在黃河流域的一些地區，如陝南、隴南等地或由於特

---

125 劉光琇：〈江漢平原龍泉湖末次冰期及冰期後植被與環境〉，收入李文漪：《中國北、中亞熱帶晚第四紀植被與環境》（北京市：海洋出版社，1993年）。

126 滿志敏：〈歷史時期柑橘種植北界與氣候變化的關係〉，《復旦學報》1999年第5期（1999年）。

127 張家誠等：《中國氣候》（上海市：上海科學技術出版社，1985年），頁493；文煥然等：《中國歷史時期植物與動物變遷研究》（重慶市：重慶出版社，1995年），頁129。

128 中國農業科學院柑橘研究所：《柑橘栽培手冊》（北京市：農業出版社，1978年），頁2。

殊的地形，或採取特殊的防凍措施，也可栽培[129]。這和先秦秦漢時柑橘的分佈地區基本一致。

據文獻記載，先秦秦漢時期柑橘始終以南方為主要分佈地區。

《尚書禹貢》：揚州「厥包橘柚錫貢」，荆州「包匭菁茅」[130]；《楚辭橘頌》：「后皇嘉樹，橘徠服兮。受命不遷，生南國兮。深固難徙，更一志兮。綠葉素榮，紛其可喜兮。曾枝剡棘，圓果摶兮。青黃雜糅，文章爛兮。精色內白，類可任兮。紛縕宜修，姱而不醜兮」[131]；《山海經中山經》：荆山「其木多松柏，其草多竹。多橘櫾」；洞庭之山「其木多柤梨橘櫾」[132]；《列子湯問》：「吳楚之國有大木焉，其名為櫾，碧樹而冬生，實丹而味酸，食其皮汁，已憤厥之疾，齊州珍之，渡淮而北，而化為枳焉。鸜鵒不逾濟，貉逾濟則死矣，地氣然也」；《呂氏春秋本味》：「果之美者，……江浦之橘，雲夢之柚」；《淮南子原道》：「橘凋於北徙」、「今夫徙樹者，失其陰陽之性，則莫不枯槁，故橘樹之江北，則化而為枳」；《史記貨殖列傳》：「蜀、漢、江陵千樹橘」。另外，司馬相如〈子虛賦〉稱故楚平原廣澤地「櫨梨樗栗，橘柚芬芳」（《漢書司馬相如傳上》）；《鹽鐵論相刺》載士大夫曰：「橘柚生於江南，而民皆甘之於口，味同也」；《藝文類聚》卷六

---

129 張家誠等：《中國氣候》（上海市：上海科學技術出版社，1985年），頁493-494；文煥然等：《中國歷史時期植物與動物變遷研究》（重慶市：重慶出版社，1995年），頁129-130。

130 據孔穎達等疏：小曰橘，大曰柚，橘、柚二果，其種本別，以實相比，則柚大橘小。包，橘、柚。

131 王逸：「南國，謂江南也」。說明地處江南的荆楚之地盛產橘柚，當時人們雖千方百計北移之，但結果都凍死了。故王逸注稱：「橘受天命，生於江南」。

132 郭璞注云：「櫾似橘而大也，皮厚味酸」。袁珂：櫾，本字作「柚」。袁珂：《山海經校注‧中山經》（上海市：上海古籍出版社，1980年）。荆山即湖北省西部、武當山東南、漢水西岸一帶，漳水即發源於此。洞庭之山，乃江蘇吳縣西南中的太湖小島之東洞庭、西洞庭兩山。

錄揚雄〈揚州箴〉言揚州有「橘柚羽貝」;《說文解字木部》:「橘,
果,出江南」,「橙,橘屬」,「柚,條也,似橙而酢」;《齊民要術》卷
十引《異物志》曰:「橘樹,白花而赤實,皮馨香,又有善味。江南
有之,不生他所」。

　　以上之所以不厭煩瑣地列舉史籍載記,意在說明從先秦到兩漢時
期,儘管其間氣候多有波動,但都不影響歷史時期橘柚生於江南的事
實,而這一橘柚地域分佈狀況,又和當今之情態相似。由此我們可以
推斷,先秦秦漢時期,長江中游地區屢有變遷的氣候總體而言一仍溫
暖,二則與今無甚大的差異。

　　第三,考古發現的情況。秦漢時期,長江中游地區氣候為溫暖濕
潤的亞熱帶氣候,各地廣布亞熱帶森林。近年關於對長沙一帶發掘的
楚、漢墓葬中的木槨和木炭等的鑒定,以及對馬王堆一號漢墓棺槨木
材的鑒定、三號漢墓出土的鐵口木臿和竹筐的鑒定等,都可以證明這
一帶那時廣泛分佈著由常綠喬木、落葉喬木楠、桂、化香木、梓、
楸、杉、楓楊、梅等樹種組成的亞熱帶森林和毛竹林[133]。《戰國策宋
衛》載墨子對公輸般云「荊有長松、文梓、梗、枏、豫章」,以及
《史記貨殖列傳》之「江南出柟、梓、薑、桂」等文獻記載的植物類
型也與考古發現相印證,說明戰國秦漢時的氣候為亞熱帶氣候。

　　不過就各個具體階段來說,其氣溫並非沒有差異,筆者以為西漢
較其前的時期要冷,東漢則比西漢相對溫暖。《考工記》載「橘逾淮
而枳」;《晏子春秋內篇》云「橘生淮南則為橘,生於淮北則為枳。葉

---

133 中國科學院《中國自然地理》編輯委員會:《中國自然地理・歷史自然地理》(北
　　京市:科學出版社,1982年),頁31;中國農林科學院木材工業研究所:〈棺槨木
　　材的研究〉,《長沙馬王堆一號漢墓出土動植物標本的研究》(北京市:文物出版
　　社,1978年),頁89、101;湖南省博物館等:《長沙楚墓》(北京市:文物出版
　　社,2000年),上冊,頁435。

徒相似，其實味不同」；《列子》言橘「渡淮而北，而化為枳焉」；西漢初年的《淮南子原道》則曰「橘樹之江北則化而為枳」。由此可見，與西漢前的春秋戰國時期相比，從柑橘分佈之北界限看，《淮南子》時代的氣溫無疑要低於其前。

東漢比西漢溫暖也可從《後漢書五行志二》載「庶徵之恒燠，《漢書》以冬溫應之。中興以來，亦有冬溫，而記不錄云」的兩《漢書》之〈五行志〉記載重點分工的說明和相關記錄中得到印證。一般而言，〈五行志〉記異不記常。《漢書》將西漢「冬溫」作為異常載入〈五行志〉，說明西漢時期冬季氣候總的說來是較寒冷的；東漢時期雖「亦有冬溫」，但時人習以為常「而不記錄云」。《後漢書五行志》將其記錄的重點放在「庶徵之恒寒」上，表明東漢時的氣候總的相對較為溫暖，該志所記「恒寒」事例僅有三則且相對集中於東漢後期即可喻之[134]。

有關鑽孔孢粉組合也能說明即使是降溫時期，東漢的氣溫也是相對較為溫暖的。如鄱陽湖南區 ZK01 孔距今約一八二○年後的木本植物花粉即以櫟屬、栗屬、栲屬和楓香屬為主，反映此時的氣候環境為溫暖濕潤型的；江漢平原周老鎮 ZL01 孔距今約一七八○年處沉積物的磁化率值等也反映該時期氣候偏暖[135]。

並且，就區域氣候比較而論，長江流域無論在溫度還是濕度方面，都要高於北方的黃河流域，以致那些習慣於北方氣候的人對南方以「暑濕」為特徵的氣候心存畏懼。如秦始皇時，曾派尉屠睢「發卒

---

134 參見本章第一部分。

135 馬振興等：〈鄱陽湖沉積物近8ka來有機質碳同位素記錄及其古氣候變化特徵〉，《地球化學》2004年第3期（2004年）；張玉芬等：〈江漢平原湖區周老鎮鑽孔磁化率和有機碳穩定同位素特徵及其古氣候意義〉，《地球科學——中國地質大學學報》2005年第1期（2005年）。

五十萬，為五軍」虎視嶺南，其中三軍分別駐守鐔城（今湖南靖州西南）、九疑（今湖南寧遠縣南）和南野（今江西南康市西南）三個據點，「三年不解甲弛弩」（《淮南子人間》）。這些來自北方的駐軍和從事補給運輸的士卒難以適應南方的炎熱、潮濕氣候，不少人死於駐地，或有不堪勞死而逃亡者[136]。又《漢書南粵傳》：西漢高后七年（前181年），南粵王趙佗自稱南武帝，併發兵攻漢。高后遣兵擊之，漢士卒尚未交戰卻因難御南方「暑濕」環境而生「大疫」。前車之鑒令西漢初年一些有識之士難以忘懷，或對其教訓加以總結，如晁錯曾就秦之事例云：「楊粵之地少陰多陽，其人疏理，鳥獸希毛，其性能暑。秦之戍卒不能其水土，戍者死於邊，輸者僨於道」（《漢書晁錯傳》）；或以之勸諫統治者，如據《漢書嚴助傳上》，西漢武帝建元六年（前135年）劉安上書武帝諫阻向南方用兵時，便援用高后對趙佗用兵的例子，反覆申述「南方暑濕，近夏瘴熱」的氣候特徵，指出「中國之人不能」南方「天暑多雨」之「水土」是導致士兵「死傷者必眾矣」[137]的根本原因。正由於南方暑濕的氣候環境令北方人難以適應，在時人眼中，無不視南方為畏途，統治者或把持國家政權者也常把那些異己分子或失寵的諸侯王、大臣遣徙至此，讓他們遭罹南方「暑濕」的氣候，接受變相懲罰。如漢文帝時爰盎（《史記》作「袁盎」，《漢書》作「爰盎」）因「數直諫，不得久居中」，被派到「南方卑濕」的吳國任相（《漢書爰盎傳》）；漢景帝之子、長沙定王劉發「以其母微，無寵，故王卑濕貧國」（《史記五宗世家》）；而洛陽才子賈誼則因權臣的排擠而被漢文帝疏遠，任以長沙王太傅，賈誼「聞長沙卑濕，自以壽不得長，又以適去，意不自得」。抵長沙後，仍因

---

136 周霖：〈秦漢江南人口流向初探〉，《江西師範大學學報》1997年第3期（1997年）。
137 顏師古注曰：「瘴，黃病」。而王先謙《漢書補注》引王念孫曰：「瘴熱即盛熱，言南方暑濕之地，近夏則盛熱」。

「長沙卑濕，自以為壽不得長，傷悼之」（《史記賈誼列傳》）。在「暑濕」的長江中游地區，賈誼終日情緒低落，鬱鬱寡歡，人生的軌跡自此改變，終因抑鬱而殞殤。北方人畏懼南方主要緣於對南方「暑濕」氣候環境的不適應，由此我們可以推知當時南北方氣候存在著較大的差異。

3 關於氣溫變動幅度

徐瑞瑚等在對江漢平原全新世孢粉組合分析後認為，戰國時期氣候較暖，約比現今高1℃—3℃；而在包括東漢後期在內的氣候偏乾涼時期（150—600年），年均溫則比現在低1℃—2℃[138]。這裏所謂低於今1℃—2℃，筆者以為，主要是針對魏晉南北朝大降溫時的最低溫度而言的，而非較之於東漢後期的年均氣溫。

筆者認為，概括地說，戰國秦漢時期的氣溫波動幅度不會太大，因為每次大小幅度不等的降溫事件發生之後，隨之而來的便是一次氣溫的迅即回升，對其前的氣溫下降具有一定的抑製作用。不過，西漢初年的降溫幅度要大於兩漢之際和東漢後期的降溫水準，正因為如此，西漢的氣溫較其前後時期的氣溫均要低。但就整個時期而論，不論氣溫如何波動，其氣溫略高於現今，有時則與今天相差不大。

4 在乾濕狀況方面具有干濕相間的特點

氣候狀況或變化不僅僅表現為氣溫的高低，還表現在乾濕方面，但以往研究多只重視氣溫高低而忽視乾濕程度。前文在研究兩漢時期的氣候狀況時，就曾將濕潤指數納入研究內容，研究結果表明：兩漢時期的氣候具有若干個乾濕階段相間的變化特點（見表5-3）。

---

138 徐瑞瑚等：〈江漢平原全新世環境演變與湖群興衰〉，《地域研究與開發》1994年第4期（1994年）。

　　關於長江中游地區歷史時期的乾濕氣候狀況，顧延生認為，從公元前五〇〇年以降，氣候呈由其前的總體潮濕向偏乾方向發展的趨勢[139]；李長安等則稱公元前六〇〇─公元一五〇年為長江中游地區的濕潤時期，而公元一五〇年後為偏乾階段[140]；吳宜進、蔡述明等在對湖北地區歷史乾濕氣候的世紀振動研究時指出：公元前後，湖北省乾濕情況以「乾」為主，與當時海河流域的情況一致；公元一〇〇年前後、公元二〇〇年前後，湖北省與海河流域的情況俱為「濕」[141]；劉成武等在對湖北省近二〇〇〇年來的水、旱災害次數進行統計後指出，湖北省水、旱災害在東漢時的發生情況分別為八點四三年一次、十一點五年一次。在概括湖北省歷史時期水、旱災害發生的規律時，作者認為在過去近二〇〇〇年中，洪水災害出現過七個相對高發期，其中公元一〇─一三〇〇年為第一個高發期；與此相對，交替出現了七個相對乾旱高發期，公元一一─〇〇年為第一個乾旱高發期。洪水期約有一五〇─二〇〇年的主周期，而乾旱期的持續時間較短，大致以五十年為其主周期[142]。

　　上述研究中，吳宜進等研究與筆者關於北方地區的考察結論不盡一致，筆者對此不敢妄加置喙，因為由於地理位置的差異，同時又受地形、地貌、植被狀況等因素的影響，各地的氣溫和降水具有顯著的區域差異性，北方地區的情況不能用於說明南方的問題。同時，我們

139 顧延生：《長江中游鑽孔沉積物記錄的5000年來氣候變化與環境重建》（武漢市：武漢大學歷史系博士學位論文，2004年），頁88。

140 李長安等：《長江中游環境演化與防洪對策》（武漢市：中國地質大學出版社，2001年），頁25。

141 吳宜進等：〈湖北省歷史乾濕氣候的世紀振動及其比較〉，《武漢大學學報（自然科學版）》1999年第5期（1999年）。

142 劉成武等：〈湖北省歷史時期洪、旱災害統計特徵分析〉，《自然災害學報》2004年3期（2004年）。

也不能簡單地根據所謂的「南澇北旱」說法，生硬地用北方干濕狀況來比附長江中游地區的乾濕氣候；而劉成武等之公元一一一○○年為乾旱高發期和公元一○一一三○○年為第一個洪水高發期的結論與筆者表5-3的研究結果有些相似，但也並不意味著筆者的結論適用於長江中游地區。

限於文獻，雖然我們無法對戰國秦漢時期長江中游地區的乾濕狀況加以具體的考證，不過可以肯定地說，乾濕狀況同氣溫陞降、高低一樣，也應具有交替出現即若干乾濕階段相間變化的特徵。有關鑽孔剖面的孢粉組合所反映的情況可以證明這一點。如李長安等研究揭示，晚全新世中後期即近二○○○年以來，長江中游地區的氣候就曾先後經歷了溫暖、涼乾、溫濕的多次變化[143]。監利鑽孔剖面對應於公元前一○○一公元二○○年處的孢粉帶主要由示暖、示冷型的方形、長方形、扇形、棒形、尖形和少許裸子類、闊葉類等植矽石組成，其中示暖型植矽石含量略高於示冷型植矽石，表明該時期的氣候具有暖乾、溫濕交替的特徵；該鑽孔剖面植矽體所反映的草本植物C3/C4生態研究進一步表明，該地在公元前五五○一公元一五○年氣候以潮濕為主，而公元一五○一三○○年氣候則以乾旱為主[144]。同為中游的龍感湖地區在秦漢至魏晉時期的沉積物所含孢粉豐富，但闊葉樹種減少，針葉樹種增多，也反映出該期氣候具有明顯的乾濕波動特性[145]。

---

143 李長安等：《長江中游環境演化與防洪對策》（武漢市：中國地質大學出版社，2001年），頁25。

144 顧延生：《長江中游鑽孔沉積物記錄的5000年來氣候變化與環境重建》（武漢市：武漢大學歷史系博士學位論文，2004年），頁58-59。

145 瞿文川等：〈龍感湖地區近3000年來的氣候環境變遷〉，《湖泊科學》1998年第2期（1998年）。

第六章
秦漢政府行為與生態

　　人類活動，包括統治階級的政治行為，對生態的變遷具有舉足輕重的影響作用。就政治文化與自然生態的關係而言，一方面，人類的政治行為受自然生態制約，另一方面，人類的政治活動又反過來影響自然生態的變遷。前者如國家政治的興衰、行政區域的劃分等等，都可從生態環境及其變遷中找到一定的合理解釋；而後者則主要表現為具體如屯田墾荒、人口遷徙、戰爭與土木工程等統治者的政策、詔令、法律和措施對生態的影響。人類的這種政治文化與自然生態之間的關係，在秦漢時期都有比較明顯的體現。

一　秦漢政區劃分與生態

　　行政區劃及其變遷，是自然環境、政治、經濟和文化等因素共同作用的結果[1]，而自然環境則為上述其它諸因素發揮作用的基礎和前提。綜觀秦漢時期的行政區劃及其變動，自然生態在其間的作用也十分明顯。

　　戰國時期，七雄之一的秦國日漸強大，奮勇威而一統天下，建立了秦王朝。

　　秦立國之初，始皇帝就總結歷史教訓，認為「周制微弱，終為諸侯所喪」，並接受廷尉李斯的建議，徹底根除以往陳遺的「世卿世

1　周振鶴對此有系統的闡述，可進一步參見周振鶴等：《中國行政區劃通史‧總論、先秦卷》（上海市：復旦大學出版社，2009年），頁152-194。

祿」制與「分土封侯」的習慣做法,「不立尺土之封,分天下為郡縣」
(《漢書地理志上》),在吞滅六國的地域內,「分天下以為三十六
郡」。「三十六郡者,三川、河東、南陽、南郡、九江、鄣郡、會稽、
潁川、碭郡、泗水、薛郡、東郡、琅邪、齊郡、上谷、漁陽、右北
平、遼西、遼東、代郡、鉅鹿、邯鄲、上黨、太原、雲中、九原、雁
門、上郡、隴西、北地、漢中、巴郡、蜀郡、黔中、長沙凡三十五,
與內史為三十六郡。」(《史記秦始皇本紀》及裴駰「集解」)以上眾
郡,既有承戰國原有郡而重設的,如雲中、雁門等;亦有在六國都邑
和新辟之地而增設的新郡,如太原、邯鄲等[2]。以後,秦的勢力日益
強大,對外開疆拓土活動也十分頻繁。始皇二十八年(前219年),秦
吞併閩越與東甌,於其境設閩中郡,管轄今福建和浙江東南部地區;
三十三年,秦軍南逾五嶺,併吞南越,置桂林、南海、象三郡,轄今
兩廣地區。伴隨著秦國邊疆的開拓與郡治的調整,秦郡的數量不斷增
加,總的郡數達四十七個[3]。四十七郡中,除上述諸郡外,尚有常
山、河內、陳郡、衡山、東海、膠東、濟北、廣陽等[4]。

　　秦國的興與盛,都離不開其優越的地理位置和生態環境。據《史
記秦始皇本紀》,秦國「據殽函之固,擁雍州之地」,「拱手而取西河
之外」,立國關中。建國後的秦人,又憑「關中之固,金城千里」而
統治天下。同樣,秦朝地方行政區劃也留有地理環境等自然要素的印
記。其行政區劃,既充分考慮到自然地理因素,使其區劃儘量與自然
地理單元、生態環境相吻合,「山川形便」便是其一個重要的原則[5];

2　林劍鳴:《秦漢史》(上海市:上海人民出版社,1989年),上冊,頁106-110。

3　一說四十八郡,其中的鄣郡雖為《史記》所載,但今人各書多不錄。

4　林劍鳴:《秦漢史》(上海市:上海人民出版社,1989年),上冊,頁106-110。

5　周振鶴對「山川形便」的區劃原則在傳統中國的運用有所闡述,可進一步參見《中
國地方行政制度史》(上海市:上海人民出版社,2005年),頁230-235。

同時也注意到了社會經濟發展的同步性與不平衡性，使其行政區劃單位（如郡）都有一定的肥沃農業區中心，具備生存、發展的自然生態環境及社會經濟條件。有學者因此而指出：「當時，政區的劃分，完全打破了舊有的部族界限，多以獨立的小平原或小盆地為基礎劃分行政區，或把有相似地理環境條件的區域組合在一起，以山川的自然走向為其分界。」[6]

　　秦郡的設置，首先與較好的社會經濟條件相關。當時的北方，尤其是黃河中下游之地的關中平原和華北平原，社會經濟較為發達，人口甚眾，郡的分佈最為集中，約三十個左右，占當時總郡數的絕大部分；而經濟相對落後的遼東、隴西諸地，設郡數非常稀少，莽莽之地，僅設郡四個。同時，秦郡之設，更與自然生態環境（地勢地貌、氣候、水文等）關係至密。因為良好的自然生態環境，不僅能夠容納一定數量的人口並滿足其生存之需，而且還可為這些居民的進一步發展提供必不可少的環境條件和物質基礎。例如，秦嶺─淮河一線以南的半壁河山，雖然秦時絕大多數地區草莽未闢，猛禽怪獸頗多，對人類生存構成極大的威脅，但其生態條件遠遠好於西北等地，秦朝因此在這一地區設郡十四（含鄣郡），占秦郡總數的四分之一。尤其是那些自然地理與生態環境基礎十分優越的地方，多為秦郡設置的重點地區。如寧夏平原，當時有諸多河流分佈，秦曾在此鑿治「秦渠」，形成了較為肥沃的平原，「塞上江南」的美譽由此而生。秦朝據此而設郡北地，對今寧夏賀蘭山、青銅峽、山水河以東及甘肅環江、馬蓮河流域等地區實行有效的管轄。其它如在珠江三角洲設置的南海郡、在震澤（又稱具區澤，今太湖）之濱設置的會稽郡等等，都與這種情況相類等。而對於範圍相對較大、自然生態條件較好的區域，秦政府則

6　張全明等：《中國歷史地理論綱》（武漢市：華中師範大學出版社，1996年），頁101。

分設若干郡統轄，如四川盆地就並置巴、蜀二郡，黃河與太行山間的三角沖積平原就設有邯鄲、鉅鹿二郡，而山西高原則設有雁門、代郡、太原、河東、上黨五郡[7]。另外，秦郡的劃分，並非一成不變，而是隨著秦政權的興衰和自然生態條件的變化、社會經濟的發展，也有相應的調整。

「漢興，因秦制度，崇恩德，行簡易，以撫海內。」（《漢書地理志上》）西漢承繼秦的郡縣制，郡縣成為其基本行政區劃。然而，漢初統治者認為，秦的滅亡，就是始皇帝廢除了中國歷史上素來已久的分封制，使中央皇權勢單力薄。再加上楚漢之爭時既成事實的異姓王國的存在，漢初中央政府予以了承認。因此，漢初的行政區劃實際上是郡、國並存。後來，漢高祖劉邦翦除異姓諸侯，旋封同姓九王治國。但漢初地方行政區劃的郡、國並行的格局並未改變，而且王國權勢遠在郡之上。

文帝時，賈誼上《治安策》，建議漢廷「眾建諸侯而少其力」（《漢書賈誼傳》），以削弱日漸強大的諸侯王勢力；景帝時，採納晁錯「削藩」建議，平定「七國之亂」，剝奪王國的權力，使王國實際上成為與中央直接統轄的郡一樣的地方行政單位。

漢初，國內動盪不安，政局不穩，統治者無暇顧及邊塞，強盛民族匈奴乘虛南指，奪回秦時開拓的河南地，「與中國界於故塞」（《史記匈奴列傳》），內蒙古河套內外地區復為匈奴所據；東南的東甌、閩越先後獨立，閩中郡廢置；南海郡龍川令趙佗在秦滅後佔領南海，又西據桂林、象，自立為南越王，盡並嶺南之地；西南地區，西漢失去了對雲貴高原部族的控制，就連楚在戰國時置於湘西、黔東的黔中郡亦失喪。漢初的國家統治勢力大大削弱，疆域也相應地縮小。

7　周振鶴等：《中國行政區劃通史‧總論、先秦卷》（上海市：復旦大學出版社，2009年），頁168。

　　武帝繼位後，西漢進入了空前強盛的時期，對外頻繁拓疆，郡、國數量漸增。公元前一二一年，漢將衛青出擊匈奴，收復隴西、北地、上郡北部和河南地，在河南地置朔方、五原二郡（秦九原郡舊地），雲中、雁門二郡北部亦得以恢復；同時，漢將霍去病出擊據守在河西走廊的匈奴，於其歸地設酒泉郡。到公元前六十七年，又陸續分置張掖、敦煌、武威三郡，統稱「河西四郡」，連同公元前八十一年在湟水流域設置的金城郡，合稱「河西五郡」；公元前一一一年漢軍平南越，於其境內設南海、鬱林、蒼梧、合浦、交趾、九真、日南、象八郡；公元前一一〇年，在海南島上置珠崖、儋耳二郡；公元前一三五年至公元前一〇九年之間，開西南夷，設犍為、牂柯、越嶲、沈黎、汶山、武都、益州七郡；公元前一〇八年，出兵今朝鮮半島中、北部地方，在其領內設樂浪、玄菟、真番、臨屯四郡。西漢時的郡國數量，「訖於孝平（1—5年），凡郡國一百三（分別為83、20），縣邑千三百一十四，道三十二，侯國二百四十一」（《漢書地理志下》）。

　　王莽時期，亂置郡縣，到公元十四年時增至一二五個。東漢之初，因長期戰亂，地曠人疏，郡國有名無實。劉秀大加省併，公元一四〇年郡國一〇五，成為東漢一代較為穩定的制度。

　　漢代地方行政區劃與秦的不同之處，在於州的設立。「州」之名，始於春秋，其義與「陵」、「丘」相近，乃水中可居之高地。戰國時，其義漸廣，演變為大的自然地理區。《尚書禹貢》中有「九州」區劃的記載，把當時的「天下」依山河界限分為雍、梁、冀、豫、青、徐、荊、揚、兗九州。隨後的《周禮職方》、《爾雅釋地》、《呂氏春秋有始》等典籍，都有「九州」的記載，只是名稱、分法不一，但州成為大的自然區劃單位，是沒有問題的。

　　西漢元封五年（前106年），武帝把京畿附近的七郡（京兆、馮

翊、扶風、河東、河內、河南、弘農）以外的全國郡國分為十三個區域（部），任命刺史之官（東漢時為州牧），對各地郡國進行巡視監察，借用《禹貢》九州之名，稱十三部為十三州：冀、豫、徐、青、兗、幽、并、荊、益、揚、涼、朔方、交趾。東漢沿承，略有變化，或是名稱之變，或是監察區域範圍之動。州在西漢時，尚不是地方行政單位，亦無實土。但因刺史權重，天長日久，西漢末逐漸成為一級行政區劃。

兩漢政區設置的地理分佈區域與秦朝行政區劃相比，其受自然生態環境條件的制約已有所削弱[8]，而對政治、軍事等因素的考慮逐漸增大[9]，尤其是在邊疆設置的邊郡。州、郡的劃分，主要憑依的是社會經濟的發展水準，而非以往那種以自然山川走向為分界嶺、以相對獨立的自然地理單元為一政區單位。西漢時，有的一個地理單元分置若干州，而有的州則兼跨若干自然地理單元。如青州僅轄今山東東北部一地，兗州只含現在山東中部、南部和河南東部一部分，而揚州卻管有江淮平原、長江三角洲之地和鄱陽湖盆地、閩浙丘陵，益州也轄有現今四川、雲貴大部和陝、甘秦嶺以南的廣大地帶[10]。

二　秦漢人口政策與生態

一定時期和一定地域內生態的變遷，生活於斯的人起著舉足輕重的作用，尤其是人口數量的多寡及人口密度的大小，而這些又取決於政府的人口政策。

8　如西漢臨淮郡跨淮水兩岸、西河郡據黃河東西，這在秦和西漢初是不曾有的現象。
　　周振鶴：《中國地方行政制度史》（上海市：上海人民出版社，2005年），頁231。
9　周振鶴等：《中國行政區劃通史・總論、先秦卷》（上海市：復旦大學出版社，2009年），頁168-169。
10　參見譚其驤：《中國歷史地圖集》（北京市：地圖出版社，1982年），第2冊，頁13-14。

（一）西漢人口政策與生態

　　戰國時期的人口，據郭沫若《中國史稿》統計，當在三〇〇〇萬左右。秦一統中國後，在統一的國度裏，人口有所增加，在四〇〇〇萬左右。但由於始皇帝好大喜功，對外征伐不斷，對內土木工程不輟，致使全國人口總數在其統治時期非但沒有增長，反而大幅下降。到秦始皇去世時，全國人口減少至三六〇〇萬—三〇〇〇萬[11]，其中每年從事各種徭役的青壯年男勞力有三〇〇餘萬[12]。

　　秦末農民戰爭和隨後的楚漢戰爭，黎民死傷者多，其間的人口數繼續下降。西漢建立之初，全國人口降至約一五〇〇萬——八〇〇萬[13]。《史記高祖功臣侯者年表》載稱：「天下初定，故大城名都散亡，戶口可得而數者十二三，是以大侯不過萬家，小侯五六百戶」。如據《史記陳丞相世家》記載，漢初的曲逆，「秦時三萬餘戶，間者兵數起，多亡匿，今見五千餘戶」。前後相比，人口懸殊數倍。但高祖劉邦路過此地，登城而望，仍盛讚不已：「壯哉縣！吾行天下，獨見洛陽與是耳」。西漢初的人口稀少狀況，從此可見一斑。

　　西漢初年，統治者需要解決的首要問題，就是社會經濟的恢復。為此，漢統治集團採取了諸如輕繇薄賦、招撫流亡、兵士復員、蠲省苛法等一系列措施。在人口問題上，也實施了一些促進人口增長的政策，刺激人口的生產，具體舉措有強制早婚、獎勵生育、懲罰不嫁、放黜宮女等等。

11　葛劍雄：《中國人口史》（上海市：復旦大學出版社，2002年），卷1，頁304、306、312。

12　林劍鳴：《秦漢史》（上海市：上海人民出版社，1989年），上冊，頁163。葛劍雄指出，秦始皇時徵發的勞力，占其總人口的百分之五十，每年額外徵發和專門運送糧食的人，一度高達二〇〇〇萬左右（《中國人口史》（上海市：復旦大學出版社，2002年），卷1，頁310-311）。

13　葛劍雄：《中國人口史》（上海市：復旦大學出版社，2002年），卷1，頁312。

　　早在西漢草創之初，高祖劉邦就認識到發展經濟的勞力缺乏，並採取免除徭役的方法，獎勵民間生兒育女。他曾在公元前二〇〇年下詔說：「民產子，復勿事二歲。」（《漢書高帝紀下》）「勿事」，顏師古注曰：「不役使也」，也就是免除徭役。詔書中的「復」字表明，在此以前，漢廷有可能也採取過同樣的獎勵辦法鼓勵生育。

　　早婚早育是中國古代的傳統觀念和習慣。西漢炮製古法，大力提倡早婚，且把早婚的年齡較句踐規定的年齡提前，而對不依法律的晚婚者予以經濟制裁。如《漢書惠帝紀》載惠帝六年（前189年）十月詔云：「女子年十五以上至三十不嫁，五算。」顏師古注引應劭語曰：「《國語》越王句踐令國中女子年十七不嫁者，父母有罪，欲人民繁息也。」依照漢律規定，每人年出一二〇錢之賦，也就是一算。「唯賈人與奴婢倍算。今使五算，罪謫之也。」五算之罰，罪同流徙戍邊。對晚婚的懲罰之重，於此可窺一二。惠帝企圖通過重罰的辦法，迫使女子早婚早育。提倡早婚是西漢的一貫做法，並可能在實際中得到較廣泛的執行。執行這一政策所產生的負面影響，因此也早為時人矚目。如宣帝時的王吉就曾上書說：「夫婦，人倫大綱，夭壽之萌也。世俗嫁娶太早，未知為人父母之道而有子，是以教化不明而民多夭。」（《漢書王吉傳》）由此可知，西漢早婚的規定被民間所接受，並衍變成廣為流行的風習。根據王吉所說，這種風尚，既不利於男女雙方的健康，也不利於子女教育。

　　西漢獎勵人口生育、促進人口增長的措施中，見諸史書最多的舉動，就是釋放宮女，讓她們流入社會，嫁作人妻，生兒育女。從《漢書》記載來看，這一做法，不是西漢一帝一時之舉，而是普遍的行為：

　　《漢書文帝紀》：文帝前元十二年（前168年）「二月，出孝惠皇帝後宮美人，令得嫁」。

　　《漢書文帝紀》：文帝後元七年（前157年），帝崩未央宮。遺詔曰：「無禁取婦嫁女……，歸夫人以下至少使」。顏師古注引應劭語曰：

「夫人以下有美人、良人、八子、七子、長使、少使，皆遣歸家。」

　　《漢書景帝紀》：景帝後元三年（前141年），遺詔曰：「出宮人歸其家，復終身。」

　　《漢書哀帝紀》：哀帝建平元年（前6年），即位之初的哀帝詔曰：「掖庭宮人年三十以下，出嫁之。官奴婢五十以上，免為庶人。」

　　《漢書平帝紀》：平帝元始五年（5年），遺詔曰：「其出媵妾，皆歸家得嫁，如孝文時故事。」

　　從上述記載看，西漢釋放宮女出嫁，似成一種風氣。儘管歷次釋放宮女的歷史背景不同，並且西漢諸帝先後釋放多少嬪妃美人也不得詳知，但漢帝的這一做法，對漢代的人口迅速增長，無疑具有推波助瀾的作用。

　　法律是統治者維護其政權穩定的重要工具。西漢鼓勵人口增長的政策表現在法律上，就是對犯罪女子的寬容。景帝曾明確指出：「孕者未乳……頌繫之。」（《漢書刑法志》）顏師古注曰：「乳，產也」；「頌讀曰容。容，寬容之，不桎梏」。就是對有孕在身的犯罪女子加以寬宥。而即使是那些未曾有孕的女子犯罪，法律規定對之亦不加收審、關押，而代之以罰款，讓她們在家，其目的之一就是方便女子出嫁及受孕生育。如據《漢書平帝紀》，元始元年（1年），平帝制詔云：「天下女徒已論，歸家，顧山錢月三百。」如淳注之說：「已論者，罪已定也。今甲，女子犯罪，作如徒六月，顧山遣歸。說以為當於山伐木，聽使入錢顧功值，故謂之顧山。」對如淳的解釋，顏師古表示認同，他說：「如說近之。謂女徒論罪已定，並放歸家，不親役之，但令一月出錢三百，以顧人也。」皇帝如此匠心，其目的昭然若揭！

　　穩定的政治形勢和國家行之有效的人口政策，對西漢的人口恢復和增長起到了巨大的促進作用（見圖6-1）。到「文景之治」時，舉國人口基本上恢復到戰國時的數量。「後數世，民咸歸鄉里，戶益息，

蕭、曹、絳、灌之屬或至四萬,小侯自倍」(《史記高祖功臣侯者年表》)。表6-1中部分侯國戶數的增長情況,即折射了漢初人口增長大勢之一般。

　　表6-1為西漢初部分侯國戶數及其增長情況,李劍農、葛劍雄的著作中,均有一個比本表更為詳盡的表格。據葛劍雄著作統計的二十三個侯國人口資料,除其中一個侯國(昌武)的人口是負增長以外(-10.9‰),其餘侯國雖增長幅度不一,但都呈正增長,其平均增長率為千分之十三點一。儘管增幅有些大,而在葛劍雄看來,各侯國既無可能隱瞞戶口,也沒有必要虛報戶口。因此,這些侯國戶數的增長情況應是可信的[14]。由西漢初侯國人口的增長情況,我們大致可以推斷西漢初期的全國人口增長之概端。

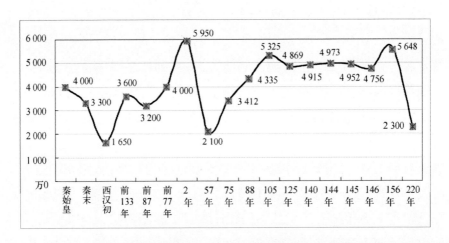

圖6-1　秦漢時期全國人口數量變動示意圖

資料來源:《後漢書郡國志》及劉昭注、《晉書地理志上》、《通典食貨七》;梁方仲《中國歷代人口、田地、田賦統計》(上海市:上海人民出版社,1980年);葛劍

14 葛劍雄:《西漢人口地理》(北京市:人民出版社,1986年),頁20-22;葛劍雄:《中國人口史》(上海市:復旦大學出版社,2002年),卷1,頁329-330、332。

雄《西漢人口地理》（北京市：人民出版社，1986年）；葛劍雄《中國移民
史》（福州市：福建人民出版社，1997年），卷2；葛劍雄：《中國人口史》
（上海市：復旦大學出版社，2002年），卷1。

注：圖中秦末人口數，葛劍雄估計為三六〇〇萬—三三〇〇萬，為便於圖示，取其中間
　　值三三〇〇萬；西漢初人口數，葛氏估計為一五〇〇萬——八〇〇萬，本圖取其中
　　間值一六五〇；昭帝初年至宣帝地節元年（前86—前69年）的人口數，葛氏估計
　　為四〇〇〇萬，其具體時間，本圖取其中間值即前七十五年。

表6-1　西漢初期部分侯國戶數增長情況

封邑及侯名	封國、除國時間	年限	初封戶數	國除時戶數	年均增長率
河東郡平陽，曹參	前201、前91年	110年	10600	23000	6.9‰
中山國曲逆，陳平	前201、前130年	71年	5000	16000	11.0‰
沛郡酇，蕭何	前201、前155年	46年	8000	26000	25.5‰
廣平國曲周，酈商	前201、前147年	54年	4000	18000	24.8‰
涿郡成，董渫	前201、前150年	51年	2800	5600	12.1‰

資料來源：李劍農《中國古代經濟史稿》（武漢市：武漢大學出版社，2006年），頁
　　　　　217；葛劍雄《西漢人口地理》（北京市：人民出版社，1986年），頁20；葛
　　　　　劍雄：《中國人口史》（上海市：復旦大學出版社，2002年），卷1，頁329。

　　然而，隨後的武帝時期，廷上大興奢侈，外攘夷狄，屢興邊釁，
加之自然災害多發、徭役沉重[15]，全國人口數量大幅下降[16]。《漢書昭
帝紀》載昭帝繼位時，「承孝武奢侈余敝師旅之後，海內虛耗，戶口
減半」。後經昭、宣二帝「輕繇薄賦，與民休息」的一番努力，西漢

---

15 葛劍雄：《西漢人口地理》（北京市：人民出版社，1986年），頁65-72；葛劍雄：《中
　國人口史》（上海市：復旦大學出版社，2002年），卷1，頁375-389。

16 據葛劍雄研究，武帝前期（約在元光二年，即前133年）人口最高數約三六〇〇萬，
　武帝末年人口最低數為三二〇〇萬，四十年間減少了四〇〇萬。若將其間人口正常
　增長數考慮進去，則此間損失人口一五五八萬。葛劍雄：《中國人口史》（上海市：
　復旦大學出版社，2002年），卷1，頁389。

人口數量復始上陞，儘管其間災害頻繁，如成帝建始三年（前30年），「郡國被水災，流殺人民，多至千數」（《漢書成帝紀》），但人口的增長仍較迅速，至平帝時，全國人口近6000萬，達漢之「極盛」（《漢書地理志下》）。

西漢人口的地區分佈極不均衡。黃河中下游地區是西漢社會經濟最為發達的地域，也是人口重心所在地。《史記貨殖列傳》對此有較多的記載：

> 長安諸陵，四方輻湊並至而會，地小人眾。
>
> 昔唐人都河東，殷人都河內，周人都河南。夫三河在天下之中，若鼎足，王者所更居也，建國各數百千歲，土地小狹，民人眾。
>
> 中山地薄人眾。
>
> 鄒、魯濱洙、泗，……頗有桑麻之業，無林澤之饒。地小人眾。
>
> 沂、泗水以北，宜五穀桑麻六畜，地小人眾，數被水旱之害。

具體地說，當時戶逾百萬、口超五〇〇萬的有兗、豫、冀、徐等州和司隸，大致相當於今陝西關中平原與黃河下游的河北、河南、山東與江蘇、安徽的淮北地區，面積僅為全國的百分之十一點七，而其人口卻占全國總數的百分之五十五。尤其是關中平原，人口密度達1000人/km2，冠全國之首；太行山以東平原之地，除部分地區外，人口密度也是100人/km2；涼、并、朔方、交趾四州，則戶數在五十萬以下、口數在二〇〇萬以下，其人口主要集中在河西走廊的綠洲地帶、汾河中游的河谷盆地、河套平原。而南方的長江流域和北方的邊陲地區，人口相對來說較為稀少。對此，《史記貨殖列傳》載云：

上谷至遼東，地踔遠，人民希，數被寇。

楚越之地，地廣人希，飯稻羹魚，或火耕而水耨。

　　南方的荊、揚、益三州，地域廣袤，人口主要集中在成都平原、南陽盆地、太湖平原，而會稽郡南部、交趾和涼州，則是全國人口密度最低的地域（見表6-2）[17]。

表6-2　西漢平帝元始二年（2年）、東漢順帝永和五年（140年）人口分佈狀況

州別	面積（萬 km2）	戶數（千）	口數（千）	戶均口數	占全國人口比例（%）	人口密度（人/km2）
兗 州	7.61/6.19	1656/727	7877/4052	4.76/5.57	13.7/8.28	103.5/65.5
豫 州	7.54/8.83	1 342/1 143	6 944/7 179	5.17/6.28	12.0/14.67	92.1/81.3
青 州	5.19/6.30	960/636	4 191/3 710	4.37/5.83	7.3/7.58	80.8/58.9
冀 州	6.46/9.30	1 133/908	5 177/5 932	4.57/6.53	9.0/12.12	80.1/63.8
徐 州	8.93/8.36	1 150/476	5 241/2 792	4.56/5.86	9.1/5.70	58.7/33.4
司 隸	15.62/14.53	1 520/616	6 683/3 106	4.40/5.04	11.6/6.34	42.8/21.3
并 州	13.43/27.22	450/115	1 927/697	4.28/6.06	3.3/1.42	14.4/2.56
幽 州	40.87/22.00	881/396	3 715/2 045	4.22/5.16	6.4/4.18	9.1/9.31
朔 方	19.02	314	1673	5.33	2.9	8.8
荊 州	47.52/48.70	6 69/1 399	3 597/6 266	5.38/4.48	6.2/12.80	7.6/12.9
揚 州	52.05/5.21	711/1021	3 206/4 339	4.51/4.25	5.6/8.87	6.2/8.32
益 州	87.95/105.41	1 024/1 525	4 784/7 242	4.67/4.75	8.3/14.80	5.4/6.87
涼 州	32.70/60.48	331/102	1 282/464	3.87/4.55	2.2/0.95	3.9/0.77

---

17 具體參見葛劍雄：《西漢人口地理》（北京市：人民出版社，1986年），頁100-104；葛劍雄：《中國人口史》（上海市：復旦大學出版社，2002年），卷1，頁490-493。

州別	面積（萬 km2）	戶數（千）	口數（千）	戶均口數	占全國人口比例（%）	人口密度（人/km2）
交　趾	49.72/48.46	215/270	1 372/1 114	6.38/4.12	2.4/2.28	2.8/2.3
合計/平均	394.61/417.88	12 356/9 334	57 669/48 938	4.71/5.2	100/100	14.6/11.14

資料來源：梁方仲《中國歷代人口、田地、田賦統計》（上海市：上海人民出版社，1980年），頁14-35；葛劍雄：《中國人口史》（上海市：復旦大學出版社，2002年），卷1，頁367、487-490、494-498。

注：表中資料，前者為西漢的情況，後者為東漢的情況；表中西漢朔方人口密度，《中國人口史》第一卷（第367頁）作7.8人/km2；東漢部分州的人口數位，採用《中國人口史》第一卷資料。

　　人口數量的大幅攀升，加之居住的地域相對較為集中，以致黃河中下游地區許多原來村莊寥落的「寬鄉」在並不太長的時期內成為人多土少的「狹鄉」，人地之間的矛盾十分突出[18]。於是，統治者為滿足人口衣食之需，西漢政府在實行移民的同時，大力推行墾荒政策，在黃河中下游等地區毀林焚草以闢田。據《漢書地理志下》，到平帝元始二年（2年），全國墾田面積至八二七萬多頃，尤其是對人口密集的黃河中下游地區的土地開發，達到了近乎掠奪式的地步。此舉在闢出

18 人多地少的矛盾，西漢末賈讓所上治理黃河三策之言，可折射其一二。據《漢書・溝洫志》，在其奏疏中，賈讓對西漢黃河屢決的原因進行了分析，認為當時的河患與河道狀況的日益不定相關；而河道之不定，則緣起於社會民眾對河灘地的盲目圍墾。他說：戰國趙、魏等國初建黃河圍堤時，兩邊河岸「去河二十五里」，洪水上漲時節，河水洄游其間，泥淤下落；洪水退卻後，泥淤沉積形成的灘地肥美，「民耕田之，或久無害。稍築室宅，遂成聚落。大水時至漂沒，則更起堤防以自救，稍去其城郭，排水澤而居之」。如此反覆，河床新灘不斷出現，而民間為抵禦水災的新圍堤也頻繁增築。到了西漢末年，由於人口的增多，人們對河灘地的利用更為劇烈，以致當時河南、山東一帶為圍墾灘地而修築的黃河圍堤多達數重。堤距寬窄不一，「隘者去水數百步，遠者數里」。對於圍墾河灘地並「起廬舍其中」的當地百姓，地方政府只能聽之任之，對墾灘者課之以稅賦。賈氏認為，民間這種「與水爭咫尺之地」的行為，是西漢中下游河患不斷的原因之一。

大量耕地的同時，也付出了鄒、魯之地「無林澤之饒」和梁、宋之域「無山川之饒」的沉重代價，森林、草原等植被遭到了破壞，水土流失嚴重，黃河水道泥沙比重增大，河患頻繁[19]，黃河流域中下游地區出現了中國歷史上生態環境惡化的第一個周期。

（二）東漢人口政策與生態

東漢初年，由於西漢末年以來天災、戰亂等因，人口減少甚劇。《漢書食貨志下》載云：「貧者無以自存，起為盜賊，依阻山澤，吏不能禽而覆蔽之，浸淫日廣，青、徐、荊楚之地往往萬數。戰鬥死亡，緣邊四夷所繫擄，陷罪，饑疫，人相食，及莽未誅，而天下戶口減半矣。」劉昭注《後漢書郡國志五》引應劭《漢官儀》說：「世祖中興，海內人民可得而數，裁十二三。邊陲蕭條，靡有孑遺。」東漢建國後，一方面，社會秩序的安定，有利於人口的增長；另一方面，初踐帝祚的劉秀，倣仿西漢人口政策，先後採取了諸如釋放奴婢、寬宥犯罪女徒等一系列措施，刺激人口生產。如《後漢書光武帝紀上》載光武建武三年（27年）劉秀下詔：「女徒雇山歸家。」據李賢注引《漢書》「音義」，所謂「雇山歸家」，即「令甲：女子犯徒遣歸家，每月出錢雇人於山伐木，名曰雇山」。「女徒雇山歸家」，就是有條件地釋放犯罪女徒；據《後漢書光武帝紀下》，此後劉秀又先後多次因奴婢問題下詔，禁止殺死和傷殘奴婢，要求釋放奴婢。建武十一年二月詔：「天地之性人為貴，其殺奴婢，不得減罪」；八月頒詔：「敢炙灼奴婢，論如《律》，免所炙灼者為庶人」。兩年後的十二月，劉秀再

---

19 譚其驤：〈何以黃河在東漢以後會出現一個長期安流的局面——從歷史上論證黃河中游的土地合理利用是消弭下游水害的決定性因素〉，《學術月刊》1962年第2期（1962年）。另見王尚義：〈兩漢時期黃河水患與中游土地利用之關係〉，《地理學報》2003年第1期（2003年）。

詔曰：「益州民自八年（32年）以來被掠為奴婢者，皆一切免為庶
人；或依託為人下妻，欲去者，恣聽之；敢拘留者，比青、徐二州以
略人法從事。」

　　東漢初年重視發展人口的政策，為乃後歷代君主所踐履。如《後
漢書章帝紀》云章帝元和二年（85年）正月，在原「人有產子者復，
勿算三歲」法令的基礎上，又增加了對孕婦人賜三斛「胎養穀」，並
對其夫免收「算」（人頭稅）一年的優厚待遇；次年正月，章帝又詔
令「其嬰兒無父母親屬，及有子不能養食者，稟給如《律》」。又如殤
帝延平元年（106年）針對「宮人歲增」不利民間人口增殖之情，詔
「掖庭宮人，皆為庶民」（《後漢書殤帝紀》），令宮女嫁人生育。

　　在政府積極人口政策的影響下，東漢時期的人口數量迅速增長。
其增長速度，我們從《後漢書郡國志》及其注等文獻中，可窺其一二
（見圖6-1）（《後漢書郡國志》及劉昭注、《晉書地理志上》、《通典食
貨七》）：

　　　　光武中元二年（57年），戶四二七萬餘，口二一〇〇萬餘；
　　　　明帝永平十八年（75年），戶五八六萬餘，口三四一二萬餘；
　　　　章帝章和二年（88年），戶七四五萬餘，口四三三五萬餘；
　　　　和帝元興元年（105年），戶九二三萬餘，口五三二五萬餘；
　　　　安帝延光四年（125年），戶九六四萬餘，口四八六九萬餘；
　　　　順帝永和五年（140年），民戶九六九萬餘，口四九一五萬餘；
　　　　順帝建康元年（144年），戶九九四萬餘，口四九七三萬餘；
　　　　沖帝永嘉元年（145年），戶九九三萬餘，口四九五二萬餘；
　　　　質帝本初元年（146年），戶九三四萬餘，口四七五六萬餘；
　　　　桓帝永壽三年（157年），戶一〇六七萬餘，口五六四八萬餘。

　　就以上所列來看，雖然在和帝元興元年至安帝延光四年的二十年間、順帝建康元年至質帝本初元年的三年間，相較於前一時期，其人口數有所下降，但從總的趨勢來說，東漢時期的人口是呈增升之勢的。其中，增長較迅速者有四個階段：一是明帝永平十八年的人口數，較近二十年前的光武中元二年增加了約百分之六十三，年均增長率高達千分之二十七左右；二是明帝永平十八年至章帝章和二年間的十三年，人口在原來的基礎上又增長了約百分之二十七，年均增長率約千分之十九；三是此後至和帝元興元年間的十七年，人口又比其前增加了百分之二十三左右，年均增長率約千分之十二。有學者曾就東漢人口的變動大勢而說：「到公元二世紀初期，東漢全國人口已與西漢的高峰相差不多了」[20]。從和帝元興元年五三二五萬餘的全國人口數字來看，這一論斷是不虛的；四是質帝本初元年至桓帝永壽三年的十年，其間的人口數增長了近百分之十九，年均增長率約千分之十七，人口數達到東漢的最高值。

　　與西漢人口集中在黃河中下游地區這一分佈特點相比，東漢人口分佈相對分散。其原因主要有兩個：一是西北游牧民族的侵擾，戰爭頻仍；二是西漢的掠奪開發，導致北方尤其是黃河中下游地區的生態惡化，災害時常發生。這樣，人口或死於戰亂，或亡於災荒[21]。北方人口紛紛南遷，使東漢人口遷徙變動較大，呈現出南增北減、人口分佈相對分散的局面。如順帝永和五年（140年）的人口分佈，秦嶺—淮河一線以北地區的人口約占全國人口總數的百分之六十，此線以南則為百分之四十左右。與西漢平帝元始二年的人口數量相比，永和五年北方兗州、徐州、司隸、并州、幽州、涼州等地人口數及其在全國

20 葛劍雄：《中國人口史》（上海市：復旦大學出版社，2002年），卷1，頁415。

21 葛劍雄對此有所論述，可以進一步參見《中國人口史》（上海市：復旦大學出版社，2002年），卷1，頁409-425。

所佔的比重，都有程度不同的下降（見表6-2）。人口減少最多的是西北地方，如隴西郡西漢是二三六八二四人，東漢則為二九六三七人；北地郡西漢為二一〇六八八人，東漢則是一八六三七人；朔方郡西漢是一三六六二八人，東漢則降至七八四三人；上郡西漢時是六〇六六五八人，東漢僅有二八五九九人；西河郡西漢為六九八八三六人，東漢則減至二〇八三八人。上述各郡人口減少的幅度在百分之九十左右，甚者更大。西北其它地方，如雲中郡西漢人口為一七三二七〇，東漢僅有二六四三〇人；定襄郡西漢有一六三一一四人，東漢減少到一三五七一人；五原郡西漢人口數為二三一三二八，東漢則為二二九五七人，人口減少幅度也較高，均在版分之八十上下。區域人口密度由於人口總數的減少，也大為降低。如安定、金城和天水（隴西）三郡，西漢時期的人口密度（人/km2）分別是二點二、二點五和十五點四，及迄東漢，三郡人口密度分別降至〇點四、〇點五和〇點七[22]。與北方人口減少的趨勢相比，南方地區的人口則呈上陞之勢。如益、揚、荊三州，和西漢末年的人口數相比較，其東漢永和五年的人口分別上陞了百分之五十一點四、百分之三十五點三和百分之七十四點二；在全國總人口中所佔的比例，也各從百分之八點三、百分之五點六和百分之六點二上陞至百分之十四點八、百分之八點八七和百分之十二點八。東漢南方地區人口增幅較大的郡國，主要有永昌、零陵、長沙、豫章、蒼梧、桂陽等，增幅二一六倍不等[23]。儘管這一大幅度

22　梁方仲：《中國歷代人口、田地、田賦統計》（上海市：上海人民出版社，1980年），頁14-35。另外，在葛劍雄的研究中，安定、金城和天水（隴西）三郡西漢、東漢的人口密度分別為二點六一、〇點八六，四點二九、〇點六七，十一點二五、一點一三。《中國人口史》（上海市：復旦大學出版社，2002年），卷1，頁489、496。

23　梁方仲：《中國歷代人口、田地、田賦統計》（上海市：上海人民出版社，1980年），頁15-17、23-25；葛劍雄：《中國人口史》（上海市：復旦大學出版社，2002年），卷1，頁488-490、495-498。

的人口增長仍不能改變南方總體地廣人稀的局面，其人口密度依然較低，但中國歷史上的南北人口分佈比例自此發生了重大的變化。

人口的增減與分佈地區的變化，直接影響著生態環境的變遷。北方特別是黃河中下游地區人口的減少，使人對自然的干預程度隨著干預方式的改變而大為減輕，除個別地區特殊原因外，其生態資源在西漢肆虐開發後得到一個恢復之機，黃河流域的水土流失程度減輕，黃河也進入了一個相對安流的時期[24]。南方雖然人口有所增加，人類對自然的開發和利用力度加大，但由於南方固有的良好生態條件和廣闊地域，人口的增長數量還不曾超過這一時期這一地區生態的載負量，劇增的人口儘管對生態有一定的負面影響，然仍未造成破壞。東漢時期因此是我國古代生態環境在歷經西漢破壞後的一個相對恢復階段。

三　移民實邊、屯墾政策與生態

秦漢是中國歷史上民族大融合時期，周邊少數民族政權同秦漢中央政府的關係是時戰時和。秦漢王朝為加強對邊疆少數民族政權的防禦和迫於內地特別是中原地區的人口數量大、土地相對不足等情，在國內實行移民實邊、墾荒屯田的政策。這一政策的實施，直接關係到國內人口的空間格局，並影響了一定地區的生態狀況。

從文獻記載看，秦漢時期由國家推行的移民實邊和屯墾政策，主要集中在秦和西漢兩朝，東漢則次之。

---

24 干預方式的改變和生態環境的優劣對黃河水文的影響，譚其驤、王尚義等曾有詳盡的述論。具體參見譚其驤：〈何以黃河在東漢以後會出現一個長期安流的局面——從歷史上論證黃河中游的土地合理利用是消弭下游水害的決定性因素〉，《學術月刊》1962年第2期（1962年）；王尚義：〈兩漢時期黃河水患與中游土地利用之關係〉，《地理學報》2003年第1期（2003年）。

（一）秦始皇的移民實邊與屯墾政策

秦統一天下後，進行了大規模的移民，以「實關中」和「戍邊郡」，遷入地主要為今天的陝北、寧夏、隴西和內蒙古河套一帶，每次移民數多達幾萬至幾十萬人。《史記秦始皇本紀》對此有具體的記載：

其一，秦始皇二十六年（前221年），「徙天下富豪」十二萬戶於咸陽。此次移民，其對象主要是「天下富豪」（以來源於關東地區為主），其移入地為咸陽；其規模，若每戶以五口計，大概為六十萬；而移富豪於關中的目的，一則在於充實關中，二則便於控制天下「富豪」。因此，此次移民，不曾涉及屯墾之事。

其二，秦始皇三十二年（前215年），蒙恬領軍「三十萬人北擊胡，略取河南地」。次年，「西北斥逐匈奴。自榆中並河以東，屬之陰山，以為四十四縣，城河上為塞。又使蒙恬渡河取高闕、陽山、北假中，築亭障以逐戎人。徙謫，實之初縣。」《史記匈奴列傳》對此也有記載：「悉收河南地，因河為塞，築四十四縣城臨河，徙適戍以充之。」

對於其中的「河南地」，《史記匈奴列傳》張守節「正義」：「今靈、夏、勝等州，秦略取之。」又據《史記》之《平準書》、《匈奴列傳》裴駰「集解」、張守節「正義」引如淳、服虔語，「河南地」即西漢朔方郡以南地區，也就是河套地區，大概相當於黃河上游今寧夏以下、內蒙古境內黃河以南的地區[25]；關於「因河為塞」，《匈奴列傳》司馬貞「索隱」：「案：《太康地記》『秦塞自五原北九里，謂之造陽。東行終利貢山南，漢陽西是也。』」也就是說，秦塞所在地區，是在榆中以東、黃河以北到陰山的廣大範圍。蒙恬率軍佔領河套一帶後，首先在這裏設置四十四縣（或謂34縣），並移民實邊。移民所居範

---

25 葛劍雄：《中國移民史》（福州市：福建人民出版社，1997年），卷2，頁68。

圍，絕不僅在河套地區，也包括後來蒙恬在黃河以北所取之地，但以河套地區為集中。對於此次移民的規模，文獻無具載。據《秦始皇本紀》「徙謫」及司馬貞「索隱」「徙有罪而謫之」文，可以斷定：由於其移民對象的特定性，「實之初縣」的規模不會太大。然而，有學者指出，所謂的「謫」，實際上是秦始皇根據強制移民的需要而隨意決定的對象。按照每縣平均五○○戶、二萬口計算，四十多縣人口近十萬；若每縣以千戶計，則人口總共有近二十萬[26]。其規模似乎不小[27]，只是縱然眾至幾十萬，相對於河套一帶的廣大地域，其人數還是微不足道的。移民所在地區，歷史上基本為未經開發或游牧區，特別是河套一帶，水源豐富，土地肥沃[28]，有利於農業墾殖。然而，《史記》等文獻在記述是次移民時，並未明確地說及屯墾情況。但是，被徙者基本來自內地，其主要社會經濟活動為農業生產，來到新的地區後，其生存所資，必然依舊為農耕；另外，蒙恬所率三十萬軍中，由於對遷入者進行管理和監督的需要，也應有一部分轉為屯墾[29]。有了上述有利的農業生產基礎和兩個屯墾主體，屯墾活動勢不可免。

26　葛劍雄：《中國移民史》（福州市：福建人民出版社，1997年），卷2，頁69。

27　譚其驤認為至少有幾十萬。譚其驤：〈何以黃河在東漢以後會出現一個長期安流的局面——從歷史上論證黃河中游的土地合理利用是消弭下游水害的決定性因素〉，《學術月刊》1962年第2期（1962年）。

28　西漢武帝元狩四年（前119年），朝廷曾「徙貧民於關以西，及充朔方以南新秦中」。《史記》之〈平準書〉、〈匈奴列傳〉，以及《漢書‧食貨志下》對此都有記載。關於「新秦中」，《史記‧平準書》裴駰「集解」分別引如淳、臣瓚語云：「長安已（以）北、朔方已（以）南」；「秦逐匈奴以收河南地，徙民以實之，謂之新秦」。《匈奴列傳》張守節「正義」引服虔語曰：「地名，在北地，廣六七百里，長安北，朔方南。《史記》以為秦始皇遣蒙恬斥逐北胡，得肥饒之地七百里，徙內郡人民皆往充實之，號曰新秦中也。」也就是說，在秦人看來，河套地區與其秦中即關中一樣豐饒，故稱之為「新秦中」。

29　葛劍雄：《中國移民史》（福州市：福建人民出版社，1997年），卷2，頁69。

其三，三十五年（前212年），秦始皇又分別遷三萬、五萬戶於麗邑（今陝西臨潼縣東北）、雲陽（今陝西淳化西北）。有學者認為，這次移民主要來源於咸陽城內過剩的人口[30]，因此，被遷徙到新的地方後，這些人不可能從事農墾之事。其中的雲陽，處在關中盆地與陝北高原之間，位於關中通往北方交通要道——直道上。由此而言，移民雲陽，可能是從鞏固和加強其在交通方面的重要作用著眼的。以戶均四人計算，遷到雲陽的人口約有二十萬。

其四，三十六年（前211年），秦始皇可能又因河套一帶人口較少，「遷北河、榆中三萬家，拜爵一級」。據《秦始皇本紀》張守節「正義」「北河，勝州也；榆中，即今勝州榆林縣」可知，這些移民遷入地主要為今河套地區；移民的目的，與前二一四年的移民基本一致，即鞏固北部邊疆；從「拜爵一級」的獎勵規定看，遷徙的對象基本上為平民，因此在河套一帶必然要進行墾荒活動；移民規模，以戶均四人計算，約十二萬人。

秦始皇時期幾次規模較大的北方移民，其中有二次移民河套，移民總數，有學者估計至少近三十萬，並從事開墾和農耕。此前，雖有趙武靈王拓展河套，但未大規模移民。因此，秦始皇時期的河套地區移民，是中原農業人口第一次推進到如此遠的北方，陰山南麓成為中國農業區新的北界[31]。然而，秦時北方移民，很少能夠長期定居，史載在秦始皇死後不久爆發的秦末農民戰爭期間，「諸秦所謫徙戍邊者皆復去」，於是匈奴「復稍度河南，與中國界於故塞」（《史記匈奴列傳》）。

---

30 葛劍雄：《中國移民史》（福州市：福建人民出版社，1997年），卷2，頁65-66。
31 葛劍雄：《中國移民史》（福州市：福建人民出版社，1997年），卷2，頁69。

（二）西漢時期的移民、屯墾政策與生態

1 西漢前期的移民與屯墾

　　西漢時期的情況，可分前、中、後三個階段來考察。前期為高祖劉邦到景帝時期。西漢草創之初，政府為充實關中和加強北方的防禦陣線，大力推行秦時的移民實邊政策。早在漢高祖七年（前200年），劉邦即在關中麗邑建置新豐縣，徙泗水流域豐縣居民以實之[32]；九年（前198年）十一月，遷齊楚大族昭、屈、景、懷、田五姓家族於關中（《漢書高帝紀下》）。此後惠帝、高后時期，未見專門的移民、屯墾記載。但據《漢書文帝紀》載文帝二年（前178年）詔稱「今縱不能罷邊屯戍」，表明文帝之前邊疆有大規模的屯戍現象。

　　文帝十五年（前165年）九月，晁錯「上言兵事」，認為「守邊備塞、勸農立本」為「當世急務二事」。建言文帝採用屯戍結合的定居移民辦法，加強邊防，防禦匈奴，並向文帝提出了具體的實施辦法。《漢書晁錯傳》載之曰：選常居者，家室田作，且以備之，……先為室屋，具田器，乃募罪人及免徒復作令居之；不足，募以丁奴婢贖罪及輸奴婢欲以拜爵者；不足，乃募民之欲往者。皆賜高爵，復其家，予冬夏衣，廩食，能自給而止。郡縣之民得買其爵，以自增至卿。其亡夫若妻者，縣官買予之。人情非有匹敵，不能久安其處。塞下之民，祿利不厚，不可使久居危難之地。胡人入驅而能止其所驅者，以其半予之。……以陛下之時，徙民實邊，使遠方亡屯戍之事，塞下之

---

32 《漢書·高帝紀下》、《西京雜記》卷二。顏師古注《漢書·高帝紀》高祖十一年四月「令豐人徙關中者皆復終身」引應劭語曰：「太上皇思（土）欲歸豐，高祖乃更築城寺市裏如豐縣，號曰新豐，徙豐民以充實之。」顏師古說：「徙豐人所居，即今之新豐古城是其處。」其移民是在高祖七年新豐縣建立後，而非後人所說的十一年。所以，西漢首次關東移民關中者，當為高祖七年。

民父子相保，亡繫虜之患，利施後世，名稱聖明。晁錯的建議為文帝
所採用，遂「募民徙塞下」。根據《晁錯傳》記載、顏師古注及其引
臣瓚語可知，此次移民對象，主要是犯罪之人、刑滿或赦免者、以奴
婢贖罪者或願以奴婢買爵位者，以及百姓願往者；移民的手段或方
法，主要為「募」；因而，與此相聯繫，移民是有一定條件的，具體
包括賜高爵、免全家賦役、給予衣食之物直至能夠自給，以及平民可
以買爵位至列卿、政府給未婚者買配妻子等等。眾所週知，在中原民
人眼裏，北方苦寒，一般人視之為畏途；加之西漢初年，關東人口仍
稀，還不存在後來所謂的人地關係矛盾問題，黃河中下游地區尚有足
夠的荒地供百姓開墾。故而有學者認為此次移民效果不大[33]，但它拉
開了西漢大規模向邊地徙民的序幕[34]。

2 西漢中期的移民與屯墾

西漢大規模的移民與屯墾，是在中期即漢武帝劉徹在位期間。武
帝時期是西漢王朝最強盛的階段，國家對外征戰頻繁，疆域日廣；同
時，伴隨著盛世的到來，人口增長迅猛，中原地區的土地利用達到極
限，人地矛盾突出[35]，河患不斷，災害多發[36]，災民四流。為解決新
闢地的駐防和黃河中下游一帶人地關係的緊張等問題，隨著對外戰爭

---

33 譚其驤：〈何以黃河在東漢以後會出現一個長期安流的局面——從歷史上論證黃河
 中游的土地合理利用是消弭下游水害的決定性因素〉，《學術月刊》1962年第2期
 （1962年）；葛劍雄：《中國移民史》（福州市：福建人民出版社，1997年），卷2，
 頁149。

34 劉光華：《秦漢西北史地叢稿》（蘭州市：甘肅文化出版社，2007年），頁247。

35 《漢書‧溝洫志》中記載的賈讓所云當時民間「與水爭咫尺之地」的情況，當是這
 一方面最典型的例子。

36 具體參見陳業新：《災害與兩漢社會研究》（上海市：上海人民出版社，2004年），
 頁10-77。

的捷報頻傳，武帝時期的移民活動也在緊鑼密鼓地開展，並在徙民地設置農官，進行墾殖。

武帝時期重要的移民和屯墾事例主要有：

（1）《漢書武帝紀》：元朔二年（前127年），「收河南地，置朔方、五原郡，……募民徙朔方十萬口」。這是西漢時期第一次有明確人數記載的移民北邊事件。有學者認為，其中的朔方是一地區概念，並不限於朔方郡[37]。至於該概念範圍多大，則並未明言。事實上，朔方就是專指朔方郡，因為在一段文字中，不可能出現兩個所指相異的「朔方」地區概念。因此，此次移民所在地區，當為朔方郡。正因為有了此次移民，此後在公元前一一九年河套一帶的移民，沒有再向朔方郡增添。但文獻中未曾提到這些人來朔方後是否有屯墾之事。

（2）據《漢書武帝紀》，元狩四年（前119年）冬，「有司言關東貧民徙隴西、北地、西河、上郡、會稽凡七十二萬五千口，縣官衣食振業，用度不足」。又《史記平準書》：元狩四年，「乃徙貧民於關以西，及充朔方以南新秦中，七十餘萬口，衣食皆仰給縣官。數歲，假予產業，使者分部護之，冠蓋相望。其費以億計，不可勝數。於是縣官大空」；《史記匈奴列傳》：元狩四年，「徙關東貧民處所奪匈奴河南、新秦中以實之，而減北地以西戍卒半」；《漢書食貨志》：「其明年，山東被水災，民多饑乏，於是天子遣使虛郡國倉廩以振貧。猶不足，又募豪富人相假貸。尚不能相救，乃徙貧民於關以西，及充朔方以南新秦中，七十餘萬口，衣食皆仰給於縣官。數歲，貸與產業，使者分部護，冠蓋相望，費以億計，縣官大空。」

這次移民，是西漢時期徙民記載最多的一次。以上記載顯明，移民的直接原因，就是關東地區連年水災，國家不能有效賑濟，於是通

37　葛劍雄：《中國移民史》（福州市：福建人民出版社，1997年），卷2，頁150。

過移民的辦法來解決受災貧民的生存問題。因此,移民是帶有救濟性質的災害移民。由於受災面廣人多,所以移民規模不小,達七十二萬餘;至於移入地,有學者認為主要徙往北方,不可能向會稽移民,《漢書武帝紀》中的「會稽」二字是衍文[38]。但另有學者提出不同看法,認為移民會稽有其實[39]。然無論如何,從《史記》、《漢書》及其注來看,北方「新秦中」則是移民的重點地區,七十二萬餘人中應有相當一部分徙往此地。儘管是災害移民,但國家移民戍邊的目的也是十分明確的。秦始皇時期,「河南地」為秦所有,並移民開發;然秦末以來,河南地復為匈奴所據。武帝元狩四年漠北一役,「匈奴遠遁」,河南地失而復得,武帝「以地空,故復徙民以實之」(《史記平準書》裴駰「集解」)。正由於徙民「新秦中」具有戍防的目的,故而《史記匈奴列傳》在記載移民的實效時說:「減北地以西戍卒半」。可見移民確實達到了有效戍邊的目的。文獻中也沒有此次移民屯墾的有關記錄,可能由於「戍邊」性質使然,國家似乎沒有組織這批移民進行屯墾,而是「數歲假予產業」。不過,即使有屯田活動,也應是零星的,尚未正式納入國家統一要求之列。

(3)《漢書武帝紀》:元狩五年,「徙天下姦猾吏民於邊」。由於對象特定與特殊,此次移民的規模不會太大,移入地區雖不詳,而從歷史上看,以北方或西北方為移入地應該說是沒有問題的。

(4)《史記平準書》、《漢書食貨志》:武帝元鼎六年(前111年),「初置張掖、酒泉郡,而上郡、朔方、西河、河西開田官,斥塞卒六十萬人戍田之。」《漢書武帝紀》對此也有記載。顏師古注《漢書食貨志》曰:「開田,始開屯田也。斥塞,廣塞令卻。初置二郡,

---

38 葛劍雄:《西漢人口地理》(北京市:人民出版社,1986年),頁193-197;葛劍雄:《中國移民史》(福州市:福建人民出版社,1997年),卷2,頁150。

39 辛德勇:〈漢武帝徙民會稽史事證釋〉,《歷史研究》2005年第1期(2005年)。

故塞更廣也。以開田之官、廣塞之卒戍而田也。」透過這些記載，我
們可知：

首先，漢武帝時期在北方的屯墾，可能開始於元鼎六年。而且，
六十萬屯田者也不可能盡為「塞卒」，應包括大規模的民屯，「塞卒」
於其間所起的作用是戍衛。

其次，有屯田，肯定就有移民。《漢書武帝紀》：元鼎六年「秋，
又遣浮沮將軍公孫賀出九原，匈河將軍趙破奴出令居，皆二千餘里，
不見虜而還，乃分武威、酒泉地置張掖、敦煌郡，徙民以實之。」有
學者斷言張掖、酒泉二郡居民全部都是從內郡遷徙而至[40]；另有學者
將《史記平準書》這段記載和《後漢書西羌傳》「武帝征伐四夷，開
地廣境，北卻匈奴，西逐諸羌，乃度河、湟，築令居塞；初開河西，
列置四郡。……置護羌校尉，持節統領焉。……漢遂因山為塞，河西
地空，稍徙人以實之」[41]相聯繫，稱此次移民主要徙往湟水流域。事
實上，僅據上述語焉不詳的記載，很難得出元鼎六年移民主要徙至湟
水流域的認識。

最後，從「上郡、朔方、西河、河西開田官，斥塞卒六十萬人戍
田之」的記載看，此次屯田主要仍在河套一帶，其次為黃河以西的
地區。

（5）據《史記大宛列傳》，武帝太初三年（前102年），漢軍再伐
大宛，武帝「益發戍甲卒[42]。十八萬酒泉、張掖北，置居延、休屠以

---

40 周振鶴：《西漢政區地理》（北京市：人民出版社，1987年），頁164。

41 即酒泉、武威、張掖、敦煌「河西四郡」。關於四郡設置的時間，《漢書‧地理志
下》分別作武帝太初元年（前104年）、太初四年、太初元年和武帝後元年（前88
年）。但據周振鶴考證，四郡設置的時間分別為武帝元狩二年（前121年）、宣帝地
節三年（前67年）、武帝元鼎六年（前111年）、武帝元鼎六年。周振鶴：《西漢政區
地理》（北京市：人民出版社，1987年），頁155-168。

42 有學者認為，「戍田卒」為一專用詞，漢簡中屢見，故而文中「甲」字或為「田」
之誤。劉光華：《漢代西北屯田研究》（蘭州市：蘭州大學出版社，1988年），頁70。

衛酒泉。」[43]說明至少從太初三年始，酒泉、張掖一帶就有了屯墾，且其規模還不小，因為政府專門派遣以衛之的「戍田卒」人數即達18萬之多。

（6）《漢書武帝紀》：天漢元年（前100年），「發謫戍屯五原」。因為群體（「罪犯」）特殊，此次移民的具體人數不會太多，但這些人在此從事屯墾則無疑。

就上述武帝時期的移民實邊與屯墾主要事件來看，其間的移民類型，主要為關東貧民、天下姦猾吏民、罪犯及其家屬等，這與《漢書地理志下》的總結也相吻合：「自武威以西，本匈奴昆邪王、休屠王地，武帝時攘之，初置四郡，以通西域，鬲絕南羌、匈奴，其民或以關東下貧，或以報怨過當，或以誖逆亡道，家屬徙焉」；移民所嚮之地，基本上為河西與河套一帶；總的移民人數，至少在二〇〇萬人以上；移民的目的，主要為實邊，只是其理由不一，或為救濟災民的手段，或是打擊異己勢力之需。移民初期，為促進移民實邊政策的實施，政府對移往異域的民眾進行必要的諸如物資等多種形式的資助，但隨著移民次數、數量的日益增加，國家對移民的政策也發生些許變化，中後期的移民不再享有如前期移民那樣的資助，而是鼓勵移民屯墾，並為此而專門設置吏員以領之。對此，《史記匈奴列傳》載稱，武帝元狩四年（前119年）漢匈漠北一役後，「匈奴遠遁，而幕南無王庭。漢度河自朔方以西至令居[44]，往往通渠置田官，吏卒五六萬人，稍蠶食，地接匈奴以北」[45]有關文獻也明確記載邊郡司屯田之職的農

---

43 《史記·大宛列傳》裴駰「集解」：「如淳曰：『立二縣以衛邊也。或曰置二部都尉，以衛酒泉。』」

44 《史記·匈奴列傳》裴駰「集解」：徐廣曰在金城；司馬貞「索隱」：《地理志》云張掖令居縣。

45 張守節「正義」：「匈奴舊以幕為王庭。今遠徙幕北，更蠶食之。漢境連接匈奴舊地以北也。」。

都尉始設於漢武帝時期。《漢書百官公卿表》:「農都尉、屬國都尉,皆武帝初置」;《後漢書百官志五》:「武帝……邊郡置農都尉,主屯田殖穀。」農都尉為邊郡主管屯田的最高職官,其考課由中央大司農主持[46]。武帝時期,屯墾之處一般都設有農都尉。如見諸《漢書》的有張掖農都尉(《漢書》之〈地理志下〉、〈敍傳上〉);居延漢簡所載有酒泉農都尉、居延農都尉[47]、朔方農都尉[48]等。農都尉的下級為田官區之農令[49]。考古學界曾在內蒙古掘得漢「西河農令」官印一方[50],即西河田官區農令之印[51]。農都尉的廣泛設置,反映了武帝時期的屯墾規模十分巨大,並且取得了實邊的實效。《史記大宛列傳》:「(自敦煌以)西至鹽水,往往有亭。而侖頭(輪臺)有田卒數百人,因置使者護田積粟,以給使外國者。」[52]

　　武帝時期的北方移民和屯田,伴隨著並服務於軍事行動。頻繁的邊事,勞民傷財,國內矛盾尖銳。晚年的武帝幡然醒悟,「悔遠征伐」,一改其前大規模移民北方、屯田遠域之舉,與民更始,並毅然

46　劉光華:《漢代西北屯田研究》(蘭州市:蘭州大學出版社,1988年),頁98。《漢書·敍傳》:「(班)況舉孝廉為郎,積功勞,至上河農都尉,大司農奏課連最。」大司農乃秦治粟內史衍變而來。《漢書·百官公卿表》:「治粟內史,秦官,掌穀貨,有兩丞。景帝後元年(前143年)更名大農令,武帝太初元年(前104年)更名大司農。」

47　劉光華:《漢代西北屯田研究》(蘭州市:蘭州大學出版社,1988年),頁95、96。

48　陳直《漢書新證》中引〈趙寬碑〉銘云:「青海出土趙寬碑云:『充國弟子聲為侍中,子君遊為雲中太守,子游都朔農都尉。』蓋為朔方郡農都尉之省文。」陳直:《漢書新證》(天津市:天津人民出版社,1979),頁135。

49　劉光華:《漢代西北屯田研究》(蘭州市:蘭州大學出版社,1988年),頁98。

50　陸思賢:〈內蒙古伊盟出土三方漢代官印〉,《文物》1977年第5期(1977年)。

51　劉光華:《漢代西北屯田研究》(蘭州市:蘭州大學出版社,1988年),頁100。

52　此條記載,《漢書·西域傳》書云:「自敦煌西至鹽澤,往往起亭,而輪臺、渠犁皆有田卒數百人,置使者校尉領護,以給使外國者。」對於其中的「置使者校尉領護」和「以給使外國者」,顏師古分別注云:「統領保護營田之事」、「收其所種五穀以供之」。

否決桑弘羊等移民、屯田輪臺以東地區的奏言[53]，西漢中期的移民、屯墾政策及行為從此斂息。

3 西漢後期的移民與屯墾

西漢後期的移民、屯墾，為武帝以後歷史階段的移民和屯墾，其間的移民次數和屯墾規模都不甚突出。所見的主要事例有：

（1）《漢書昭帝紀》：始元二年（前85年）「冬，發習戰射士詣朔方，調故吏將屯田張掖郡。」顏師古注：「調謂發選也。故吏，前為官職者。令其部率習戰射士於張掖為屯田也。」但是，筆者認為，「發習戰射士詣朔方」與「調故吏將屯田張掖郡」為兩件事，前者為軍事活動，後則是經濟行為（屯墾），而且張掖與朔方二地相去甚遠，所以「故吏」所「將」者，未必如顏氏所云「習戰射士」，其中應有不少由軍士轉變而來的當地定居者[54]。所以，屯田者中也包括一定的當地定居人口。

（2）《漢書西域傳上》：昭帝元鳳四年（前77年），（漢廷所立樓蘭質子尉屠耆為鄯善王）王自請天子曰：「身在漢久，今歸，單弱，而前王有子在，恐為所殺。國中有伊循城，其地肥美，願漢遣一將屯田積穀，令臣得依其威重。」「於是漢遣司馬一人、吏士四十人，田

---

53 桑弘羊等奏言：「故輪臺以東捷枝、渠犁皆故國，地廣，饒水草，有溉田五千頃以上，處溫和，田美，可益通溝渠，種五穀，與中國同時熟。……臣愚以為可遣屯田卒詣故輪臺以東，置校尉三人分護，各舉圖地形，通利溝渠，務使以時益種五穀。張掖、酒泉遣騎假司馬為斥候，屬校尉，事有便宜，因騎置以聞（師古曰騎置即今之驛馬也）。田一歲，有積穀，募民壯健有累重敢徙者詣田所（師古曰累重謂妻子家屬也），就畜積為本業，益墾溉田，稍築列亭，連城而西，以威西國。」得書，武帝詔曰：「今請遠田輪臺，欲起亭隧，是擾勞天下，非所以憂民也。今朕不忍聞。」（《漢書・西域傳下》）

54 葛劍雄在援用該條史料時曾云：「屯田人員中有部分會成為當地的定居人口」。葛劍雄：《中國移民史》（福州市：福建人民出版社，1997年），卷2，頁152。

伊循以填撫之。其後更置都尉（即農都尉——引者注）。伊循官置始此矣。鄯善當漢道沖，西通且末七百二十里。自且末以往皆種五穀，土地草木，畜產作兵，略與漢同」。這就是後世所謂的伊循（今新疆若羌東）屯田。酈道元注《水經河水》黃河「一源出於闐國南山，北流與？嶺所出河合，又東注蒲海」時，對此有進一步的敘述：

> 釋氏《西域記》……又曰：且末河東北流逕且末北，又流而左會南河，會流東逝，通為注濱河。注濱河又東逕鄯善國北，治伊循城，故樓蘭之地也。樓蘭王不恭於漢，元鳳四年，……漢又立其前王質子尉屠耆為王，更名其國為鄯善。百官祖道橫門，王自請天子曰：身在漢久，恐為前王子所害，國有伊循城，土地肥美，願遣將屯田積粟，令得依威重。遂置田以鎮撫之。敦煌索勱，字彥義，有才略，刺史毛奕表行貳師將軍，將酒泉、敦煌兵千人，至樓蘭屯田。起白屋，召鄯善、焉耆、龜茲三國兵各千，橫斷注濱河。河斷之日，水奮勢激，波陵冒堤。勱屬聲曰：王尊建節，河堤不溢；王霸精誠，呼沱不流。水德神明，古今一也。勱躬禱祀，水猶未減，乃列陣被杖，鼓譟歡叫，且刺且射，大戰三日，水乃迴減，灌浸沃衍，胡人稱神。大田三年，積粟百萬，威服外國。

根據這一記載，參之於《中國歷史地圖集》[55]，我們可知伊循屯田區域，當在今新疆塔里木盆地東南車爾臣河下游一帶，而非以往所認為的塔里木河下游地區或今樓蘭古城附近。為保證屯田收到「積粟」實效，索勱等「橫斷注濱河」，引水灌溉田地，「大田三年，積粟百

---

55 譚其驤：《中國歷史地圖集》（北京市：地圖出版社，1982年），第2冊，頁37-38。

萬」。積粟之多，除伊循一帶「土地肥美」、「灌浸沃衍」等因外，還應當與屯田區域甚廣、規模較大有關。

（3）《漢書鄭吉傳》：「鄭吉，會稽人也，以卒伍從軍，數出西域，由是為郎。吉為人強執，習外國事。自張騫通西域、李廣利征伐之後，初置校尉，屯田渠黎。至宣帝時，吉以侍郎田渠黎，積穀，因發諸國兵攻破車師，遷衛司馬，使護鄯善以西南道。」所指事件，《漢書西域傳下》有具體記載：

（宣帝）地節二年（前68年），漢遣侍郎鄭吉、校尉司馬憙將免刑罪人田渠黎，積穀，欲以攻車師。至秋收穀，吉、憙發城郭諸國兵萬餘人，自與所將田士千五百人共擊車師，攻交河城，破之。……車師王恐匈奴兵復至而見殺也，乃輕騎奔烏孫。吉即迎其妻子置渠黎。……（吉）送車師王妻子詣長安，……於是吉始使吏卒三百人別田車師。得降者言，單于大臣皆曰「車師地肥美，近匈奴，使漢得之，多田積穀，必害人國，不可不爭也。」果遣騎來擊田者，吉乃與校尉盡將渠黎田士千五百人往田，匈奴復益遣騎來，漢田卒少不能當，保車師城中。匈奴將即其城下，謂吉曰：「單于必爭此地，不可田也。」圍城數日，乃解。後常數千騎往來守車師。吉上書言：「車師去渠黎千餘里，間以河山，北近匈奴，漢兵在渠黎者勢不能相救，願益田卒。」公卿議以為道遠煩費，可且罷車師田者。詔遣長羅侯將張掖、酒泉騎出車師北千餘里，揚威武車師旁。胡騎引去，吉乃得出，歸渠黎，凡三校尉屯田。車師王之走烏孫也，……（宣帝元康四年即前62年）其後置戊巳校尉屯田，居車師故地。

記載中的屯田地區為渠犁（今新疆庫爾勒南）、車師（今新疆鄯善、吐魯番間）等地；屯田者，一為免刑罪人，二為軍士；屯田人數，文獻中明確提到的有一八〇〇人，但這是屯田軍士，除此以外，還有免刑罪人，實際屯田人數因此可能遠遠高於此數，且後來人數隨著屯田規模的擴大（「三校尉屯田」）而大增；屯田主要服務於戍邊，包括戰爭、維護通往西域的交通道路（「護鄯善以西南道」）。

　　（4）《漢書趙充國傳》：宣帝神爵元年（前61年），趙充國受命到河湟地區鎮壓羌人。隨後，「充國……欲罷騎兵，屯田以待其敝」，上〈屯田奏〉：「臣聞兵者，所以明德除害也，故舉得於外則福生於內，不可不慎。臣所將吏士馬牛食，月用糧穀十九萬九千六百三十斛，鹽千六百九十三斛，茭稾二十五萬二百八十六石。難久不解，繇役不息。又恐它夷卒有不虞之變，……計度臨羌東至浩亹，羌虜故田及公田，民所未墾，可二千頃以上，其間郵亭多壞敗者。臣前部士入山，伐材木大小六萬餘枚，皆在水次。願罷騎兵，留弛刑應募，及淮陽、汝南步兵與吏士私從者，合凡萬二百八十一人，用穀月二萬七千三百六十三斛，鹽三百八斛，分屯要害處。冰解漕下，繕鄉亭，浚溝渠，治湟狹以西道橋七十所，令可至鮮水左右。田事出，賦人二十畮[56]。至四月草生，發郡騎及屬國胡騎伉健各千，倅馬什二，就草，為田者遊兵。以充入金城郡，益積畜，省大費。」隨後，趙充國又向宣帝奏〈不出兵留田便宜十二事〉，條陳屯田之利：「步兵九校，吏士萬人，留屯以為武備，因田致穀，威德並行，一也。又因排折羌虜，令不得歸肥饒之地，貧破其眾，以成羌虜相畔之漸，二也。居民得並田作，不失農業，三也。軍馬一月之食，度支田士一歲，罷騎兵以省大費，四也。……大費既省，繇役豫息，以戒不虞，十二也。」覽此二奏，

---

56 顏師古注曰：「田事出，謂至春人出營田也；賦，謂班與之也；畮，古畝字。」

宣帝「兩從其計」，在出擊羌敵凱旋後，下「詔罷兵，獨留充國屯
田」。

從上述記載看，趙充國屯田人數眾多，僅軍士屯田者就有萬人，
此外還有民屯（「居民得並田作」）；屯田所在，主要集中於河湟臨羌
（今青海湟源東南）東至浩亹（今甘肅永登西南）一帶肥饒之地；屯
田規模，軍士每人班與田地二十畝，僅軍屯既有二十萬畝；屯田直接
服務於邊疆控制，滿足邊疆駐軍之需，鞏固邊防。同時，還有「郡騎
及屬國胡騎伉健」「為田者遊兵」，以保護屯區的安全；河湟屯田，開
始於神爵元年秋。次年五月，「羌虜降服，斬其首惡大豪」。由於對羌
戰爭的根本性勝利，趙充國便上奏宣帝，「請罷屯兵」。所上得可，
「充國振旅而還」。前後相距時間，大概近半年。因此，有研究者認
為，趙充國屯田河湟，只做了一些修渠、整地、耕種等基礎性的準備
工作，並未完成一個耕種收穫過程，故無經濟收益可言[57]。

（5）《漢書元帝紀》：元帝初元五年（前44年），詔罷「北假田
官、鹽鐵官、常平倉」。據顏師古注及其引晉灼、孟康語，北假即河
套北朔方、五原之地。「田官」乃主管屯田的農都尉。對於元帝詔罷
田官之由，《漢書食貨志》載云：「元帝即位，天下大水，關東郡十一
尤甚。二年（前47年），齊地饑，穀石三百餘，民多餓死，琅邪郡人
相食。在位諸儒多言鹽鐵官及北假田官、常平倉可罷，毋與民爭利。
上從其議，皆罷之。」至於北假屯田具體開始於何時，難以詳知。

（6）《漢書馮奉世傳》：元帝永光二年（前42年）十一月，漢軍6
萬人在右將軍馮奉世的帶領下，大破隴西羌虜，「斬首數千級，餘皆
走出塞。……上曰：『羌虜破散創艾，亡逃出塞。其罷吏士，頗留屯
田，備要害處。』」又《後漢書西域傳》：「元帝又置戊巳二校尉，屯

---

57 劉光華：《漢代西北屯田研究》（蘭州市：蘭州大學出版社，1988年），頁86。

田於車師前王庭」。李賢注引《漢官儀》曰：「戊巳中央，鎮覆四方，又開渠播種，以為厭勝，故稱戊巳焉」。而且「頗留屯田」一語表明，六萬人中的絕大部分被留下屯田。《馮奉世傳》又載，馮奉世死後，「西域都護甘延壽以誅郅支單于封為列侯」；杜欽上疏追訟馮奉世前功時說：「今匈奴郅支單于殺漢使者，亡保康居，都護延壽發城郭兵屯田吏士四萬餘人以誅斬之，封為列侯。」杜欽所言，就是《漢書元帝紀》所載的元帝建昭三年（前36年）秋，甘延壽和陳湯矯發戊巳校尉屯田吏士及西域胡兵攻打郅支單于一事（另見《漢書陳湯傳》）。這裏的屯田吏士四萬餘人，應該是當初留在河西一帶的馮奉世所部。那麼，從永光二年到建昭三年，前後相隔近六年。

（7）《漢書馮奉世傳》：「（成帝）陽朔（前24—21年）中，中山王來朝，（馮）參擢為上河農都尉。」顏師古：「上河在西河富平，於此為農都尉。」富平，即北地郡富平縣。農都尉司屯田之事。成帝陽朔年間上河農都尉的存在，表明在北地富平周邊一帶，應有一定規模的屯田。

（8）《漢書王莽傳中》：王莽始建國三年（11年），「遣尚書大夫趙並使勞北邊，還言五原北假膏壤殖穀，異時常置田官。乃以並為田禾將軍，發戍卒屯田北假，以助軍糧。」趙並所云「異時常置田官」，當指元帝初元五年（前44年）詔罷「北假田官」之事。按照顏師古注，北假土地肥美，宜生五穀。所以，王莽執政時一仍前事，任命趙並為「田禾將軍，發戍卒屯田北假，以助軍糧」。鑒於新莽時期政局紛亂之情，我們可以大致推斷：此間的北假屯田，很難與其前西漢任何一個時期的屯墾相提並論。

4 西漢時期的移民、屯墾與生態

在上述對西漢時期移民實邊、屯墾情況簡要耙梳的基礎上，這裏

僅就其移民、屯墾及其對生態的影響略作歸納：

第一，從時間上看，從文帝之前到王莽之世，移民與墾邊幾乎貫穿於西漢之始終，而大規模的開展則是在武帝時期，其移民與屯墾事件，幾占西漢一世之半，且移民、屯墾規模甚大，其後階段的移民，都遠遜於此間。

第二，從空間分佈上看，武帝前期的移民與屯墾，多集中於河套及其周邊地區（朔方、五原、北地、西河、上郡等）。自從元狩四年首次移民隴西後，隨著河套一帶的逐步開發，西漢王朝的移民和屯墾重心，開始轉向河西乃至西域一帶。

第三，就主體而言，西漢移民和屯墾均分別包括社會民眾（貧民、罪犯等）和軍士。但在武帝以後，西漢王朝的社會移民步伐有所放慢，伴隨著軍事活動，其人口流動主要為軍士的調遣，其屯墾也主要為軍屯。

第四，由國家組織的大規模移民和屯墾，目的性十分明確，即服務於國家的邊防戰略和軍事活動。

第五，西漢時期的移民、屯墾政策的實施，在取得積極成效的同時，也產生了環境負面效應。西漢移民，屬於國家行為，主要是把內地居民移徙西北地方。由於移民來自農業生產技術相對較為發達的內地，他們屯墾邊疆，必然有利於內地農業生產技術在邊荒一帶的推廣；同時，屯墾是在中央與地方政府的組織下開展的，屯墾的結果，不僅促進了邊疆的開發，而且帶動了邊疆地區社會經濟的發展。據出土漢簡記載，西漢元帝永光中，國內「連年不收」，黃河決泛（《漢書溝洫志》），「守大司農光祿大夫臣調昧死言」請調西河等十一郡農都尉的存穀，以解內地「民困」[58]。更為重要的是，一定的人口密度和

---

58 中國社會科學院考古研究所：《居延漢簡甲編》（北京市：科學出版社，1959年），

適當的屯墾，也是改善生態環境的一種方式。河套一帶「新秦中」之謂的出現，就是移民、合理開發的結果。但是，西北氣候乾旱，生態脆弱，從事農業生產活動的民眾移入西北之地後，其農業生產活動也不可避免地對當地生態造成一定的影響，導致生態負向變遷。西北地方農業生產的開展，首先要解決的是水利問題。因此，水利灌溉工程的興建和漢代屯墾西北密不可分。史載武帝時期北卻匈奴後，屯墾朔邊，「漢度河自朔方以西至令居」，「往往通渠置田官，吏卒五六萬人」，「朔方、西河、河西、酒泉皆引河及川谷以溉田」（《史記》之《匈奴列傳》、《河渠書》），農業生產活動因此有了必要的保障。然而，修築水利工程和水利灌溉，必然要改變地表的自然徑流，影響水資源的空間自然分佈，以致有些原來水資源自然流經的地區，可能從此再也得不到應有的水分滋養，出現乾旱、植物枯死等情，引發環境的變遷。如據《水經注河水》記載，昭帝元鳳年間索勱屯墾伊循（今新疆若羌東）時，曾率眾數千，「橫斷注濱河」，也就是築壩攔截注濱河以溉田。據載「河斷之日，水奮勢激，波陵冒堤」。索勱領部「大戰三日，水乃回減，灌浸沃衍，胡人稱神」。索勱築壩截水及其屯田用水的增加，雖取得了「大田三年，積粟百萬，威服外國」的短期成效，但這種人工調節河道徑流量的手段，可能導致注濱河下游地區因此而水資源不足，進而導致河流退縮和土地沙化的長期後果，遺患無窮。以往研究者多對屯墾對地表植被的直接破壞及其引發的環境負向變遷予以了較多的關注，而忽略了人為改變自然徑流對環境變遷的負面影響。

頁50。原簡無具體年代，本書所云年代，據勞榦《居延漢簡考證》一書的考證結論（《中央研究院歷史語言研究所專刊之四十一》（1959年），頁54）。

（三）東漢時期的移民、屯墾政策與生態

1 東漢移民與生態

　　兩漢之際及東漢初年，北方邊患不斷。據《後漢書南匈奴列傳》記載，是時匈奴頻繁「轉居塞內」，「入寇尤深」。建武二十年（44年）曾一度進抵上黨、扶風、天水等郡，「北邊無復寧歲」，匈奴成為東漢政府的一大心患。然而，因忙於國內統一戰爭，劉秀無暇顧邊，只好放棄對邊疆諸郡的管轄[59]。《後漢書光武帝紀下》對此有較為具體的記載：建武九年正月，徙雁門郡吏人於太原郡；十年，「省定襄郡，徙其民於西河（郡）」；十一年，「省朔方牧，並并州」；十五年二月，徙雁門、代郡、上谷三郡民六萬餘口（《後漢書吳漢傳》），置代郡常山關、上谷郡居庸關以東，「因徙幽、并之民，增邊屯之卒」[60]；二十年，「省五原郡，徙其吏人置河東（郡）」。二十三年，匈奴薁鞬日逐王比率部曲遣使詣西河內附；次年十月，薁鞬日逐王比自立為南單于，匈奴分為南、北兩部；二十六年，漢廷遣使令南單于入居雲中。由於政府對邊疆的放棄，西漢時曾一度繁榮的北方雲中、五原、朔方、北地、定襄、雁門、上谷、代等八郡，在東漢初期時已是「城郭丘墟，掃地更為」[61]，基本為廢墟一片，其民眾也大都自發地回歸中原。

　　由於南匈奴單于的內附，東漢北方邊境寧靖，政府逐漸恢復了對

---

59 《後漢書・光武帝紀下》：光武二十一年，「鄯善王、車師王等十六國皆遣子入侍奉獻，願請都護。帝以中國初定，未遑外事，乃還其侍子，厚加賞賜。」范曄《後漢書・南匈奴列傳》「論」亦云：「世祖以用事諸華，未遑沙塞之外。」

60 《後漢書・南匈奴列傳》范曄「論」。李賢注：「移徙幽并之人，增益邊屯之戍卒。」

61 對於其中朔方、北地二郡，葛劍雄認為可能在光武十一年省朔方入并州時，就可能遭撤；而雲中則在光武二十年省五原時，就「肯定已不存在了」。葛劍雄：《中國移民史》（福州市：福建人民出版社，1997年），卷2，頁156。

緣邊朔方、五原諸郡的統治，內徙邊民也在政府的發遣下，陸續「歸
於本土」，「布還諸縣」（《後漢書光武帝紀下》）。只是飽受戰亂之苦的
內徙邊民，真正願意徙邊者為數不多，絕大多數仍滯留於「中國」。
並且，隨著北方邊疆的內斂，邊郡直露於邊境前端，重新回到邊郡的
民眾，每因動盪而屢有內遷。如明帝永平五年（62年）冬，北匈奴先
後寇犯五原、雲中，大量邊人內徙。後來，北匈奴被南單于擊卻，東
漢政府為「發遣邊人在內郡者」北遷，再次採用當年光武帝時期鼓勵
邊民北歸的政策，每人「賜裝錢」二萬[62]。但是，效果似乎不佳。

　　總觀東漢一朝，未曾見國家向北方邊郡進行大規模移民的記載，
移民多以囚徒等特殊群體為主的小規模、小範圍方式進行。據《後漢
書》記載，移囚實邊的規定濫觴於明帝時期。《後漢書明帝紀》載，
永平八年（65年）十月，明帝頒詔：

> 三公募郡國中都官死罪繫囚，減罪一等，勿笞，詣度遼將軍
> 營，屯朔方、五原之邊縣；妻子自隨，便占著邊縣；父母同產
> 欲相代者，恣聽之。……凡徙者，賜弓弩衣糧。

這次移民，是鼓勵而非強制性的，移民對象為各郡國死囚，只要願
意，不僅可以「減罪一等，勿笞」，而且還可得到弓弩衣糧之賜，家
庭也可以隨同前往，附籍於當地。但因移民群體特殊，且移往寒冷、
多事的朔方、五原之邊縣，我們可以想像，這樣的移民規模肯定不

---

62 《後漢書・明帝紀》。《後漢書・光武帝紀下》：光武二十六年（50年），「雲中、五
　原、朔方、北地、定襄、雁門、上谷、代八郡民歸於本土，遣謁者分將施刑補理城
　郭。發遣邊民在中國者，布還諸縣，皆賜以裝錢，轉輸給食」。〔宋〕胡三省注：
　《資治通鑒》，卷四十五，〈漢紀三十七〉東漢明帝永平五年「發遣邊民在內郡者賜
　裝錢，人二萬」云：「賜錢為辨裝也。」「裝錢」即辦裝費。

大。可能正因為執行得不好，於是，明帝又在次年三月下發死罪強制
移邊的詔書：

> 郡國死罪囚減罪，與妻子詣五原、朔方占著，所在死者皆賜妻
> 父若男同產一人復終身。其妻無父兄獨有母者，賜其母錢六
> 萬，又復其口算。

這道詔書比前一年的詔令具有明顯的強制性：死囚務必移邊，且妻子
必須同往附籍，「父母同產」不可「相代」。當然，詔書還規定，若移
邊者死於移入地，其父母兄弟等可得到一定的撫恤。但這屬於事後處
理的內容，和前者的事前鼓勵區別甚大。永平十六年九月，明帝又
頒詔：

> 令郡國中都官死罪繫囚減死罪一等，勿笞，詣軍營，屯朔方、
> 敦煌；妻子自隨，父母同產欲求從者，恣聽之；女子嫁為人
> 妻，勿與俱。

相對於以前詔令，這次規定更為嚴厲，要求妻子定要一同隨往，同居
父母也可前去，也就是鼓勵闔家徙邊。移民的去向，相較於此前規定
的北方河套地區的五原、朔方，此次還有更為遙遠、荒寒的西北敦煌。

　　東漢初年以來的移囚實邊政策，誤導了司法斷案，引發了社會的
不滿，「吏民怨曠」。有識之士曾針對這一時弊而指出：

> 自（明帝）永平以來，仍連大獄，有司窮考，轉相牽引，掠拷
> 冤濫，家屬徙邊。……民懷土思，怨結邊域。（《後漢書楊終
> 傳》）

　　但東漢政府並沒有改變這一政策。上述楊終的奏言，是在章帝甫踐皇祚的建初元年（76年）應其徵召納言而疏上的。然據《後漢書章帝紀》，在乃後的幾年裏，章帝仍連降數詔，移囚戍邊。如建初七年（82年）詔云：「天下繫囚減死一等，勿笞，詣邊戍；妻子自隨，占著所在；父母同產欲相從者，恣聽之；有不到者，皆以乏軍興論」；元和元年（84年）論令：「郡國中都官繫囚減死一等，勿笞，詣邊縣，妻子自隨，占著在所」；章和元年（87年）四月「令郡國中都官繫囚減死一等，詣金城戍」；九月，「詔郡國中都官繫囚減死罪一等，詣金城戍」。四道詔書中，有二次對移民的去向作出了明確的要求，即移往西北邊鄙——金城。此後，和帝、順帝、桓帝分別在永元八年（96年）、永建五年（130年）、和平元年（150年）與永興元年（153年），多次下詔中都官繫囚，減郡國死罪、繫囚一等，「徙邊戍」。徙戍地點，多為西北邊地，如敦煌、安定、北地、上郡等（《後漢書》之〈和帝紀〉、〈順帝紀〉、〈桓帝紀〉）。

　　對於東漢時期的移囚實邊現象，東漢中期班超對新任西域都護任尚所說的「塞外吏士，本非孝子順孫，皆以罪過徙補邊屯」（《後漢書班超傳》）一語，即充分說明問題。正因為如此，與西漢相比，東漢王朝的移民規模極其微小。對於其深層原因，有研究者指出，東漢王朝既無實力，也無實意移民實邊，而只能採用強迫囚徒及其家屬前往邊區的辦法，象徵性地移民實邊[63]。其實，此類移民與其說是國家意在移民實邊，毋寧說其司法意義更加突出，將罪犯移徙邊郡，類似後世的「流邊」，是對犯罪者嚴懲的一種手段。

　　與普通民眾遷徙實邊的規模較小相對應者，是文獻中大量記載的政府允許邊民返回內地的事例。如：

63 葛劍雄：《中國移民史》（福州市：福建人民出版社，1997年），卷2，頁160-161。

《後漢書祭彤傳》：明帝永平元年（58年），「西自武威，東盡玄菟及樂浪，胡夷皆來內附，野無風塵。乃悉罷緣邊屯兵」。

《後漢書楊終傳》：章帝建初元年（76年），朝廷從校書郎楊終「今伊吾之役，樓蘭之屯，久而未還，非天意也」之諫，「聽還徙者，悉罷邊屯」。對此，《後漢書桓帝紀》建和三年（149年）記云：「昔孝章帝愍前世禁徙，故建初之元，並蒙恩澤，流徙者使還故郡。」

《後漢書安帝紀》：安帝永初四年（110年）二月，詔「自建初以來，諸妖言它過坐徙邊者，各歸本郡」；安帝延光元年（122年）三月，改元延光，「大赦天下，還徙者，復戶邑屬籍」。

《後漢書桓帝紀》：桓帝建和三年（149年）五月詔曰：「其自（順帝）永建元年（126年）迄乎今歲，凡諸妖惡，支親從坐，及吏民減死徙邊者，悉歸本郡；唯沒入者不從此令。」

《後漢書靈帝紀》：靈帝建寧三年（168年）黨錮之禍，「死者百餘人，妻子徙邊」。中平元年（184年），「大赦天下黨人，還諸徙者」。

一方面，遷往邊疆的人數較少；另一方面，原居住於邊郡或遷往者又大量內徙。移邊者與內徙者相比，內徙者遠遠大於徙邊者。長此以往，勢必導致東漢北方邊郡人口數量的下降（見表6-3）。就表6-3統計的結果來看，前後漢相比，北方邊郡東漢時期的戶口數量下降十分明顯，人口密度下降幅度則從二倍到近三十倍不等。特別是河套及其附近一帶邊郡，東漢時期的人口密度，較西漢時期的情況，普遍下降約在十倍以上。這一局面的形成，主要還是由於這些地區居民大量內徙所致。

表6-3　西漢平帝元始二年（2年）、東漢順帝永和五年（140年）西北諸郡人口數及人口密度

郡名	人口數量（戶、口）		面積（km2）		人口密度（人/km2）		
	西漢	東漢	西漢	東漢	西漢	東漢	備註
隴西	53 964、236 824	5 628、29 637	25 443	26 129	9.31	1.13	
金城	38 470、149 648	3 858、18 947	34 888	2 408	4.29	0.67	
天水	60 370、261 348	27 423、130 138	23 238	26 472	11.25	4.92	東漢為漢陽
武威	17 581、76 419	10 042、34 226	24 243	46 905	3.15	0.73	
張掖	24 352、88 731	6 552、26 040	45 264	266 619	1.96	0.10	
酒泉	18 137、76 726	12 706、45 000	37 301	37 301	2.06	1.21	東漢人口據葛劍雄估計
敦煌	11 200、38 335	748、29 170	28 236	28 236	1.36	1.03	
安定	42 725、143 294	6 094、29 060	54 087	42 508	2.62	0.68	
北地	64 461、210 688	3 122、18 637	55 100	54 446	3.82	0.34	
上郡	103 683、606 658	5 169、28 599	63 025	62 525	9.63	0.46	
西河	136 390、698 836	5 698、20 838	55 000	45 388	12.71	0.46	
朔方	34 338、136 628	1 987、7 843	58 369	37 431	2.34	0.21	
定襄	38 559、163 144	3 153、13 571	7 938	6 344	20.55	2.14	
五原	39 322、231 328	4 667、22 957	9 063	12 700	25.52	1.81	
雲中	38 303、173 270	5 351、26 430	8 213	13 088	21.10	2.02	
合計	721 855、3 291 877	102 198、481 093	529 408	734 500			

資料來源：《漢書地理志下》；《後漢書郡國志五》；葛劍雄《西漢人口地理》（北京市：人民出版社，1986年），頁98-99；葛劍雄：《中國移民史》（福州市：福建人民出版社，1997年），卷2，頁154；葛劍雄：《中國人口史》（上海市：復旦大學出版社，2002年），卷1，頁489-490、496-497。

　　與北方邊郡人口紛紛內徙導致邊民數量和邊郡人口密度大幅下降相比，南方由於生態優越、社會安寧等條件，吸引了大量的民眾紛至沓來，其人口在東漢之世增長迅速。如巴郡，西漢平帝元始二年（2年）人口為七○八一四八，東漢順帝永和五年（140年）則達一○八六○四九人，十四年後的桓帝永興二年（154年）增至一八七五五三五人，其間人口增長率竟高達千分之三十九點八。對於這一有悖常理的高增長率，葛劍雄認為「應該是可信的」，並對之作出了闡述。在其解說的四個原因中，其中之一便是「此期間的新增人口中可能包括部分外來移民」[64]。零陵等郡人口增長的狀況，也和巴郡之情相類似（見表6-4）。

表6-4　西漢平帝元始二年（2年）、東漢順帝永和五年（140年）
南方部分地區人口數

郡名	元始二年人口數①	永和五年人口數②	②比①增加數	②和①比較	年均增長率
零陵	157 578（139 378）	1 001 578	844 000	636%	13.5‰
桂陽	159 488（156 488）	501 403	341 915	314%	8.3‰
武陵	157 180（185 758）	250 913	93 733	160%	3.4‰
長沙	217 658（235 825）	1 059 372	841 714	487%	11.5‰
丹陽	405 170	630 545	225 375	156%	3.2‰
豫章	351 965	1 668 906	1 316 941	474%	11.3‰

資料來源：《漢書地理志上》；《後漢書郡國志四》；梁方仲《中國歷代人口、田地、田賦統計》（上海市：上海人民出版社，1980年），頁35；葛劍雄：《中國人口史》（上海市：復旦大學出版社，2002年），卷1，頁421。

注：表中零陵、桂陽、武陵、長沙四郡元始二年資料，梁方仲考慮到兩漢郡國轄境的變化而有所調整。該欄內括弧中的數字，為《漢書地理志上》所載資料。

---

64 葛劍雄：《中國人口史》（上海市：復旦大學出版社，2002年），卷1，頁420-421。

　　表6-4所列，為南方部分地區前、後漢人口數。儘管上述各郡其間人口增長的比例無法與巴郡相比肩，而且彼此間也有較大的差異，但無論怎樣，相對於北方邊郡，東漢時期南方地區的人口，總的均呈一定的比率上陞。此外，尚有兩點需要注意：第一，上述增長率是近一四○年的平均增長率，其間天災、人禍（如兩漢之際的戰爭等）對人口增長的影響甚大，考慮這一因素，我們說，即使增長率在千分之五以下的地區，其間某一時期或階段的人口增長率可能也較高；第二，上述各郡中，有豫章等三郡人口增長率超過千分之十一，尤其是偏遠的零陵竟高至千分之十三點五。這些地區此間人口數增升的原因固然有很多，而北方大量移民的湧入，無疑是其中的一個重要方面。

　　總之，相較於西漢時的大規模移民實邊，東漢移民有兩點值得關注：第一，就移民主體而言，東漢時期被移徙北方邊郡者，基本上為罪犯、囚徒；而普通民眾的移徙，大多受自然、人為外因的驅動，一般是出於生存之需而自發的南遷。第二，由於主體的特定性，政府組織的北向移民規模較小；而民間自發的自北向南遷徙，因其缺乏組織性和計劃性，規模較大，口數較多。長江流域及其以南地區人口的迅猛增長，為此後的區域經濟開發奠定了人口基礎，是以後中國經濟發展重心南移不可或缺的前提條件。從移民對生態環境產生的影響而言，大量北方人口移徙南方，由於一則南方水熱、植被等自然生態條件較好，足能承當和消納移入民眾的生產行為對其所造成的影響；二則南方開發歷史相對較短，本身人口稀少，尚能接受一定數量的人口。亦即移民進入南方後，其人口數量沒有超過其環境容納的限度，尚未對生態環境構成實質性的破壞。相反，由於北方人口大量移入南方，北方地區人口數量因而相對減少，在一定程度上減輕了人口對北方生態環境造成的壓力，北方生態由此有所恢復，水土流失程度減輕，黃河決溢次數明顯減少。

2 東漢屯墾與生態

關於屯墾，據《後漢書》等，東漢政府在北方邊郡大規模墾殖，似始於明帝時期。茲以墾區為線索，對東漢北邊屯墾加以簡要的梳理。

（1）西域墾區內的伊吾、柳中屯田。伊吾，位於今新疆哈密市西；柳中，在今新疆吐魯番東南。二城相去不遠。伊吾屯田開始於明帝時期。《後漢書明帝紀》：

> （永平）十六年（73年）春二月，遣太僕祭彤出高闕，奉車都尉竇固出酒泉，駙馬都尉耿秉出居延，騎都尉來苗出平城，伐北匈奴。竇固破呼衍王於天山，留兵屯伊吾盧城。

〈竇固傳〉、〈西域傳〉對此也有記載。其中後者載曰：十六年，明帝「乃命將帥，北征匈奴，取伊吾盧地，置宜禾都尉以屯田，遂通西域，于闐諸國皆遣子入侍」。李賢注〈明帝紀〉：伊吾盧城，「本匈奴中地名，既破呼衍，即其地置宜禾都尉，以為屯田」。屯田伊吾，一則因為其地具有重要的軍事價值，二則由於其土肥沃，適生五穀。這就是《後漢書西域傳》所說的「伊吾地宜五穀、桑麻、蒲萄。其北又有柳中，皆膏腴之地。故漢常與匈奴爭車師、伊吾，以制西域焉」。可是，伊吾屯田持續的時間不長，時隔僅四年即廢止。《後漢書章帝紀》：建初二年（77年）「甲辰，罷伊吾盧屯田兵」。李賢注：「永平十六年置」。罷廢的原因，《後漢書西域傳》予以了記載：建初元年（76年）春，「酒泉太守段彭大破車師於交河城。章帝不欲疲敝中國以事夷狄，乃迎還戊巳校尉，不復遣都護。二年，復罷屯田伊吾，匈奴因遣兵守伊吾地」。而所謂的「不欲疲敝中國」，則與時臣楊終建初元年的上疏建言有關：「自永平以來，仍連大獄，有司窮考，轉相牽引，

掠拷冤濫，家屬徙邊。加以北征匈奴，西開三十六國，頻年服役，轉輸煩費。又遠屯伊吾、樓蘭、車師、戊巳，民懷土思，怨結邊域。」（《後漢書楊終傳》）

　　但是，伊吾屯墾後又重興。《後漢書梁慬傳》：殤帝延平元年（106年），「公卿議者以為西域阻遠，數有背叛，吏士屯田，其費無已。（安帝）永初元年（107年），遂罷都護，遣騎都尉王弘發關中兵迎（西域副校尉梁）慬、（西域都護段）禧、（騎都尉趙）博及伊吾盧、柳中屯田吏士」。這則記載說明，在章帝建初二年和殤帝延平元年間，伊吾盧地區肯定還存在屯墾活動，因為沒有前一次之興，就絕不會有後一次之廢，《後漢書西域傳》載順帝永建六年（131年）再開伊吾屯田「如永元（和帝年號，89－105年——引者注）時事」之文，亦可印證之，只是其重新墾殖的具體時間難以詳知，或許是在和帝永元初年漢軍擊破匈奴等以後不久。和帝永元元年（89年），漢遣大將軍竇憲大破匈奴；次年，竇憲遣將率二〇〇〇餘騎掩擊伊吾並破之；三年，班超遂定西域，漢廷「因以超為都護，居龜茲。復置戊巳校尉，領兵五百人，居車師前部高昌壁，又置戊部候，居車師後部候城」（《後漢書西域傳》）。〈西域傳〉所謂「如永元時事」，當在上述漢軍西域軍事活動後不久，或以為永元四年（92年）[65]。如果是這樣的話，那麼，和帝初年的伊吾屯田延續了十多年，安帝初即一〇七年遭廢。然而，在順帝永建六年（131年），伊吾屯田再度復興。《後漢書順帝紀》：永建六年三月辛亥，「復伊吾屯田，復置伊吾司馬一人」；《後漢書西域傳》亦云：永建六年，「帝以伊吾舊膏腴之地，傍近西

65　宋代學者王應麟將《後漢書・南匈奴列傳》載和帝永元「四年，遣耿夔即授璽綬，賜玉劍四具、羽蓋一駟，使中郎將任尚持節衛護屯伊吾，如南單于故事」一事，作為「漢屯田伊吾」一事例，即和帝永元伊吾屯田，具體時間為四年（王應麟：《玉海》，卷177，〈食貨・屯田〉）。

域，匈奴資之，以為鈔暴，復令開設屯田，如永元時事。」李賢注前
者說，伊吾屯田罷於章帝建初二年（77年）。李賢所注不確，因為建
初二年以後，伊吾屯墾經歷了幾個興廢起伏[66]。不知何故，李氏竟視
而不見。永建年間的屯田，可能持續到桓帝永興元年（153年）的車
師後部王反畔、「攻圍漢屯田……殺傷吏士」（《後漢書西域傳》）。

柳中屯田始於何時，文不具載。從《後漢書耿恭傳》記載看，似
應始於明帝永平十七年（74年）：「永平十七年冬，騎都尉劉張出擊車
師，請恭為司馬，與奉車都尉竇固及從弟駙馬都尉秉破降之。始置西
域都護、戊巳校尉，乃以恭為戊巳校尉，屯後王部金蒲城，謁者關寵
為戊巳校尉，屯前王柳中城，屯各置數百人。」這裏的「屯」，為軍
隊駐屯，並非「屯田」；一般情況下，軍隊駐屯伴隨著屯墾，但並非
必然，所以只能推測柳中屯墾始於永平十七年。儘管其屯墾始於何時
難於具體詳知，而其廢止時間則是十分清晰的。據上引《後漢書梁慬
傳》文，安帝永初元年（107年），柳中屯田隨著西域都護廢罷而廢
止。然而，安帝延光二年（123年）正月，敦煌太守張璫上書言邊
事，陳《西域三策》，其中策建議漢廷在柳中「置軍司馬，將士五百
人，四郡供其穀食」[67]。據《後漢書班勇傳》，安帝接受張璫建議，於
延光二年夏「以（班）勇為西域長史，將兵五百人出屯柳中。明年正
月，勇……因發其（龜茲——引者注）兵步騎萬餘人到車師前王庭，
擊走匈奴伊蠡王於伊和穀，收得前部五千餘人，於是（車師）前部始
復開通。還，屯田柳中。」誠如其屯墾始於何時難以知曉一樣，柳中
屯墾最後的結束時間，也是不得而知。

此外，據《後漢書西域傳》記載，桓帝永興元年（153年），「車

---

66 其興廢階段及起訖時間：明帝永平十六年（73年）至章帝建初二年（77年），和帝永
　元初年至安帝永初元年（107年），順帝永建六年（131年）至桓帝時期（約153年）。
67 〔晉〕袁宏：《後漢紀》，卷17，〈孝安皇帝紀〉。

師後部王阿羅多與戊部候嚴皓不相得，遂忿戾反畔，攻圍漢屯田且固城，殺傷吏士。」由之可知後漢在且固城一帶亦曾有過屯墾。然而，且固城具體在什麼地方，難以知曉。而清初《皇輿西域圖志》卷三十二〈屯政一〉編者錄載此條史實時曾說：「《西域傳》所載且固城雖不可考，然考後漢時戊部候固居車師後部者，是以車師後王得而攻之，則其地亦當與今烏魯木齊為近。」據此估計，且固城屯墾應在今新疆烏魯木齊一帶。

（2）河西墾區內黃河、湟水一帶的屯田。《後漢書鄧訓傳》：和帝章和二年（88年），護羌校尉[68]張紆誘誅燒當種羌，引起諸羌憤怒。漢廷以鄧訓代紆為校尉，「訓因發湟中秦、胡、羌兵四千人，出塞掩擊迷唐於寫谷，斬首虜六百餘人，得馬牛羊萬餘頭。迷唐乃去大、小榆，……餘皆款塞納質」。據《中國歷史地圖集》第二冊，寫谷，在今青海湟源附近；大、小榆谷，在今青海黃河以南的貴德附近。寫谷到大、小榆谷，有百公里左右。大、小榆谷一帶土地肥沃，向為諸羌盤踞地。這就是《後漢書西羌傳》所講的「自建武以來，其犯法者，常從燒當種起。所以然者，以其居大、小榆谷，土地肥美，又近塞內，諸種易以為非，難以攻伐」。鄧訓在平息諸羌後，於永元元年（89年）「遂罷屯兵，各令歸郡。唯置弛刑徒二千餘人，分以屯田，為貧人耕種，修理城郭塢壁而已」。具體屯田區域，大體應在今青海湟源以下至樂都的湟水以南與黃河以北地區，也就是東漢金城郡西部一帶；屯田者為各類罪犯；規模也不大，只有二〇〇〇餘人；由於規模較小，所以，他們從事的主要工作，便是「為貧人耕種，修理城郭塢壁」。從某種意義上講，就是後勤工作，服務於軍事。以此屯田為

---

68 光武建武九年（33年）復置。李賢注《後漢書‧光武帝紀下》：「《漢官儀》曰：『武帝置，秩比二千石，持節，以護西羌。王莽亂，遂罷。』時班彪議，宜復其官，以理冤結。帝從之，以牛邯為護羌校尉，都於隴西令居縣。」令居縣，今甘肅永登西北。

基礎，據《後漢書西羌傳》，永元五年（93年），東漢護羌校尉貫友「遣兵出塞，攻迷唐於大、小榆谷，獲首虜八百餘人，收麥數萬斛，遂夾逢留大河築城塢」。對於此事，酈注《水經河水》黃河「過敦煌、酒泉、張掖郡南」文云：

> 河水又東逕允川，而歷大榆、小榆谷北。羌迷唐、鍾存所居也。永元五年，貫友代聶尚為護羌校尉，攻迷唐，斬獲八百餘級，收其熟麥數萬斛，於逢留河上築城以盛麥，且作大船，於河峽作橋渡兵，迷唐遂遠依河曲。

胡三省注《資治通鑒漢紀四十》所載此事曰：

> 此大河即黃河，河水至此有逢留之名，在二榆谷北。

綜合上述記載，我們說，其一，「遂夾逢留大河築城塢」，指的是沿黃河兩岸建築倉庫，與鄧訓屯田刑徒「修理城郭塢壁而已」之「城郭塢壁」具有很大的不同；其二，大、小榆谷在黃河以南，由於貫友軍隊完全佔有「土地肥美」的大、小榆谷，迷唐只有循著黃河，向西遷至賜支河曲（今青海共和、貴德之間）一帶；其三，永元五年貫友軍事行動告捷，間接說明了此前屯田取得了效果。

河湟屯田在乃後不久有所擴大。《後漢書西羌傳》載，和帝永元十二年（100年），漢廷接受隃麋縣（隃麋縣，今陝西千陽東）相曹鳳「廣設屯田，隔塞羌胡」建議，任命曹鳳為金城西部都尉，「將徙士屯（田）龍耆」。後來，「金城長史上官鴻上開置歸義、建威屯田二十七部，侯霸復上置東西邯屯田五部，增留、逢二部，帝皆從之。列屯夾河，合三十四部。其功垂立。至（安帝）永初（107—113年）中，

諸羌叛，乃罷。」李賢注：龍耆，即龍支也，今鄯州縣。邯，水名，邯分流左右，在今廓州。《舊唐書地理志三》云：「龍支，漢允吾縣，屬金城郡。後漢改為龍耆縣」；胡渭《禹貢錐指》卷十三上亦曰：「龍支縣，近在今西寧衛東南八十里，本漢金城允吾縣地，後漢為龍耆城。」據此而知龍耆在今甘肅蘭州西，但《中國歷史地圖集》第二冊卻將龍耆標注在今青海海晏附近。有學者經過考證，認為這一標注是正確的，而李賢、《舊唐書》編者和胡渭等均謬矣[69]；歸義、建威，在今青海西寧南；東、西二邯位於黃河之北，在今青海化隆回族自治縣南[70]。從龍耆、歸義、建威和東西邯屯田區域所在和「列屯夾河」的記載看，和帝年間的屯田，大致是在河、湟地區，且基本連成一片。然而，由引文「至永初中，諸羌叛乃罷」判斷，這一區域的屯墾持續時間並不長，最晚不會超過安帝永初七年（113年）。

　　此後，河湟一帶的屯田並未沉寂。因為作為區域內兩種力量間軍事鬥爭的手段，只要還存在軍事活動，屯墾就勢不可免。《後漢書西羌傳》：順帝永建五年（130年），護羌校尉韓皓領部「湟中屯田，置兩河間，以逼群羌。皓復坐徵，張掖太守馬續代為校尉。兩河間羌以屯田近之，恐必見圖，乃解仇詛盟，各自儆備。續欲先示恩信，乃上移屯田還湟中，羌意乃安。至陽嘉元年（132年），以湟中地廣，更增置屯田五部，並為十部」。關於「兩河間」，胡注《資治通鑒漢紀四十三》：「兩河謂賜支河及逢留大河也。」賜支河、逢留大河均為黃河一段[71]，和「兩河間」之說不吻合，有學者認為「兩河」當為黃河與湟

---

69 劉光華：《漢代西北屯田研究》（蘭州市：蘭州大學出版社，1988年），頁179。

70 分別見譚其驤：《中國歷史地圖集》（北京市：地圖出版社，1982年），第2冊，頁57-58；第5冊，61-62。

71 譚其驤：《中國歷史地圖集》（北京市：地圖出版社，1982年），第2冊，頁57-58。

水[72]。因而，關於這次屯田區域的具體所在，很難做進一步的判斷，只能說它在東漢金城郡境內河、湟間的區域。此其一；其二，此次屯田，開始於永建五年，但中止於何時，也難以具知；其三，屯墾的規模，開始為五部，二年後增加至十部。

（3）以北地、安定一帶為主的寧夏平原屯田。東漢建立之初，就在北邊進行屯墾，其屯墾區域，或在代郡以東[73]。據《後漢書西羌傳》，順帝永建四年（129年），接受尚書僕射虞詡上疏，在九月「復三郡。使謁者郭璜督促徙者，各歸舊縣，繕城郭，置候驛。既而激河濬渠為屯田，省內郡費歲一億計。遂令安定、北地、上郡及隴西、金城常儲穀粟，令周數年。」[74]首先從文中「激河濬渠」句判斷，這一屯田活動的區域，主要在上述三郡的黃河沿岸一帶，其中安定、北地屯田之所在，即今寧夏平原，而且該區域也是這次屯田的主要區域。由於區內水利、土壤等自然條件優越，屯墾很快就取得了明顯的成效：省費億計、常儲穀粟「令周數年」；其次，「既而」一詞表明，此次屯墾開始的時間，當在復郡之後不久，但結束於何時不確知，估計持續的時間不會太長；最後，三郡屯田的勞動者，起初為由外地回歸的原有居民，後來，政府也將一些罪犯移徙至此，從事屯墾。如《後漢書順帝紀》，順帝永建五年（130年）十月丙辰，「詔郡國中都官死罪繫囚皆減罪一等，詣安定、北地、上郡戍」。儘管這些弛刑者來此的主要目的是戍邊，但屯墾活動也是其常規行為之一。

---

72 劉光華：《漢代西北屯田研究》（蘭州市：蘭州大學出版社，1988年），頁180。

73 劉昭注《後漢書・郡國志五》引應劭《漢官》云：光武「建武二十一年（45年），始遣中郎將馬援、謁者，分築烽候，堡壁稍興，立郡縣十餘萬戶」。以此為基礎，漢廷「乃建立三營，屯田殖穀，弛刑謫徒以充實之」。《後漢書・馬援傳》：「明年（建武二十一年）秋，（馬）援乃將三千騎出高柳，行雁門、代郡、上谷障塞。」

74 《後漢書・順帝紀》：永建四年九月，「復安定、北地、上郡，歸舊土」。可知三郡者為北地、安定、上郡。這裏之「歸舊土」，從〈西羌傳〉可知為「徙者各歸舊縣」。

　　另外，根據《後漢書傅燮傳》記載，靈帝後期（當中平年間，即
184－186年），傅燮為漢陽太守時，在漢羌關係融洽之時，曾在漢陽
郡「廣開屯田，列置四十餘營」。其屯墾區域，當不出境內渭水、黃
河沿岸地帶；並且，維繫的時間也不會長久。

　　以上為東漢時期屯墾的基本情況，這裏對之略作概括。

　　（1）從屯墾的時間分佈看，與西漢某一個階段（漢武帝時期）
的屯墾次數近占全部時期總數之半的情況相比，東漢時期的屯墾相對
分散於明帝、和帝、安帝、順帝、桓帝、靈帝等幾個帝王統治時期，
但以明帝永平後期、和帝永元前期、安帝永初和延光年間、順帝永建
年間、桓帝永興年間等幾個階段較為集中。

　　（2）在屯墾性質方面，兩漢墾田都是服務於邊疆的安靖。但
是，西漢以移民實邊、屯墾的方式，加強固有領土的防禦，因此，其
屯墾以民屯為主；而東漢的重點，是以屯墾支持軍事行動，其屯墾區
大多是與少數民族政權展開拉鋸爭奪的地方，不具備民屯前提，因此
在移民不夠充分的條件下，出於滿足軍隊平撫諸羌等需的目的，東漢
在其佔領的適合墾田的地方開展屯墾活動，其屯墾屬於軍屯。由於屯
墾主要服務於軍事，其屯墾開展的時間或階段、墾區的地域分佈等，
自然隨著軍事行動的變化而變化。

　　（3）東漢時期的屯田，雖有開發邊疆的目的，但主要還是為滿
足緊迫的軍事防禦之需。其屯墾的主體，基本上還是軍士。儘管有一
定數量的罪犯徙邊，但他們仍不是屯墾的主體，因為與西漢相比，將
為數尚少的罪犯移邊，也多為法律層面懲罰性的，目的不是開發邊
疆，對於屯墾沒有什麼實質性的意義。

　　（4）屯墾的區域，前、後漢也有所不同。兩漢屯墾，均以加強
邊疆防衛為主要目的。西漢政府面臨的對國家邊疆安全構成最大威脅
的，是北方地區的匈奴貴族政權，因此，其移民和屯墾區域主要在北

方地區，而以河套一帶最為集中；而東漢面臨的，則是西北諸羌等少數民族貴族政權，儘管東漢在北方河套一帶也有屯墾活動（如順帝永建年間的上郡屯田等），但不是主流，其屯墾主要集中在河西及其以左的廣大西北地區。東漢西北地方的屯墾，有三個相對集中的屯墾片區，即西域墾區內的烏魯木齊—伊吾—柳中屯墾片區，河西墾區內黃河、湟水一帶的屯墾片區，以及寧夏平原的屯墾片區。

（5）由於民屯的大量退出和北方少數民族的持續、深入湧進，北部地方在西漢時期業已開墾利用的農田，自東漢以後絕大部分成為牧場或完全荒蕪，原來生態條件較好、但在西漢時期業遭損壞的地區，尤其是黃土高原地區的天然植被漸得恢復，黃河流域一帶的水土流失得到一定的控制，黃河自此得以長期安瀾[75]。

（四）兩漢政府行為與區域環境變遷：以河套地區為主

兩漢時期的北方屯墾，伴隨著軍事與移民活動而展開。北邊地區水熱、植被等自然條件，和內地具有很大的差異。移徙至此的中原民眾，賴以生存的手段依舊是農耕。適度、合理的農業墾殖，對土地開發、促進區域經濟發展，都是有益和必需的；否則適得其反，不僅不利於區域經濟開發，而且還貽患於環境，導致生態環境的惡化。這裏即從屯墾與生態環境變遷的角度，就兩漢時期的北方屯墾對生態環境的影響加以簡要的闡述。只是限於篇幅，本部分不可能對其所有墾區進行探討，而僅以河套地區為個案研究對象。

---

75 譚其驤：〈何以黃河在東漢以後會出現一個長期安流的局面——從歷史上論證黃河中游的土地合理利用是消弭下游水害的決定性因素〉，《學術月刊》1962年第2期（1962年）。

1 兩漢時期河套地區行政區劃與環境變遷

關於兩漢時期河套地區的人類社會活動與自然關係的情況，有研究者作了簡要的歸結：戰國秦漢時期（距今2500－1800年），氣候由暖濕而轉乾冷；由於秦漢王朝動員人力大規模地開發河套，鐵器、牛耕已經普及，農業生產成為其主要的經濟活動方式；植被變遷方面，隨著大量人口的湧入和屯墾的開展，林草自然植被為農業人工植被所取代，並隨著人們干預自然環境能力的增強，森林部分被砍伐，裸露的黃土地風蝕、水蝕日趨嚴重，鄂爾多斯有流沙活動；人類與自然的關係因此處於輕度不和諧狀況[76]。

今天的河套地區，主要指內蒙、寧夏境內賀蘭山以東、狼山和大青山以南的黃河沿岸地區。但是，本文中的「河套」概念，要比這一現代界定寬泛，是廣泛意義上的「河套」，所指為在秦漢長城至明長城之間的地區，即兩漢時期朔方、五原、雲中、西河、上郡所轄絕大多數縣份。之所以如此劃定，與本文的主旨有關。該區域是兩漢尤其前漢移民、屯墾的主要地區之一，域內烏蘭布和等沙漠的形成，與之存在一定關聯。出於揭示「人—地」關係的目的，本文特將「河套」的概念「擴大化」。

先秦時期，河套地區就以自然條件優越而著名。後漢順帝永建四年（129年），尚書僕射虞詡在其上疏中即云：「〈禹貢〉雍州之域，厥田惟上。且沃野千里，穀稼殷積，又有龜茲鹽池以為民利。水草豐美，土宜產牧，牛馬銜尾，群羊塞道。」（《後漢書西羌傳》）據李賢注「上郡龜茲縣有鹽官，即雍州之域也」而知，河套地區應包括在雍州之內。由於自然生態優越，戰略位置重要，河套一帶自古就是兵家屢爭之地。對此，顧炎武總結道：河套地區「周回六七千里，其土肥

饒可耕桑，三面阻河，虜難入寇而我易防守。故自古帝王及我皇明皆
保有其地，以內安外攘而執其要也。」[77]

在驅逐匈奴貴族政權後，秦漢國家於河套地區設置郡縣，對這一
地區實行有效的管轄。秦時，在河套設有九原、雲中、上郡、北地四
郡；兩漢時的五原、朔方、雲中、西河、上郡五郡，對河套一帶進行
有效的管理（見表6-5）。

表6-5　兩漢時期河套一帶五郡轄縣及其戶、口情況

郡名	轄縣名稱及各郡戶口情況
上郡	西漢23縣：膚施（郡治所）、獨樂、陽周、木禾、平都、淺水、京室、洛都、白土、襄洛、原都、漆垣、奢延、雕陰、推邪、槙林、高望、雕陰道、龜茲、定陽、高奴、望松、宜都。戶103,683、口606,650。
上郡	東漢10城：膚施（郡治所）、白土、漆垣、奢延、雕陰、槙林、定陽、高奴、龜茲、侯官。戶5,169、口28,599。
西河	西漢36縣：平定（郡治所）、富昌、騶虞、鵠澤、美稷、中陽、樂街、徒經、皋狼、大成、廣田、圜陰、益蘭、平周、鴻門、藺、宣武、千章、增山、圜陽、廣衍、武車、虎猛、離石、谷羅、饒、方利、隰成、臨水、土軍、西都、平陸、陰山、觬是、博陵、鹽官。戶136,390、口698,883。
西河	東漢13城：離石（郡治所）、平定、美稷、樂街、中陽、皋狼、平周、平陸、益蘭、圜陰、藺、圜陽、廣衍。戶5,698、口20,838。

---

77 〔清〕顧炎武：《天下郡國利病書》，第34冊，〈九邊・四夷〉。顧氏之說，堪謂世人共識。《明史・王越傳》：「河套者，周朔方，秦河南地，土沃豐水草，東距山西偏頭關，西距寧夏，可二千里，三面阻河，北拊榆林之背」；清初《淵鑒類函・邊塞部十》：「河套者，周回三面阻河，土肥饒，……東西二千里，南至邊牆，北至黃河，遠者八九百里，近者一二百里。即周之朔方，秦之河南，漢之定襄」；乾隆《續文獻通考・兵考・郡國兵》：「河套即秦所取匈奴河南地也，東至偏頭，西至寧夏，三面阻河，南鄰邊，東西幾二千里，南北八九百里」。

郡名	轄縣名稱及各郡戶口情況
朔方	西漢10縣：朔方（郡治所）、三封、修都、臨河、呼遒、窳渾、渠搜、沃野、廣牧、臨戎。戶34,338、口136,628。
	東漢6城：臨戎（郡治所）、三封、朔方、沃野、廣牧、大城。戶1,987、口7,843。
五原	西漢16縣：九原（郡治所）、固陵、五原、臨沃、文國、河陰、蒲澤、南輿、武都、宜梁、曼柏、成宜、稒陽、莫、西安陽、河目。戶39,322、口231,328。
	東漢10城：九原（郡治所）、五原、臨沃、文國、河陰、武都、宜梁、曼柏、成宜、西安陽。戶4,667、口22,957。
雲中	西漢11縣：雲中（郡治所）、咸陽、陶林、楨陵、犢和、沙陵、原陽、沙南、北輿、武泉、陽壽。戶38,303、口173,270。
	東漢11城：雲中（郡治所）、咸陽、箕陵、沙陵、沙南、北輿、武泉、原陽、定襄、成樂、武進。戶5,351、口26,430。
合計	西漢5郡96縣1,846,720人，河套地區50縣、828,404人，占5郡人口總數的44.9%。
	東漢5郡50城（縣）106,667人，河套地區34城、73,477人，占5郡人口總數的68.9%。

資料來源：《漢書地理志下》；《後漢書郡國志五》。

　　據《漢書地理志下》、《後漢書地理志五》，西漢上郡等五郡轄有九十六縣，其中有五十縣在本書界定的河套地區範圍內，其人口近八十三萬，幾占五郡總人口數的百分之四十五；後漢時，上述五郡僅轄五十城（縣），河套地區內有三十四城、七三四七七人口，其人口為五郡總人口數的百分之六十九左右。兩漢時期五郡轄縣及其變動情況，具體如下：

首先是上郡，西漢下轄二十三縣，其中七縣具體地理位置不可考[78]（木禾、京室、洛都、原都、推邪、望松、宜都），可考者中絕大多數處於郡南，北部地方即河套內有五縣（白土、奢延、楨林、高望、龜茲）。東漢時，上郡轄有十城，其中一城具體所在不可考（侯官），西漢時不可考七縣，到東漢時均遭廢棄；可考九城中，四城在河套內（白土、奢延、楨林、龜茲），西漢時處於今毛烏素沙漠北部的上郡北部都尉治所——高望縣——被撤。

其次是西河郡，西漢轄三十六縣，其中十六縣不可考（騶虞、鵠澤、樂街、徒經、廣田、益蘭、宣武、千章、武車、饒、方利、西都、平陸、䮚是、博陵、鹽官），可考中有八縣位處河套（平定、富昌、美稷、大成、增山、廣衍、虎猛、谷羅）。東漢轄十三城，其中三城不可考（樂街、平陸、益蘭），西漢時不可考十六縣中有十三縣遭廢棄；可考者有三城位處河套內（平定、美稷、廣衍），另有三縣西漢時在西河郡，東漢時劃歸朔方郡（增山、虎猛、大成），富昌、谷羅撤縣。

再次是朔方郡，西漢時十縣：朔方、三封、修都、臨河、呼遒、窳渾、渠搜、沃野、廣牧、臨戎，全部位於河套內。東漢時六城，其中西漢時的朔方境內十縣僅餘五城（臨戎、三封、朔方、沃野、廣牧），其餘五縣（修都、臨河、呼遒、窳渾、渠搜）遭撤。另外，東漢時，朔方郡東南邊界有所擴展，西漢西河郡西北部增山、虎猛、大成三縣所轄區域劃歸朔方郡，但劃入後僅留大成（城）一縣，其餘二縣遭撤。

復次為五原郡，西漢轄有十六縣，均處於河套內，然有四縣具體地理位置不可考（固陵、文國、蒲澤、莫）。東漢時，五原有十城：

---

78 指《中國歷史地圖集》沒有具體標注者。參見譚其驤《中國歷史地圖集》（北京市：地圖出版社，1982年），第2冊。

九原、五原、臨沃、文國、河陰、武都、宜梁、曼柏、成宜、西安陽。兩漢時，五原郡控制的範圍基本沒有變化，但東漢有六縣遭撤，其中地理位置不可考者三縣（固陵、蒲澤、莫）、可考者三縣（南興、稒陽、河目）。

最後為雲中郡，西漢十一縣，均在河套境內。東漢十一城，西漢之陶林、犢和、陽壽三縣遭省，並改西漢楨陵為箕陵，且其東部範圍有所擴增，原定襄郡定襄、成樂、武進歸入。

兩漢時期河套地區五郡轄縣的設置及其變動情況，至少可說明以下問題：

第一，西漢時期設置五郡所轄縣時，各縣所在地方，一定具備相當適宜甚至良好的生態條件，這一點可從五郡部分下轄縣的縣名上得到反映。如上郡有望松、楨林縣，雲中郡有楨陵縣，說明其境松、楨之木豐富，其縣因多松產楨而得名。楨即女貞。《史記司馬相如列傳》裴駰「集解」：「女貞木葉冬不落」；司馬貞「索隱」：「《荊州記》宜都有喬木，叢生名為女貞。」《說文木部》：「楨,剛木也。……上郡有楨林縣。」元代楊桓《六書統》卷九：「木名，冬不凋。從木從貞，言其木貞正也。許氏曰剛木也，其義亦同。」因楨木性剛，民間多以之築牆。故而古代又把築牆時豎立在兩端的木柱稱「楨」。宋邢昺疏《爾雅釋詁》「楨，幹也」云：「舍人曰：楨，正也。築牆所立兩木也」；南唐徐鍇《說文繫傳木部》：楨，「亦築牆兩頭橫木也。《尚書》曰峙乃楨幹」。因此，《康熙字典木部》釋「楨」時說：「《說文》『剛木也』。《山海經》『太山之上多楨女』。郭注『女楨也，冬不凋』。又楨幹，築牆所立兩木也。」因其境內多楨，故其縣有楨林、楨陵之謂。

西河郡轄騶虞、鵠澤、美稷、廣田、廣衍、虎猛，朔方郡所轄沃野、廣牧，五原郡所轄蒲澤、曼柏諸縣，情況也大致類此。騶虞者，

何謂也？《詩經》有一首記載天子蒐田禮的詩——〈騶虞〉。對於其中「騶虞」，鄭玄注謂「義獸也，白虎，黑文，不食生物，有至信之德則應之」；三國陸璣《毛詩草木鳥獸蟲魚疏》卷下亦云：「騶虞，即白虎也，黑文，尾長於軀，不食生物，不履生草，君有德則見，應德而至者也」；陸德明《經典釋文毛詩音義上》、宋人陸佃《埤雅釋獸》的解釋與之同。而宋代羅願《爾雅翼釋獸一》則以為「騶虞」為駿馬：「騶虞從古以為獸。……蓋此物自獸之俊逸者，以其俊逸，故馬之健者比之。」此外，「騶虞」還有多種解釋。如歐陽修《詩本義騶虞》說，騶為天子之囿即騶囿，虞為主管天子之囿的職官，「騶虞」就是天子「騶囿之虞官」。清代王先謙也持此說：「騶者，天子之囿也。虞者，囿之司獸者也。」[79]但是，鄭玄注《周禮大司樂》「騶虞」為「樂章名」，有別於其注《詩經》「騶虞」為「白虎」意。這一說法為裴駰所承襲，他在注說《史記司馬相如列傳》之「射狸首兼騶虞」時，即有「騶虞者，樂官備也」之論。不過，「騶虞」是狩獵樂，專門服務於天子蒐田。總之，無論是直接將「騶虞」釋為馬、虎諸獸，還是把它解作職官、樂章名，都與虎馬之獸有直接或間接的聯繫，表明西漢西河郡設立時，當地如虎等獸甚為豐富，以致設縣以「騶虞」為名。至於其它各縣，鵠澤可能以多天鵝的湖泊沼澤得名，美稷縣因盛產優質穀物稷而得名，廣衍縣大概以其河流較多、天然次生林豐富而有名，虎猛縣以其境內多猛虎而有其名，沃野縣以地方土壤肥沃、廣牧縣因所在適於放牧、蒲澤縣以有生蒲之澤、曼柏以其境多柏樹而各有其縣名[80]。由此我們可以推知，上述諸縣所轄之地，當時的生態狀況應該說是比較優良的。

---

79 〔清〕王先謙：《詩三家義集疏》（北京市：中華書局，1987年），頁119-120。

80 參見景愛：《沙漠考古通論》（北京市：紫禁城出版社，1999年），頁156-157。

　　第二，兩漢河套地區所設諸縣，前後具有很大的差異。西漢時，河套一帶五郡轄有九十六縣，其中本書界定的河套地區有五十縣。然而，到了東漢時期，五郡所轄縣（城）數驟減至五十個，本書界定的河套地區只有三十四城。東漢時裁省縣中，具體方位不可考者二十三，可考且位於本書界定的河套內者十六。五郡情況分別是：上郡八縣遭廢，其中不可考者七（木禾、京室、洛都、原都、推邪、望松、宜都）、可考者一（高望）；西河郡廢置十七縣，其中不可考者十三（驕虞、鵠澤、徒經、廣田、宣武、千章、武車、饒、方利、西都、騅是、博陵、鹽官）、可考者四（富昌、谷羅、增山、虎猛）；朔方郡五縣被省（修都、臨河、呼遒、窳渾、渠搜），地理位置全部可知；五原郡廢六縣，不可考、可考者各三（固陵、蒲澤、莫，南興、稒陽、河目）；雲中郡有陶林、犢和、陽壽三縣遭廢，均可考。

　　十六縣遭撤的原因，歸納起來不外乎如下幾種情況：

　　其一，西漢時，域內人口眾多，設縣自然不會少。但是，東漢時期區內人口巨減，置縣不可能依照西漢時期的規模。如西漢時期西河郡公元二年的人口為六九八三六，設縣因此較多，計三十六縣，縣均人口近二萬，而且部分縣間距離較近。如據《中國歷史地圖集》，所轄谷羅縣城，西距廣衍縣城十餘公里、南距郡治平定約十五公里、西北距富昌縣城約三十五公里。這一區域內設縣密度由此可見一斑。但是，到了東漢時期，西河郡人口大為減少，闔郡只有二〇八三八人，僅略多於西漢時該郡縣均人口數。東漢時若仍按西漢規模置縣，則縣均人口不足六〇〇人，顯然不可行，撤縣勢在必行。因此，東漢在這一地區撤銷富昌、谷羅二縣，確實是客觀所致。而且，即使按照東漢十三城計算，西河郡轄縣平均人口也僅約一六〇〇人，與西漢時該郡縣均口數相差十倍。廢縣原因與之類似者還有五原郡稒陽、朔方郡呼遒等。

　　其二，西漢時，出於戰備之需，河套地區派有駐軍，其官長都尉治駐於縣。後漢時期，隨著漢匈關係的緩和、北方人口的減少，西漢時駐於地方的都尉由此而省去，於是一些縣份也隨之遭裁。此類遭省的縣份有：上郡高望縣（北部都尉治所），西河郡增山縣（北部都尉治所）、虎猛縣（西部都尉治所），朔方郡窳渾縣（西部都尉治所）、渠搜縣（中部都尉治所），雲中郡的陶林縣（東部都尉治所）等。但是，這可能是諸多綜合原因之一方面，因為西河郡內同樣作為西漢都尉（南部都尉）治所的大成縣，在東漢劃歸朔方郡後，就被保留下來，易名為「大城」而存諸東漢。因此，增山、虎猛等縣被裁省，恐怕另有其因。

　　其三，環境變化導致被裁。如西漢時期河套地區郡縣之設，一般具備三個基本條件：良好的生態基礎、屯田墾殖和一定的人口規模。正因為生態良好，具備農耕的基礎，西漢在擁有河套地區後，開展屯墾、移民，並設立郡縣。有學者認為，屯田是西漢移民實邊、設置郡縣的前提和準備[81]，這是從軍屯的角度而言的。但是普通民眾屯墾與設縣之間也存在必然的聯繫，考古發現可以說明這一點。如烏蘭布和沙漠北部發現的許多漢代普通勞動者墓葬，都位於縣城不遠的地方，且以縣城為中心。表明這一地區的屯墾與設縣有著密切的關聯，墾區以縣治為中心[82]。據此我們可以推斷，河套邊郡設縣，是以一定規模的民屯為基礎的。然而，到了東漢時期，一方面河套一帶人口大量內徙，人口銳減勢必影響設縣；另一方面，歷經幾十乃至百餘年的墾

81 勞幹：〈居延漢簡考證〉，《中央」研究院歷史語言所專刊》之四十一（1959年），頁53；〔日〕尾形勇：〈漢代屯田制的幾個問題——以武帝、昭帝時期為中心〉，收入中國社會科學院歷史研究所戰國秦漢史研究室：《簡牘研究譯叢》第1輯（北京市：中國社會科學出版社，1983年）。

82 景愛：《沙漠考古通論》（北京市：紫禁城出版社，1999年），頁126-127。

殖，墾區生態也受到了相當的破壞，承載人口和墾殖的生態條件逐漸惡化和喪失，裁省其縣便成為順理成章之事。上郡高望，朔方竇渾、修都，以及西河虎猛等縣的裁廢，可能都與墾殖導致的環境負向變遷有關。如高望縣位於今毛烏素沙漠北部，長期的屯墾，可能引起其地表的荒漠化，最終導致放棄墾殖，其縣隨之而撤。

2 西漢屯墾與區域環境變遷──以今烏蘭布和沙漠北部地方為對象

烏蘭布和沙漠北部地方，指的是今內蒙古巴彥高勒─黃河─補隆淖一線以西至狼山東南、太陽廟以南一帶，其面積約2000km²，占烏蘭布和沙漠的五分之一左右。今天的這一地區，屬於溫帶乾旱區，氣候乾旱少雨。沙漠北部所在縣──磴口縣，年均降水量為148.4mm（1954─1970年），年均蒸發量為2124.1mm（1954─1965年），彼此相差近十五倍。並且全年降水主要集中在四十餘天的時間裏，而以五─九月最集中；同時，風力頗大，特別是每年的十一月至次年六月（1956─1970年）[83]。自然景觀方面，與南部多高大沙山不同，北部地方主要是流沙，沙丘的形狀以固定-半固定沙壟為主，間有新月形沙丘及沙丘鏈；沙丘間偶有乾涸的古湖床沉積，以及積水形成的灰白色泥灰土層[84]。

這一地區曾是漢代重要墾殖區之一。兩漢時期，該地為朔方郡所轄。西漢時，朔方郡下轄十縣，所知在今烏蘭布和沙漠北部一帶者有

---

83 孫金鑄：《河套平原自然條件及其改造》（呼和浩特市：內蒙古人民出版社，1977年），頁52、55、62、67。

84 蓋山林等：《文明消失的現代啟悟》（呼和浩特市：內蒙古大學出版社，2002年），頁294；范育新等：〈烏蘭布和北部地方沙漠景觀形成的沉積學和光釋光年代學證據〉，《中國科學‧地球科學》2010年第7期（2010年）。

三縣：窳渾、臨戎、三封，分別設於武帝元朔二年（前127年）、五年和元狩三年（前120年）[85]。東漢時，位處屠申澤之濱的窳渾縣遭省，今烏蘭布和沙漠北部地方僅存三封、臨戎。據侯仁之考證，漢時的窳渾、臨戎、三封縣，分別位於今內蒙太陽廟西南、補隆淖西南和陶升井西南（見圖6-2）[86]。

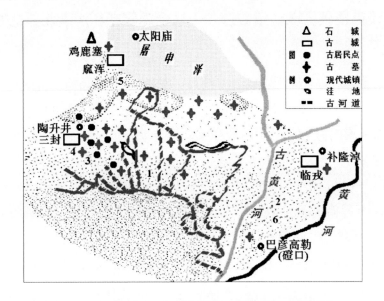

圖6-2　烏蘭布和沙漠北部漢代遺跡分佈示意圖[87]

85　《漢書・地理志下》：「朔方郡，武帝元朔二年開。西部都尉治窳渾。⋯⋯三封，武帝元狩三年城。⋯⋯臨戎，武帝元朔五年城」。又《水經注》卷三〈河水〉：「河水又北逕西溢於窳渾縣故城東，漢武帝元朔二年開朔方郡，縣即西部都尉治」。

86　侯仁之等：〈烏蘭布和沙漠的考古發現和地理環境的變遷〉，《考古》1973年第2期（1973年）。

87　本圖據侯仁之等：〈烏蘭布和沙漠的考古發現和地理環境的變遷〉，《考古》1973年第2期（1973年）、曾昭璿等：《歷史地貌學淺論》（北京市：科學出版社，1985年版），頁223、李容全等：《內蒙古高原湖泊與環境變遷》（北京市：北京師範大學出版社，1990年），頁6、李炳元等：〈近2000年來內蒙後套平原黃河河道演變〉（《地理學報》2003年第2期）、賈鐵飛等《烏蘭布和沙漠北部沉積物特徵及環境意義》，

　　關於秦漢時期烏蘭布和北部地方的生態狀況，學界說法不一。侯
仁之等認為，西漢以前，該地是一望無際的大草原，漢代移民至此
時，這裏水源豐沛，屯墾穩定發展，社會繁榮。但隨著兩漢之際的社
會秩序破壞和東漢時該地農業人口的內徙，西漢時的墾區漸遭棄卻，
區內田野荒蕪，在風蝕作用下，土地開始沙漠化。不過，侯仁之等又
指出，其研究結論「是否完全符合實際情況，還需要從地質地理各方
面來作進一步的考察研究，同時也亟需從這一地區極為豐富的古代人
類活動的遺存中繼續尋求線索」[88]。侯氏結論，為歷史、考古乃至氣
候、環境學界廣泛認同[89]。但是，賈鐵飛等對此提出異議，他們根據
烏蘭布和沙漠北部全新世沉積剖面的記錄，通過對風成砂、湖相和風
沙活動等進行沉積學的對比，認為現代景觀的烏蘭布和沙漠在漢代屯
墾以前既存在，亦即秦漢時期，該地就是沙漠地帶。烏蘭布和沙漠的

《乾旱區地理》1998年第2期（1998年）、魏堅：《內蒙古中南部漢代墓葬》（北京
市：中國大百科全書出版社，1998年），頁8、春喜：《晚第四紀吉蘭泰鹽湖古湖面
與環境變化研究》（蘭州市：蘭州大學自然地理研究所博士學位論文，2006年）、劉
明光：《中國自然地理圖集》（北京市：中國地圖出版社2010年），頁177-178等繪
製。圖中一、二分別為大閘、黃土檔鑽孔所在位置，三、四、五、六分別為納林套
海漢墓群、包爾陶勒蓋漢墓群、沙金套海漢墓群和補隆淖漢墓群所在地。

88 侯仁之等：〈烏蘭布和沙漠北部的漢代墾區〉，《治沙研究》1965年第7號（1965
　　年）；侯仁之等：〈烏蘭布和沙漠的考古發現和地理環境的變遷〉，《考古》1973年第
　　2期（1973年）。

89 如中國文物研究所景愛就認為，漢代的屯墾與棄墾，是烏蘭布和沙漠形成與擴大的
　　根本原因；中國氣象研究院張德二也指出，儘管漢代屯墾以前的烏蘭布和地區曾經
　　歷了氣候變乾的自然過程，但其變化十分緩慢，漢代屯墾及隨後的棄耕是土地沙化
　　及其進程加快的主要原因；中國科學院蘭州沙漠研究所楊根生等認為，磴口縣土地
　　沙漠化乃至整個烏蘭布和沙漠的形成，與西漢時期大規模的農墾、東漢農田的毀棄
　　等直接相關。具體參見景愛：《沙漠考古通論》（北京市：紫禁城出版社，1999
　　年），頁133、張德二：〈歷史記錄的西北環境變化與農業開發〉，《氣候變化研究進
　　展》2005年第2期（2005年）、楊根生等：〈磴口縣土地沙漠化及其整治〉，《乾旱區
　　資源與環境》1993年第3期（1993年）。

形成，自然因素是主要原因，所謂漢代屯墾導致沙漠化之說乃子虛烏有[90]。這一結論得到了部分學者的回應[91]。另有學者指出，西漢時烏蘭布和北部地方為黃河改道後的湖澤發育地帶，土地肥沃，水草豐美。西漢以後，由於氣候逐漸乾冷，植被遭自然和人為破壞，土地荒蕪，流沙漫延[92]。

上述研究，分別從考古、地理和地質學的視角，利用傳世文獻、考古和鑽孔等多種資料與手段，對烏蘭布和北部地方現代沙漠景觀的形成時間和原因進行了研究，但彼此認識差異明顯。不過，真正從歷史學的角度對之進行專門深入研究者甚罕。個中緣由，主要在於文獻記之不詳；而後來考古發現的材料，發掘者和研究者的解讀，多從社

90 賈鐵飛等：〈烏蘭布和沙漠形成時代的初步判定及意義〉，《內蒙古師大學報（自然科學漢文版）》1997年第3期（1997年）；賈鐵飛等：〈烏蘭布和沙漠北部沉積物特徵及環境意義〉，《乾旱區地理》1998年第2期（1998年）；賈鐵飛等：〈歷史時期烏蘭布和沙漠風沙活動的沉積學記錄與沙漠化防治途徑分析〉，《水土保持研究》2002年第3期（2002年）；賈鐵飛等：〈烏蘭布和沙漠東海子湖全新世湖相沉積結構分析及其環境意義〉，《中國沙漠》2003第2期（2003年）；賈鐵飛等：〈烏蘭布和沙漠北部全新世地貌演化〉，《地理科學》2004年第2期（2004年）。

91 牛俊傑等：〈歷史時期烏蘭布和沙漠北部的環境變遷〉，《中國沙漠》1999年第3期（1999年）；任世芳：〈歷史時期烏蘭布和沙漠環境變遷的再探討〉，《太原師範學院學報（自然科學版）》2003年第3期（2003年）。如春喜等根據吉蘭泰鹽湖周圍及烏蘭布和沙漠南部丘間低地湖相地層下部風成砂的系統光釋年（OSL）測年結果，認為烏蘭布和沙漠的形成年代約在距今七〇〇〇年前後。此前，這一地區存在一大古湖即吉蘭泰古湖。烏蘭布和沙漠的形成，是吉蘭泰古湖乾涸情形下湖泊周圍鬆散沉積物風蝕、搬運及選擇性堆積的結果（春喜等：〈烏蘭布和沙漠的形成與環境變化〉，《中國沙漠》2007年第6期（2007年））。但有學者對之予以了反駁，認為其研究剖面來自沙漠南部地區，不能代表北部的情況。駁之者借助雷達反射剖面和鑽孔岩芯地層資料，認為現今的烏蘭布和北部的沙漠景觀只是距今二〇〇〇以來逐漸形成的，是漢代以後大規模棄墾而導致的結果（范育新等：〈烏蘭布和北部地方沙漠景觀形成的沉積學和光釋光年代學證據〉，《中國科學・地球科學》2010年第7期（2010年））。

92 魏堅：《內蒙古中南部漢代墓葬》（北京市：中國大百科全書出版社，1998年），頁71。

會經濟的角度為之，忽略了其中可能暗含的環境變遷等信息因素。好在地理、地質、環境學界有關研究成果中所揭示的一些鑽孔或剖面資料，為我們提供了一定的信息，使進一步探討這一地區的環境變遷具備了可靠的資料條件。本書在有關研究的基礎上，試圖對秦漢時期烏蘭布和沙漠北部地方的生態及其變動情況再作一番梳理。

有學者曾對烏蘭布和沙漠覆蓋區和河套地區歷史時期的環境進行了考察，結果表明，包括今吉蘭泰鹽湖、烏蘭布和沙漠、河套地區以至呼和浩特一帶，曾經存在一個覆蓋吉蘭泰盆地和河套平原的吉蘭泰古湖。據對湖濱沉積物的光釋年（OSL）和14C測年，吉蘭泰高湖面形成於距今七萬一六萬年前後；距今六萬一五萬年，湖泊開始退卻，但水域面積仍達3.4萬km^2，今天的烏蘭布和沙漠和庫布齊沙漠的主要地區均在古湖水下；在距今四萬一二萬年，湖泊水位繼續下降，出現次高湖面，湖域面積為2.3km^2；距今九○○○一七○○○年前，吉蘭泰湖與河套古湖仍為一體，是一個深為30m、面積約2萬 km^2 的大淡水湖。其後，東南季風衰退，氣候開始乾旱化，有效降水量減少、蒸發量增加，大湖湖面下降；同時，現代黃河河套段東出口的晉陝峽谷完全切開，湖泊外泄，大湖和黃河間的水源聯繫被切斷。因此，距今約七○○○年以來，大湖嚴重衰退和萎縮，吉蘭泰古湖解體，吉蘭泰湖泊獨立；烏蘭布和地區的湖泊也被分解成面積不等、相互獨立的眾多湖泊；距今六八○○年前後，烏蘭布和沙漠腹地湖底開始出現風成砂[93]；距今五○○○年年以來，氣候持續乾旱，北方風沙活動增

93 但賈鐵飛等對烏蘭布和沙漠北部全新世地貌演化的研究結果顯示：在距今約一萬一九○○○年（內蒙古大閘剖面距今9255—8985年、北根臺磚廠剖面距今9530—9410年、太陽廟海子東南剖面距今10395—10125年）以前，烏蘭布和沙漠北部地方廣泛分佈著湖泊沉積物，但在此後至距今7255年左右，這一地區即為風沙地貌（參見賈鐵飛等：〈烏蘭布和沙漠北部全新世地貌演化〉，《地理科學》2004年第2期（2004年））。其風沙化起訖時間有別於有關研究結論。

強[94]。在風力的作用下，吉蘭泰鹽湖西北的流動沙丘以年均33m的速度向鹽湖推進[95]。受湖泊周圍鬆散物質和乾旱氣候的共同影響[96]，湖泊沙漠化過程空前發展，烏蘭布和沙漠逐漸形成[97]。

然而，此後烏蘭布和沙漠的發展，並不是連續和直線性的。最初出現的古風成砂，並非今日沙漠景觀。從早期沙漠化的出現到現代沙漠景觀的形成，其間有一個反覆的過程。有學者通過對科爾沁沙地、松嫩沙地的古土壤分析，發現全新世（距今1.2萬年）以來，由於氣候乾濕的交替，其沙地經歷了四次擴大發展與逆轉縮小的過程：半乾旱氣候條件下，植被為半荒漠草原，流沙面積擴大；而在半濕潤氣候環境中，植被為蒿類草原和稀樹蒿類草原，沙地逆轉縮小，流沙固定，並發育古土壤[98]。這一沙漠幾經發展與逆轉的過程，在烏蘭布和北部地方沙漠化的過程中也同樣存在。只是由於所處的地區及其周遭自然環境的不同，伴隨著這一地區沙漠化及其逆轉的，不是科爾沁等地區發育的古土壤，而是河湖相沉積物賈[99]。

---

94 裘善文等：〈東北西部沙地古土壤與全新世環境〉，收入施雅風：《中國全新世大暖期氣候與環境》（北京市：海洋出版社，1992年）。

95 胡春元：〈試論吉蘭泰鹽湖的發育與資源保護問題〉，《內蒙古林學院學報（自然科學版）》1998年第2期（1998年）。

96 鄭喜玉：《內蒙古鹽湖》（北京市：科學出版社，1992年），頁195-210；施雅風等：〈中國全新世大暖期的氣候與環境的基本特徵〉，收入施雅風：《中國全新世大暖期氣候與環境》（北京市：海洋出版社，1992年）。

97 陳發虎等：〈晚第四紀「吉蘭泰-河套」古大湖的初步研究〉，《科學通報》2008年第10期（2008年）；春喜：《晚第四紀吉蘭泰鹽湖古湖面與環境變化研究》（蘭州市：蘭州大學自然地理研究所博士學位論文，2006年），頁48、95、99、100、101、106-108。

98 裘善文等：〈東北西部沙地古土壤與全新世環境〉，收入施雅風：《中國全新世大暖期氣候與環境》（北京市：海洋出版社，1992年）。

99 鐵飛等：〈烏蘭布和沙漠北部沉積物特徵及環境意義〉，《乾旱區地理》1998年第2期（1998年）；賈鐵飛等：〈烏蘭布和沙漠北部全新世地貌演化〉，《地理科學》2004年第2期（2004年）。

　　既有研究表明，今天烏蘭布和沙漠北部地方是古黃河沖積平原；
有關野外考察、三維遙感圖像、衛星影像和航測、不同地區的鑽孔剖
面河湖相沉積物等無不顯示，在今天的沙漠景觀形成之前，這一地區
湖蕩眾多，黃河搖擺於其間，留下了不少古河道。據侯仁之等一九六
〇年代實地踏勘，在今補隆淖以西至陶升井間，至少有三道古代河床
的遺跡。侯仁之等認為是歷史上黃河河道向東移動的結果，並斷定現
在烏蘭布和沙漠北部地方，原是古黃河的沖積平原[100]。楊根生等通過
對磴口縣地表物質的考察，發現其地表物質自西向東，分別帶狀分佈
著狼山變質岩系、狼山山前沖洪積沙礫質、黃河沖積平原區沙與黏土
互層的沖積-湖積等三大沉積物。磴口沙漠化土地主要分佈於後者即
黃河沙、黏土沉積物類型區，且地表流沙與下伏河流相沙粒分佈一
致，說明該地的沙漠化生成於河流相沉積。同時，在烏蘭布和沙漠北
部地方自東向西分佈著四條形成年代由老變新的古河道，現代沙漠景
觀形成前的河流相沉積，與這些古河道相關[101]。還有研究者指出，黃
河在磴口附近多次決口，河道自西向東擺動，除被風沙覆蓋分不清故
道存在與否的那部分以外，黃河廢棄故道不少於四—五條，並在廢棄
故道上形成一部分殘留河道湖泊和牛軛湖[102]。另外，在三維遙感圖像
上，也可以全面觀察到烏蘭布和沙漠地區的古水系分佈特徵[103]。

100　侯仁之等：〈烏蘭布和沙漠北部的漢代墾區〉，《治沙研究》1965年第7號（1965
　　年）。原注三條河道（自東向西）的分佈是：第一道在補隆淖以西約五公里，自此
　　以西又十五公里為第二道，再西又十公里為第三道。另見曾昭璿等：《歷史地貌學
　　淺論》（北京市：科學出版社，1985年），頁224。
101　楊根生等：〈磴口縣土地沙漠化及其整治〉，《乾旱區資源與環境》1993年第3期
　　（1993年）。
102　李容全等：《內蒙古高原湖泊與環境變遷》（北京市：北京師範大學出版社，1990
　　年），頁6-7。
103　張秉仁：《遙感圖像三維技術研究及古黃河源頭水系的新發現》（長春市：吉林大
　　學博士學位論文，2005年），頁79。

那麼，古黃河沖積平原究竟形成於何時？李炳元等根據一九八六一一九八七年、二○○○年衛星影像的解釋，以及對一九六八一一九七二年航測地形圖的分析，發現後套平原保存著豐富的古黃河變遷遺跡與諸多的古河道窪地、牛軛湖等，認為黃河在河套地區改道頻繁，所經之處形成黃河沖積平原。其中位於後套平原西南部的黃河沖積扇平原，即今烏蘭布和沙漠北部地方。研究者指出，黃河自寧（夏）（內）蒙窄谷進入後套平原後大幅擺動，其幅度達 50—60km，從而形成眾多的古河道，甚者直抵陰山南麓。在烏蘭布和沙漠北部沒有流沙覆蓋的地方，古黃河遺跡清晰可見。北北東至北西流向的古河道或順直，或微彎，呈放射狀分佈於平緩的大型沖積扇平原上。關於沖積平原形成的時間，論者認為，該平原由南、北兩個沖積扇組成。南沖積扇頂點位於磴口西南約 15km 的二十柳子附近（海拔1056m），沖積扇上的黃河故道呈放射狀分佈，向西、北可達狼山的山麓沖洪積扇前緣[104]。並且衛星影像顯示，在烏蘭布和沙漠北部地方，作為沖積扇上的放射狀水系的一部分，除侯仁之所講的三條古河床遺跡外，還有一一二條新發現的古河道。這與楊根生、李容全等所說基本一致。從沖積扇上的古河道看，向北延伸的南沖積扇古河道止於屠申澤古湖以南，南沖積扇形成時代在北沖積扇和屠申澤湖形成之前，其時間大概為公元前二世紀（西漢）以前。此後，南沖積扇停止發育，沖積扇頂點北移，北沖積扇開始發育。北沖積扇頂點位於補隆淖北約 8km處（海拔1046m），黃河河道在新扇上放射狀擺動，西、北緣直抵狼

---

104 這一結論，也為其它研究者所證實。有研究者指出，野外考察發現，在三道坎至磴口之間，存在保存較好的由黃河擺動而殘留的數條古河道遺跡，此處發育了大面積的河流三角洲沉積物。狼山南麓出露的河流相沉積物和數條古河道的存在，進一步證實了黃河河道的不穩定性。參見春喜：《晚第四紀吉蘭泰鹽湖古湖面與環境變化研究》（蘭州市：蘭州大學自然地理研究所博士學位論文，2006年），頁63。

山東麓沖洪積扇前緣。論者根據遙感影像分析，認為漢代黃河故道與北沖積扇古河道具有聯繫，在南、北沖積扇之間的窪地（太陽廟海子）潴水形成屠申澤。也就是說，屠申澤的形成，與北沖積扇的出現密切相關，彼此形成時間相近，估計在漢代已經形成[105]。這一沖積平原形成時間的推斷，並不十分明確。我們不妨借助有關研究中的鑽孔沉積物，對之做進一步的判斷。賈鐵飛等在其研究中，曾列舉了烏蘭布和沙漠北部的兩個人工剖面。第一個剖面為位於烏蘭布和沙漠北部東緣的黃土檔剖面，該剖面自下而上有六層。第六層為現代風成砂，第五層為湖相沉積，其頂部 ^{14}C 年齡為距今約二四八五—二二三五年，說明該地此前有湖泊存在；第二個剖面為位於烏蘭布和沙漠北部腹地的大閘剖面，該剖面自下而上有四層。第四層為現代沙漠景觀、第三層為河流相沉積、第二層為湖泊相沉積，第二層湖泊相沉積頂部沉積物 ^{14}C 年齡為距今約二三六〇—二一五〇年[106]。黃土檔和大閘兩個剖面的湖相沉積時間相仿，而大閘剖面第三層的河流相沉積位於年齡為距今約二三六〇—二一五〇年的第二層湖泊沉積之上，說明第三層河流相沉積當形成於距今二一五〇年以後。也就是說，烏蘭布和沙

105　李炳元等：〈近2000年來內蒙後套平原黃河河道演變〉，《地理學報》2003年第2期（2003年）。

106　賈鐵飛等：〈歷史時期烏蘭布和沙漠風沙活動的沉積學記錄與沙漠化防治途徑分析〉，《水土保持研究》2002年第3期（2002年）；賈鐵飛等：〈烏蘭布和沙漠北部沉積物特徵及環境意義〉，《乾旱區地理》1998年第2期（1998年）。黃土檔剖面第五層湖相沉積頂部年齡，前文及〈烏蘭布和沙漠北部全新世地貌演化〉（《地理科學》2004年第2期（2004年））一文均標注為距今2360±125年，後文卻標注為距今2630±125年，其中必有一誤。另外，在〈烏蘭布和沙漠形成時代的初步判定及意義〉（《內蒙古師大學報（自然科學漢文版）》1997年第3期（1997年））一文中，其圖作二三六〇年，而行文則作二六三〇年。考慮前二者一致且發表時間晚於後者幾年，二者年代應為對後者年代校正的結果，故本文採用新近發表論文中的年代——距今2360±125年，即約二四八五—二三五年。

漠北部地方的古黃河沖積平原，大概形成於距今二一五〇年前後。這一結果，和李炳元等後套平原西南部的黃河沖積扇平原形成於公元前二世紀的結論大體一致。亦即在距今約二一五〇年前後至沙漠化之前，今天的烏蘭布和沙漠北部地方仍然為河道密佈、湖泊眾多之地。

　　烏蘭布和北部地方現在沙漠景觀是建立在河湖沉積之上的。然而，這一地區的河湖環境是什麼時候消失的，其沙漠化又出現在何時？對此，學界說法不一。如前引侯仁之等文以為是漢代以後才出現沙漠化的；而賈鐵飛等則認為，在漢代移民墾殖之前，這一地區即一片沙漠。可是，在賈等關於這一問題的一系列研究論著中，均存在同一性質的錯誤：將剖面的湖相沉積物年代等同於風成砂形成的時間。如上引文獻中提到的黃土檔和大閘兩個剖面，其所在地區沙漠化出現的時間分別在距今2360±125年（即2485－2235年）的湖相沉積和2255±105年（即2360－2150年）河湖相沉積之後。作者因此指出：「現代景觀意義上的烏蘭布和沙漠至早形成於這個時段。」[107]這一結論是不虛的。但作者此後又說：「現代景觀上的烏蘭布和沙漠，是在漢代前就已形成」，形成時代在距今二六三〇—二二五五年以來，「從絕對年齡上看，是在西漢前的東周至秦時期」[108]。把現代景觀意義上的烏蘭布和沙漠「至早」形成於距今約二六三〇—二二五五年變為「最晚」形成於這個時間，結論自相矛盾。另外，假若烏蘭布和北部地方沙漠在西漢前的東周至秦時期既已形成，隨之而來的問題是：西漢政府為什麼將移民安置於「沙漠」地區？遷置其間的眾多移民又是如何在「沙漠」上生產和生活的？對此，有人對賈等結論進行了進一

---

107 賈鐵飛等：〈歷史時期烏蘭布和沙漠風沙活動的沉積學記錄與沙漠化防治途徑分析〉，《水土保持研究》2002年第3期（2002年）。

108 賈鐵飛等：〈烏蘭布和沙漠形成時代的初步判定及意義〉，《內蒙古師大學報（自然科學漢文版）》1997年第3期（1997年）。

步的補充和完善。認為這一地區儘管在先秦時期既成沙漠，但受黃河及屠申澤等水分條件的影響，其時其地尚存若干綠洲，西漢臨戎等三座縣城便依存於這些綠洲[109]。然而，細究其文，我們發現：

其一，該文所引材料和證據，絕大部分來源於賈等結論。前文已經指出，賈論存在些許問題，以其結論為前提而開展的研究，其觀點的可靠性令人生疑。

其二，該文同賈等研究一樣，在結論方面也有自相牴牾之處。譬如在探討屠申澤對西漢窳渾等縣城存在的影響時，作者指出：屠申澤對改善沿湖地區的小氣候條件作用很大；但黃河年均補充屠申澤的水量只占其幹流量的百分之一點四，黃河徑流量的年際變化也不影響對屠申澤的補給。而作者在隨後探討窳渾等城衰落的自然原因時卻說：「屠申澤乾涸的唯一原因只可能是黃河干流改道，從而湖泊枯竭、土地荒蕪」。既然黃河補給屠申澤的水量極其微小，且黃河徑流量的年際變化對屠申澤的補給也不形成影響，那麼又怎麼能說「黃河干流改道」是屠申澤乾涸的「唯一原因」和「主因」？其前後說法如此捍格，結論又怎能令人信服？

其三，假設該文研究結論成立，那麼其說又與侯仁之等說相近，即部分地承認了今天的烏蘭布和沙漠北部地方，在西漢時期是「一片原始大草原」的結論[110]。

對於所謂的西漢前今烏蘭布和沙漠北部地方即已沙漠化的說法，范育新等亦予以了否定。作者通過光釋光測年的手段，對烏蘭布和沙漠北部三個沙丘（沙山）的雷達反射剖面和岩芯地層沉積物的年代進

---

109 牛俊傑等：〈歷史時期烏蘭布和沙漠北部的環境變遷〉，《中國沙漠》1999年第3期（1999年）。

110 侯仁之等：〈烏蘭布和沙漠北部的漢代墾區〉，《治沙研究》1965年第7號（1965年）；侯仁之等：〈烏蘭布和沙漠的考古發現和地理環境的變遷〉，《考古》1973年第2期（1973年）。

行了測定。測年結果顯示,現代沙漠景觀底部風成沙的沉積年代分別
為距今一九八○年、一七○○年和八○○年,表明烏蘭布和北部地方
沙漠化出現於距今二○○○─一七○○年前後,並逐漸發展成沙丘等
沙漠地貌景觀[111]。既然這一地區的沙漠化出現在漢代墾殖之後,那
麼,沙漠化出現前的烏蘭布和沙漠北部地方的生態狀況又是如何呢?

關於烏蘭布和沙漠北部地方秦漢時期的生態狀況,文獻中沒有直
接的專門記載,一些間接的文字和近些年來的考古發現物[112],從不同
側面反映了其時其地的生態狀況之一二。種種跡象表明,秦漢時期這
一地區的生態環境為水源充沛的草原-森林自然景觀。

第一,水資源狀況。秦漢時期,烏蘭布和沙漠北部地方河湖眾
多,水資源豐富。言及其水環境,屠申澤不容迴避。關於屠申澤,酈
注《水經河水》黃河「又北過朔方臨戎縣西」云:

> 河水東北逕三封縣故城東,……河水又北逕臨戎縣故城
> 西,……河水又北,有枝渠東出,謂之銅口,東逕沃野縣故城
> 南,……枝渠東注以溉田,……河水又北,屈而為南河出焉。
> 河水又北迤西溢於窳渾縣故城東,……其水積而為屠申澤,澤

---

111 范育新等:〈烏蘭布和北部地方沙漠景觀形成的沉積學和光釋光年代學證據〉,《中
國科學・地球科學》2010年第7期(2010年)。

112 前者主要指《水經注》中的記錄。後者主要有:侯仁之等一九六三年勘察的三座
漢代古城及其附近墓群,以及在陶升井附近發掘的一座漢墓;鄭隆等一九六三年
在陶升井附近清理的二座漢墓;內蒙古文物考古研究所等1992-1993年在納林套
海、包爾陶勒蓋、沙金套海和補隆淖等地發掘的一三二座漢墓。分別參見侯仁之
等:〈烏蘭布和沙漠北部的漢代墾區〉,《治沙研究》1965年第7號(1965)年和
〈烏蘭布和沙漠的考古發現和地理環境的變遷〉,《考古》1973年第2期(1973
年)、內蒙古文物工作隊:〈內蒙古磴口縣陶生井附近的古城古墓調查清理簡報〉,
《考古》1965年第7期(1965年)、魏堅:〈內蒙古中南部漢代墓葬〉(北京市:中
國大百科全書出版社,1998年),頁7-132。

東西百二十里，故《地理志》曰「屠申澤在縣東」，即是澤
也。闞駰謂之窊渾澤矣。

　　酈氏所記屠申澤，當有所據。但是，酈氏為魏晉之人，即使所說
屠澤為實，也只能算作是魏晉時期的湖泊情狀，不能視同於秦漢時期
的屠申澤。那麼，屠申澤在秦漢時期是否存在？其具體情況如何？

　　據李炳元等研究，屠申澤發育於後套平原西部南、北兩個沖積扇
間窪地之中，該湖的形成，與公元前二世紀的多雨期[113]及其影響下的
北沖積扇河道發育密切相關，其形成時間相近，均在西漢之前[114]。也
就是說，屠申澤在秦漢時期即已存在。但另有學者認為該湖形成於先
秦時期，甚至具體指明了屠申澤形成的絕對年齡為距今七二五五年，
其消亡絕對年齡為距今二六三〇年（或2255年）[115]。這一說法並不可
靠，因為一則屠申澤不見於先秦任何有關文獻，說明先秦時期該澤可
能尚未形成；二則距今約二六三〇年（實際應為2360年）前後，屠申
澤並未消失[116]，該湖在中華人民共和國成立後仍然存在，只是面積大
為縮小[117]。

---

113 史培軍等研究認為，距今一三〇〇〇年以來有七個相對多雨期，其中的一個為距今
　　二六〇〇―一四五〇年，其間的降水量最多可比當地近三十年的平均值高百分之五
　　十。具體參見史培軍等〈10000年來河套及鄰近地區在幾種時間尺度上的降水變
　　化〉，收入吳祥定：《黃河流域環境演變與水沙運行規律研究文集》第2集（北京
　　市：地質出版社，1991年）。

114 李炳元等：〈近2000年來內蒙後套平原黃河河道演變〉，《地理學報》2003年第2期
　　（2003年）。

115 賈鐵飛等：〈烏蘭布和沙漠北部全新世地貌演化〉，《地理科學》2004年第2期
　　（2004年）。

116 《水經注》對此有所記載，《中國歷史地圖集》也對之有所標注。譚其驤：《中國
　　歷史地圖集》（北京市：中國地圖出版社1982年），第4冊，頁54-55。

117 如清初齊召南《水道提綱》載：「騰格裏鄂模即古窊渾之屠申澤也。」其注云：
　　「騰格哩池東西甚長，其西北有水，名哈爾哈納河，南流入焉。池自西南迤而東

秦漢時期屠申澤的狀況[118]，從其時的文獻記載中，可揣知其概端。首先，據《漢書地理志下》記「窋渾」縣時所云「申澤在東」語可知，屠申澤在漢時確實存在。其次，酈道元《水經注》說闞駰《十三州志》稱屠申澤為「窋渾澤」。《說文穴部》：窋，「污窬也，……朔方有窋渾縣」。宋代張有《復古編上聲》：「窋，污窬也，……別作窪，非。又：窋渾，邑名。」「污」的本義為停積不流的水，《說文》又釋「小池」為「污」。漢代把設置在屠申澤之濱的縣名叫窋渾，而闞駰將屠申澤稱「窋渾澤」。綜合以上，我們可知漢代的屠申澤湖水較淺，湖水混濁，這一湖況的形成，與其係黃河沖積形成的成因有關，但其面積似乎不小。如有人就認為，漢魏時的屠申澤面積可達740km^2[119]。如果這一結論成立，則漢魏時期的屠申澤占今烏蘭布和沙漠北部地方總面積的百分之三十七。長期維持這樣一個巨大的湖泊，必須要有穩定、豐富的水源，特別在北方乾旱地區，持續存在如此之巨的淡水湖，其區域內水環境一定頗憂，很難想像其時該地區的環境

北，周百餘里，西十度弱，極四十一度。」（《水道提綱》卷5，〈黃河〉）另據侯仁之等文注引清乾隆《內府輿圖》河套南圖，約在屠申澤故址，當時也繪有「騰格裏鄂模」一湖（侯仁之等：〈烏蘭布和沙漠北部的漢代墾區〉，《治沙研究》1965年第7號（1965年））。屠申澤的消失是一個逐漸、相對的過程，有水來源的時候，便成湖，只是名稱不一。具體消失於何時，很難說。據有關論述，其完全消失，殆在建國以後。如有論者即云：位於後套平原最西部、烏蘭布和沙漠北緣的太陽廟海子，即為古代的屠申澤。清乾隆《內府輿圖》稱騰格裏鄂模。一九五○年代湖面積約十二—十三平方千米，且湖中出產鯽魚、白魚、鯉魚、鯰魚和蒲草、蘆葦等。一九七○年代，該湖平時乾涸，堿灘一片，僅在雨季才形成分散的小湖（孫金鑄：《河套平原自然條件及其改造》（呼和浩特市：內蒙古人民出版社，1977年），頁101-102）。

118 關於漢代的屠申澤，侯仁之等根據《水經注》、《漢書・地理志下》和現代地形圖，對之進行了復原。參見侯仁之等：〈烏蘭布和沙漠北部的漢代墾區〉，《治沙研究》1965年第7號（1965年）。

119 任世芳：〈歷史時期烏蘭布和沙漠環境變遷的再探討〉，《太原師範學院學報（自然科學版）》2003年第3期（2003年）。

竟是沙漠景觀。因此，這一關於漢魏時期屠申澤面積的測算，在一定程度上有效地回應了西漢以前烏蘭布和北部地方就已沙漠化的說法。

總之，我們認為，秦漢時期，黃河在臨戎、三封、窳渾（東漢時省裁）三城之間穿過，在給今烏蘭布和沙漠北部地方帶來豐富的水資源的同時，還在窳渾城旁窪地形成屠申澤，烏蘭布和北部地方水環境因此而較為優良。這種情狀也為考古發現所證實。這裏僅舉四例以喻之。

首先，考古工作者一九九〇年代在對沙金套海西漢元帝、成帝時期的墓葬——十二號墓——進行發掘時，發現墓內棺板腐蝕成灰，棺內外淤沙填實，且可能因水浮淤填作用，墓內二棺前移並上浮高出墓底二十五釐米[120]。表明該地現代沙漠景觀出現在漢成帝之後，並且即使沙漠化以後，該地區仍河湖水四溢，棺板由於浸泡而腐爛，墓地因沖刷而凹陷，墓穴遭淤填實。

其次，納林套海、包爾陶勒蓋、補隆淖漢墓群中，出土了不少池塘、石鴨、鶴、魚等明器（見表6-6）。如納林套海四十五號墓出土的池塘陶製品中，就有2鵝塘內戲水的情景[121]。這些與水有關明器的出土，說明其間該地河塘眾多，水環境較好，水資源豐富。

---

120 魏堅：《內蒙古中南部漢代墓葬》（北京市：中國大百科全書出版社，1998年），頁73。

121 魏堅：《內蒙古中南部漢代墓葬》（北京市：中國大百科全書出版社，1998年），頁33、51。

表6-6　烏蘭布和沙漠北部地方漢墓出土明器情況

墓群名稱	已清理墓葬數（座）	明器分類及一、二、三、四期數量															
		陶井				鴞壺				陶倉				其它			
		一	二	三	四	一	二	三	四	一	二	三	四	一	二	三	四
A	45	16	2	/	/	14	0	/	/	21	2	/	/	鵝池塘1、木鳥1、石鴨1	0	/	/
B	25	3	4	/	/	8	3	/	/	12	8	/	/	0	池塘3、天鵝3、鴨2	/	/
C	39	0	1	3	5	0	4	5	3	0	9	25	0	0	0	0	0
D	23	4	2	/	/	0	0	/	/	10	8	/	/	熊頭1、鶴4、魚1	0	/	/
合計	132	23	9	3	5	22	7	5	3	43	27	25	0	/	/	/	/

資料來源：魏堅：《內蒙古中南部漢代墓葬》（北京市：中國大百科全書出版社，1998年），頁8-132。

注：①表中A為納林套海漢墓群、B為包爾陶勒蓋漢墓群、C為沙金套海漢墓群、D為補隆淖漢墓群。②納林套海墓群一期（39座）時間為宣帝後至王莽前，二期（6座）為王莽至東漢初；包爾陶勒蓋漢墓一期（16座）屬西漢晚期（個別可溯至西漢中期），二期（9座）為王莽前後（個別晚至東漢初）；沙金套海墓葬一期（6座）屬西漢武帝至昭宣時期，二期（8座）為元成時期，三期（17座）為哀帝和王莽階段，四期（8座）為光武帝至明帝時期；補隆淖漢墓群一期（12座）屬西漢晚期，二期（11座）屬王莽到東漢初（魏堅：《內蒙古中南部漢代墓葬》（北京市：中國大百科全書出版社，1998年），頁47、67、109-110、129）。

　　再次，出土明器中有大量的陶井及打水俑，似乎又說明水井是當時該地極為普遍的生活設施。在較之於內地鑿井工具不太先進、技術相對落後的烏蘭布和北部地方，水井四處可見，表明當時地下水豐富，取水極為便利。

　　最後，一九六三年，侯仁之等在窳渾附近漢墓的一隻陶罐中，發現了三顆類似蓮子的種子[122]。眾所週知，荷蓮性喜溫暖濕潤，多栽於淺水塘泊。窳渾附近出土的蓮子種子，表明當時窳渾附近具備生長荷蓮的生態條件。窳渾位於屠申澤之濱，其荷蓮很有可能即植於此澤中。

　　上述諸例說明，秦漢時期烏蘭布和北部地方水資源充沛。良好的水環境條件，有效地支撐了漢代的移民墾殖活動。

　　第二，動物資源狀況。《漢書匈奴傳下》曾載曰：「陰山，東西千餘里，草木茂盛，多禽獸。」說明當時陰山一帶動物資源豐富。然而，落實到烏蘭布和北部一帶，則具體難知。我們只能從有關考古發現的器物中推知一二。其一，納林套海漢墓群中，曾先後出土鴞形陶壺十四、木鳥一、石鴨一、陶鵝二。其中三號墓出土的石鴨身長九點六釐米、高五點三釐米，鴨呈仰頸狀，形象生動；陶鵝位於陶製池塘內，池塘口徑二十點八釐米、高六點二釐米，鵝高六點四釐米，作鳧水狀，神態靜謐，形象逼真。其二，包爾陶勒蓋漢墓群曾出土鴞壺八、天鵝三、鴨二。其中三隻天鵝各長六釐米、高五釐米，均處於十二號墓出土的邊長十八釐米、高四釐米的方形池盤內。其三，補隆淖漢墓群出土的陶器上有熊頭、鶴、魚等圖案。其中，十三號墓出土的陶壺圓形蓋鈕上，腹中壓印熊頭一，熊頭之外圍繞著三鶴一魚；該墓同時出土的三足（長足）陶鼎圓形蓋中央亦有一熊頭，熊頭外有一周鉤形加點紋，之外為一周紅彩，紅彩外印三鶴一魚；二十二號墓出土的三足（矮足）陶鼎圓形蓋上，也壓印有禽鳥花紋，但僅能辨出一鶴[123]。出土的陶器形狀及壓印其上的圖案，既有鳥禽類（如鴞、鴨、

122　侯仁之：〈烏蘭布和沙漠北部的漢代墾區〉，《治沙研究》1965年第7號（1965年）。

123　魏堅：《內蒙古中南部漢代墓葬》（北京市：中國大百科全書出版社，1998年），頁33、44、47、65-66、121、127；頁31圖21、頁32圖22、頁64-65圖12-14、頁122圖9、頁125圖11。

天鵝、鶴等）與獸類（如熊），也有魚類；並且圖案還反映了動物之間的某種聯繫，如熊與魚、鶴與魚之間具有食物鏈關係，可能民間觀察到這種關聯，熊、魚、鶴才被作為裝飾圖案壓印在陶器上。這些動物形狀及帶有動物圖案明器的出土，說明鴞、熊、鶴、天鵝、魚等動物，在當時的這一地區可能是極為常見的，反映了那時該地生態環境較好，動物資源豐富，並從另一個側面印證了上述《漢書》陰山一帶「多禽獸」的記載之不虛。

第三，植被狀況。有學者曾就烏蘭布和地區歷史環境變遷而指出，遠古至西漢中期，是草原林木期；西漢至東漢早期，為農業期；東漢晚期至西夏是沙漠形成期[124]。這一概括，一則劃分的依據即判斷的標準不一，很難據之對前後不同階段的環境狀況加以比較；二則劃分時間過於寬泛，環境變遷的描述過於籠統，秦漢時期這一地區的植被狀況因此而難知。之所以如此，我們認為仍在於文獻記載不足。在文獻載之不具的情況下，我們不妨尋諸考古發現。

如上所述，考古工作者在對這一地區漢墓進行發掘時，出土了不少鴞壺（見表6-6），說明漢代鴞在該地區較為常見。鴞形目鳥類，俗稱貓頭鷹，大多棲於樹上或岩石間、草地上，其主食為鼠類、鳥類及昆蟲等。據載，古代生活在今內蒙古地區的鴞形目鳥類主要有縱紋腹小鴞、花頭鵂鶹、紅角鴞、領角鴞、長尾林鴞、烏林鴞、短耳鴞、長耳鴞、鵰鴞、毛腿漁鴞、褐漁鴞、猛鴞、鬼鴞、雪鴞[125]。根據有關調查和研究，我們將上述鴞類的生態和今天在內蒙古的分佈地區等情，作了一個簡要的梳理（見表6-7）。

---

124 蓋山林等：《文明消失的現代啟悟》（呼和浩特市：內蒙古大學出版社，2002年），頁297。

125 旭日幹：《內蒙古動物志》（呼和浩特市：內蒙古大學出版社，2001年），卷2，頁35。

表6-7　內蒙古地區鴞類生活環境及分佈情況

鴞類名稱	生活環境	分佈地區	主食
縱紋腹小鴞	開闊的林緣地帶，或農田附近樹上	額濟納旗索果諾爾胡楊林	昆蟲、鼠類
花頭鵂鶹	針葉林或針闊葉混交林中	內蒙古呼倫貝爾盟	中小齧齒動物、鳥類
紅角鴞	不詳	不詳	不詳
領角鴞	濃密枝葉的樹冠	東北中部	昆蟲、鼠類
長尾林鴞	以紅松為主的針葉林，或紅松、白樺混交林	大興安嶺北部寒溫帶針葉林中	鼠與兔等齧齒動物、鳥類
烏林鴞	針葉林地區，或以落葉松、白樺、山楊為主的針闊混交林，或溝谷雜木林	科爾沁右翼前旗北部的大興安嶺林區	鼠類
短耳鴞	平原和沼澤地帶	大興安嶺寒溫帶針葉林、西遼河平原草原	鼠類、小鳥和昆蟲
長耳鴞	闊葉林、針葉林，溪河旁柳、白楊林	呼倫貝爾盟森林草原地區	鼠類
鵰鴞	山地林木，裸露的岩石叢中或峭壁	大興安嶺林區	鼠類
毛腿漁鴞	林區內有河流之處	內蒙古呼倫貝爾盟	魚類
褐漁鴞	靠近水源的密林	不詳	水生動物
猛鴞	針闊混交林及沿溪流生長的灌叢	大興安嶺寒溫帶針葉林	鼠、鳥類
鬼鴞	針葉林，或松、樺、白楊的混交林	大興安嶺寒溫帶針葉林	鼠類
雪鴞	針葉林	大興安嶺寒溫帶針葉林	鼠、兔等

資料來源：鄭作新等：《中國動物志鳥綱》（北京市：科學出版社，1991年），卷6，頁141-142、171-222；旭日幹：《內蒙古動物志》（呼和浩特：內蒙古大學出版社，2001年），卷2，頁47-51、69-70。

雖然我們不知道烏蘭布和北部地方出土鴞形陶壺中「鴞」的原型在真實世界裏究竟屬於哪一種，但從以上所列今內蒙境內鴞類的林區生活環境及分佈地區的多林與草原等具體情況來看，當時的烏蘭布和北部地方存在鴞類，表明其林木相對豐富，並有一定面積的草原。這一認識，也為當時木製棺槨十分普遍的考古發現所印證。

內蒙古考古工作者曾在這一地區發掘了一三〇餘座漢代墓葬，墓葬的形制主要為木槨墓和磚室墓，二者均以大量使用木製棺槨為顯著特徵。例如納林套海出土的四十號雙棺墓，墓坑長6m，寬3m，深3.2m。墓頂橫搭方木厚約16cm，四槨四壁用厚度為18cm的方木壘砌，槨底用厚為16cm的方木橫鋪。經計算，該墓僅木槨用材即達16m^3；如果將雙棺計算在內，那麼，這座漢墓的用材量將會更多。另外，墓葬大量陶器隨葬品和磚室墓的修築，都需要建造專門的磚窯。考古工作者曾在納林套海漢墓群西側和三封古城南共發現了七座漢代磚窯遺址，窯址留有大量殘磚、木炭和紅燒土，其燒製產品，除墓磚外，應該還有明器。烏蘭布和北部地方的漢墓數量，有學者估計，至少在數以千計，每一墓葬內都有大量的陶器隨葬品[126]。打製棺槨、修築墓穴、燒製墓葬泥磚和明器，都要耗費大量的木材。因此，烏蘭布和北部地方規模漢墓的發現和諸多明器的出土，均充分說明該地當時林木資源似較豐富。

那麼，秦漢時期烏蘭布和北部地方的林木，到底有哪些種類呢？就墓葬出土的棺槨等木製葬具來看，主要者當為松科。如考古工作者在沙金套海漢墓群中，曾清理了十三座磚壁木槨墓，其木槨、木棺所

---

126 魏堅：《內蒙古中南部漢代墓葬》（北京市：中國大百科全書出版社，1998年），頁9、13、19-20、52；景愛：《沙漠考古通論》（北京市：紫禁城出版社，1999年），頁133-134。

用板材均為松木[127]。雖然有關考古文獻沒有對所有出土墓葬所用木材的種類予以逐一說明，且十三座漢墓僅為該地區數以千計漢墓中的極小一部分，雖然反映的情況不具有普遍意義，但還是有一定的代表性。我們有充分的理由相信，當時該地區的主要林木是松木。松木之外，另一類可以確定的林木為樺木，考古發現可以證明這一點。在納林套海漢墓群二十一號和二十三號墓葬中，考古工作者曾分別發現了長方形樺皮奩和樺皮簪各一件[128]。我們認為，二件樺皮製品所用的材料應當取自當地。表6-7所列鴞類多生活於松、樺等林木的環境，一則說明秦漢烏蘭布和北部地方的多鴞與由松木、樺樹為主而形成的林木環境具有一定的關係，二則間接證明了當時該地多樺木的事實。

綜上，我們肯定：儘管秦漢時期的烏蘭布和北部地方富有林木，只是並非盡為大片森林地區，而是一個多林木的大草原環境。因為漢代移民生活於其間，其域內不可能全是林木；再則受黃河沖積的影響，區內河流、湖泊眾多，為草原的發育和維持提供了很好的條件。所以，有學者認為，西漢為開發這一地區而設置的三封等縣，可能就位於綠洲上，而綠洲的範圍，大致在三封、渾瀆和臨戎三縣城所構成的三角地區內[129]。這一說法，在某種程度上是能夠成立的。

然而，秦漢時期的草原-森林自然景觀，準確地說，僅為秦及西漢時期的情況。東漢初年以降，這裏環境發生負向變化，開始出現沙漠化。

第一，考古發現烏蘭布和北部地方漢代墓群中，其墓葬年代，早

---

127 魏堅：《內蒙古中南部漢代墓葬》（北京市：中國大百科全書出版社，1998年），頁72。

128 魏堅：《內蒙古中南部漢代墓葬》（北京市：中國大百科全書出版社，1998年），頁17、49。

129 牛俊傑等：〈歷史時期烏蘭布和沙漠北部的環境變遷〉，《中國沙漠》1999年第3期（1999年）。

者為西漢武帝時期，晚者為東漢明帝年間[130]。表明東漢明帝以降，這個西漢時的墾殖區農業生產活動中斷，長期沒有人類活動。此後直到十一世紀，隨著西夏對這一地區的重新開發，烏蘭布和及其毗鄰地區才再次復興，出現居民活動[131]；東漢時墾區的廢棄，與其民族政策的調整、大量游牧民族入居其地有關[132]，但從三世紀到十一世紀，其間八〇〇年，這一地區竟無人類活動，其中的原因，恐怕絕非僅為國家政策等社會因素所致，可能是由於環境發生變化，開始出現沙漠化，以致該地不適於人居的結果。

第二，有關這一地區漢代墓葬形制、明器的種類和數量前後的變化，也能說明兩漢時期該地區的環境變化。首先是墓葬形制方面，就已發現的漢代墓葬來看，在時間上可分為西漢中晚期、王莽時期與東漢初期兩個階段。西漢的墓葬形制，多為木槨墓（包括土室、磚室）；王莽與東漢初期的墓葬形制，則較其前有所變化，木槨墓大為減少[133]。究其因，一則可能由於社會經濟凋敝、民間貧困而致；二則大概因為可提供製作葬具的木材數量減少，致使建造木槨墓就地取材難，人們才不得不放棄積習已久的木槨墓葬習。其次，出土明器方面，從表6-6反映的情況看，能夠體現墓葬所在地生態條件的明器，如陶井及打水俑、鴞壺、池塘及鳧水狀鵝、石鴨等等，大多集中在西

130 魏堅：《內蒙古中南部漢代墓葬》（北京市：中國大百科全書出版社，1998年），頁47、67、109-110、129。

131 侯仁之：〈烏蘭布和沙漠的考古發現和地理環境變遷〉，《考古》1973年第3期（1973年）；景愛：《沙漠考古通論》（北京市：紫禁城出版社，1999年），頁130、133。

132 在西漢晚期及稍後的墓葬中，出土了眾多的庖廚、打水胡人俑，揭示其間游牧於漢地北邊的部分匈奴人可能已進入漢朝郡縣，承擔起庖廚等家內雜務。由此可推知東漢時反映普遍的漢匈雜居現象，早在西漢晚期即已存在。參見魏堅：《內蒙古中南部漢代墓葬》（北京市：中國大百科全書出版社，1998年），頁10。

133 魏堅：《內蒙古中南部漢代墓葬》（北京市：中國大百科全書出版社，1998年），頁7-132；景愛：《沙漠考古通論》（北京市：紫禁城出版社，1999年），頁129-133。

漢中晚期，稍晚者也在王莽時期，而東漢初年的數量和種類則明顯要少。這種情況，在一定程度上也折射了這一地區前後間生態環境的某些變化。

第三，有關烏蘭布和沙漠北部沙丘（沙山）的雷達反射剖面和岩芯地層沉積物的測年結果顯示，現代沙漠景觀底部風成砂的沉積年代分別為距今一九八〇年、一七〇〇年和八〇〇年[134]，表明烏蘭布和北部地方今天的沙漠化最早出現在東漢初年，也反映了東漢以來烏蘭布和北部地方的環境負向變化情況。

另外，烏蘭布和現代沙漠景觀具有南、北地區的空間差異。據遙感影像和一些學者的實地考察，烏蘭布和沙漠南部地區為高大沙山覆蓋區，景觀主要為金字塔型沙丘和複合型高大沙山，如東南部的流動沙丘一般高度為5—20m，最高者達80m；而北部地方則是流沙覆蓋區，主要景觀為矮小的固定-半固定沙壟，間有新月形沙丘及沙丘鏈。其沙丘高度，通常為1—5m[135]。將這一現代景觀的差異和已知鑽孔剖面的年代相結合，我們發現，景觀的不同主要源於歷史時期南北地區沙漠化進程的差異，南部地區的沙漠化在時間上早於北部。追溯其因，可能主要和這一地區黃河南、北沖積扇的發育時間早晚有關。以往研究者忽略了今天烏蘭布和沙漠南北地區自然景觀的差異及其與歷史時期地理環境的內在聯繫，而把南部地區沙漠化時間用於說明北部地方沙漠化的起始年代，其做法顯然不當，而其結論也難以令人信服。

---

134 范育新等：〈烏蘭布和北部地方沙漠景觀形成的沉積學和光釋光年代學證據〉，《中國科學・地球科學》2010年第7期（2010年）。

135 蓋山林等：《文明消失的現代啟悟》（呼和浩特：內蒙古大學出版社，2002年），頁294；李清河等：〈烏蘭布和沙漠風沙運動規律研究〉，《水土保持學報》2003年第4期（2003年）；范育新等：〈烏蘭布和北部地方沙漠景觀形成的沉積學和光釋光年代學證據〉，《中國科學・地球科學》2010年第7期（2010年）。

關於秦漢時期烏蘭布和北部環境負向變化的動因，可從自然和社會兩方面來說明。自然原因之一，就是黃河的不斷東移，導致屠申澤範圍縮小，由於水條件的變化，植被等也隨之變遷，自然環境勢必亦有所變動；自然原因之二，便是歷史氣候的變化。眾所週知，兩漢之際，北方氣候趨於寒冷[136]。沙漠是氣候的產物，乾冷的氣候導致植被退化，對沙漠活動有誘發和推動作用[137]。

除自然原因外，人為因素也是重要的原因。其主要表現有二：

其一為西漢墾殖活動的影響。西漢時期，這一地區林木茂盛，但大量移民遷徙至此，其生產和生活對林木等植被的大量消耗，導致林木資源銳減[138]，以致到業經百餘年開發和墾殖後的東漢初年，這一地區僅局部存有水草而不見有大量林木之載[139]。

其二，墾殖後的棄耕，是導致其後這一地區沙漠化的關鍵。烏蘭布和沙漠北部地方原是古黃河沖積平原，平原上類似湖相沉積的黏土下為古老的沙磧。西漢移民至此時，這裏生態較好，墾區曾繁盛一時。但是，西漢以來的耕墾活動，使地表土層遭到嚴重破壞，呈現支離破碎狀態。同時，農業植被取代自然植被，而農業植被在適應自然環境和防風固沙等方面，均不及自然植被，一旦自然條件稍有變化，如氣候變冷、降水減少等等，農業植被就無法生存，遑論所謂的防風

---

136 竺可楨：〈中國近五千年來氣候變遷的初步研究〉，《考古學報》1972年第2期（1972年）；王子今：〈秦漢時期氣候變遷的歷史學考察〉，《歷史研究》1995年第2期（1995年）；陳業新：〈兩漢時期氣候狀況的歷史學再考察〉，《歷史研究》2002年第4期（2002年）。

137 參見高尚玉：〈全新世大暖期的中國沙漠〉，收入施雅風：《中國全新世大暖期氣候與環境》（北京市：海洋出版社，1992年）。

138 景愛對此有較為具體的闡述，可進一步參見景愛：《沙漠考古通論》（北京市：紫禁城出版社1999年），頁133-135。

139 《後漢書‧南匈奴列傳》范曄「論」中的東漢初光武帝「詔有司開北鄙，擇肥美之地，量水草以處之（南匈奴歸漢者──引者注）」的記載即其例證。

固沙了。兩漢之際，由於社會動亂等因，曾經定居於此的移民紛紛返回內地，此前的農業墾區田野荒蕪。加之東漢初氣候趨寒，原本為農作物覆蓋的地表失去植被的有效保護，地表由於強烈的風蝕作用而遭破壞，潛伏於其下的沙磧露出地表，四處飛揚，逐漸導致了這一地區沙漠的形成[140]。這種情況，不獨存在於古代中國，也是世界其它幾個文明古國當時較為廣泛存在的問題。如恩格斯曾以古希臘等為例，就不當的農業開發對生態的破壞性影響而指出：「美索不達米亞、希臘、小亞細亞以及其它各國的居民，為了想得到耕地，把森林都砍完了，但是他們夢想不到，這些地方今天竟因此成為荒蕪不毛之地，因為他們使這些地方失去了森林，也失去了積聚和貯存水分的中心。」[141]其荒漠化自然難免。

---

140 侯仁之等對此有較為具體的闡述，可進一步參見侯仁之：〈烏蘭布和沙漠北部的漢代墾區〉，《治沙研究》1965年第7號（1965年）。而且其研究結論，也為有關自然科學的研究所證實（范育新等：〈烏蘭布和北部地方沙漠景觀形成的沉積學和光釋光年代學證據〉，《中國科學・地球科學》2010年第7期（2010年））。

141 恩格斯：《自然辯證法》（北京市：人民出版社，1971年），頁158。

中華文化思想叢書 A0100017

儒家生態意識與中國古代環境保護研究　中冊

作　　者	陳業新
責任編輯	蔡雅如

發 行 人	陳滿銘
總 經 理	梁錦興
總 編 輯	陳滿銘
副總編輯	張晏瑞
編 輯 所	萬卷樓圖書股份有限公司
排　　版	林曉敏
印　　刷	百通科技股份有限公司
封面設計	斐類設計工作室

出　　版　昌明文化有限公司

桃園市龜山區中原街 32 號

電話 (02)23216565

發　　行　萬卷樓圖書股份有限公司

臺北市羅斯福路二段 41 號 6 樓之 3

電話 (02)23216565

傳真 (02)23218698

電郵 SERVICE@WANJUAN.COM.TW

大陸經銷

廈門外圖臺灣書店有限公司

　電郵 JKB188@188.COM

ISBN 978-986-92898-7-0

2016 年 4 月初版

定價：新臺幣 360 元

如何購買本書：

1. 劃撥購書，請透過以下郵政劃撥帳號：

　帳號：15624015

　戶名：萬卷樓圖書股份有限公司

2. 轉帳購書，請透過以下帳戶

　合作金庫銀行 古亭分行

　戶名：萬卷樓圖書股份有限公司

　帳號：0877717092596

3. 網路購書，請透過萬卷樓網站

　網址 WWW.WANJUAN.COM.TW

大量購書，請直接聯繫我們，將有專人為您

服務。客服：(02)23216565 分機 10

如有缺頁、破損或裝訂錯誤，請寄回更換

國家圖書館出版品預行編目資料

儒家生態意識與中國古代環境保護研究 / 陳

業新著.-- 初版.-- 桃園市 ： 昌明文化出版 ；

臺北市 ： 萬卷樓發行, 2016.04

　冊 ；　公分.-- (中華文化思想叢書)

ISBN 978-986-92898-7-0(中冊 ： 平裝)

1.儒家 2.環境保護

121.2　　　　　　　　　　　　　105003151

本著作物經廈門墨客知識產權代理有限公司代理，由上海交通大學出版社有限公司授
權萬卷樓圖書股份有限公司出版、發行中文繁體字版版權。